摸清家底
立足省情
真抓实干

—— 湖北加快建成中部地区崛起
重要战略支点的实践与探索

王皖君　刘红卫　著

WUHAN UNIVERSITY PRESS
武汉大学出版社

图书在版编目(CIP)数据

摸清家底　立足省情　真抓实干：湖北加快建成中部地区崛起重要战略支点的实践与探索／王皖君,刘红卫著.-- 武汉：武汉大学出版社, 2025.5. -- ISBN 978-7-307-24720-8

Ⅰ.D676.3

中国国家版本馆 CIP 数据核字第 2024723JL7 号

责任编辑:杨　莹　　　责任校对:鄢春梅　　　版式设计:韩闻锦

出版发行：**武汉大学出版社**　　（430072　武昌　珞珈山）

（电子邮箱：cbs22@whu.edu.cn　网址：www.wdp.com.cn）

印刷:武汉邮科印务有限公司

开本:720×1000　1/16　印张:15　字数:226 千字　插页:1

版次:2025 年 5 月第 1 版　　2025 年 5 月第 1 次印刷

ISBN 978-7-307-24720-8　　定价:78.00 元

目　　录

加快建成中部地区崛起重要战略支点

习近平总书记对湖北厚望如山，党的十八大以来，先后 6 次考察湖北，对湖北工作作出一系列重要指示，为新时代湖北改革发展把脉定向、指路领航。建成支点、走在前列、谱写新篇，是习近平总书记对湖北的殷殷嘱托。2013年 7 月，习近平总书记提出"努力把湖北建设成为中部地区崛起的重要战略支点"。2024 年 11 月，习近平总书记考察湖北时，要求我们"在长江经济带高质量发展中奋勇争先，加快建成中部地区崛起的重要战略支点，奋力谱写中国式现代化湖北篇章"。从"努力建设"到"加快建成"，是习近平总书记赋予湖北的一以贯之的战略定位，是湖北服务国家大局一脉相承的战略任务，是湖北必须一抓到底的战略机遇。击鼓催征，奋楫扬帆。2025 年 2 月 5 日，湖北省召开以加快建成中部地区崛起重要战略支点为主题的"新春第一会"，聚焦湖北高质量发展，进一步明方向、定任务、抓落实，释放出振奋龙马精神、续写发展新篇的鲜明信号。

"加快建成中部地区崛起重要战略支点"的目标定位，是习近平总书记基于湖北发展阶段、资源禀赋、历史文化等实际情况，作出的深远考量和战略谋划。全省上下要坚持以习近平新时代中国特色社会主义思想为指导，深入学习贯彻习近平总书记关于湖北工作的重要讲话和指示批示精神，牢记嘱托、感恩奋进，推动"建成支点"实现历史性突破、"走在前列"迈出关键性步伐、"谱写新篇"取得标志性成果。近年来，在以习近平同志为核心的党中央坚强领导下，省委、省政府团结带领全省上下稳增长、强科技、壮产业、防风险、惠民生，积极主动推动党中央一揽子支持政策落地见效。荆楚大地的发展应天时、秉地利、聚人和。一是做好"六稳"（稳就业、稳金融、稳外贸、稳外资、稳投资、稳预期)工作、落实"六保"(保居民就业、保基本民生、保市场主体、保粮食能源安全、保产业链供应链稳定、保基层运转)任务。全省经济稳步发展，经济总量跨越6万亿元新台阶，提前一年实现了"十四五"规划目标。① 鄂州花湖国际机场累计开通国内外货运航线90条②，武汉天河国际机场扩容提质，沿江高铁武荆宜段顺利开工，中国长江三峡集团有限公司总部回迁武汉。二是推动区域协调发展。不断完善汉襄宜"金三角"硬支撑的区域发展布局，不断统筹城乡融合发展。三是深入实施创新驱动发展战略。武汉具有全国影响力的科技创新中心建设加快推进，高新技术企业数量、科技型中小企业数量、高新技术产业增加值实现"三个过万"，"51020"现代产业集群加快构建。四是全面深化改革开放。供给侧结构性改革不断深化，省属国资国企改革重组，民营经济健康发展，营商环境优化提升，金融服务实体经济体制机制不断完善。五是聚居中通衢之势，加快推进枢纽地位重塑。港口、机场资源深度整合，多式联运集疏运体系加快完善，长江黄金水道加速释放"黄金效应"，打造国内大循环重要节点和国内国际双循环重要枢纽迈稳第一步。

笔者认为，今后五年，湖北围绕加快建成中部崛起的重要战略支点，要以经济实力领先、枢纽地位彰显、科技创新策源、现代产业引领、改革开放赋能、生态环境优渥、社会治理高效、文化繁荣兴盛为显著特征，以整体提升发展能级、发展速度、发展质效、发展后劲为主攻方向，打造长江经济带高质量发展的关键节点和战略枢纽，打造中部地区崛起的强劲增长极和重要动力源，打造中国式现代化的区域样板和重要典范。应努力实现以下目标：一是党的领导全面加强，管党治党水平进一步提高，各级党组织的政治领导力、思想引领力、群众组织力、社会号召力持续增强，风清气正的政治生态巩固发展。二是经济高质量发展的支撑体系加快构建，产业基础再造和产业链提升工程稳步推进，产业体系核心竞争力明显提高。综合立体交通运输体系、高效顺畅的现代

---

① 新华每日电讯. 迈上6万亿元台阶后的新动向——湖北"新春第一会"聚力推动"支点建设"整体提升，2025-02-07.

② 中国新闻网. 湖北鄂州花湖国际机场累计开通货运航线90条[OL]. 2025-01-10.

物流体系、高标准市场体系基本建立，营商环境进一步优化，高水平开放型经济新体制基本形成，内陆开放新高地建设取得明显成效。三是区域发展布局进一步优化，城乡区域差距进一步缩小，水安全、粮食安全等基础更加稳固。四是创新发展迈上新台阶。科技创新策源功能显著增强，全国科技创新高地、制造强国高地、数字经济发展高地、现代农业基地、现代服务业基地和全国科技金融中心加快建设。五是民生福祉达到新水平。居民收入与经济发展同步增长，全民受教育程度不断提升，卫生健康体系更加完善，多层次社会保障体系更加健全，基本公共服务均等化水平和社会文明程度不断提高，在扎实推动共同富裕上迈出坚实步伐。六是治理效能得到新提升。民主法治更加健全，社会公平正义进一步彰显，行政效能和公信力显著提升，共建共治共享的社会治理格局更加完善，防范化解重大风险体制机制更加健全，发展的安全保障更加有力。

加快建成支点，关键在党，关键在人。要把习近平新时代中国特色社会主义思想作为支点建设的根本指针，坚定不移沿着习近平总书记指引的方向奋勇前进，强化支点意识、争先意识、效率意识，全力做好湖北各项工作，为在长江经济带高质量发展中奋勇争先、加快建成中部地区崛起的重要战略支点、奋力谱写中国式现代化湖北篇章作出更大的贡献。

第一章 摸清家底

——湖北高质量发展资源统计分析

资源是湖北省经济社会发展的基础，也是高质量发展的最大家底。

何谓资源？《辞海》对资源的解释是"资财的来源，一般指天然的财源"。联合国环境规划署对资源的定义是"所谓资源，特别是自然资源是指在一定时期、地点条件下能够产生经济价值，以提高人类当前和将来福利的自然因素和条件"。上述两种定义只限于对自然资源的解释。马克思在《资本论》中说："劳动并不是它所生产的使用价值即物质财富的唯一源泉。正像威廉·配第所说，劳动是财富之父，土地是财富之母。"①恩格斯的定义是"其实，劳动和自然界在一起才是一切财富的源泉，自然界为劳动提供材料，劳动把材料转变为财富"。② 马克思、恩格斯的定义，既指出了自然资源的客观存在，又把人(包括劳动力和技术)的因素视为财富的另一不可或缺的来源。可见，资源的来源及组成，不仅包括自然资源，还包括人类劳动的社会、经济、技术等因素，以及人力、人才、智力(信息、知识)等资源。据此，所谓资源指的是一切可被人类开发和利用的物质、能量和信息的总称。它广泛地存在于自然界和人类社会中，是一种自然存在物或能够给人类带来财富的财富。同时，今天人们对自然资源保证的估计，必须考虑高技术因素的影响。以智力资源为主要依托的知识经济是世界经济发展的必然趋势，是不以人的主观意识为转移的。以信息技术、生物技术、新能源技术及新材料技术为代表的高技术将极大地改变世界面貌和人类生活。

---

① 马克思. 资本论(第一卷). 北京：人民出版社，2004：56-57.
② 恩格斯. 自然辩证法. 北京：人民出版社，1971：149.

对于国家的经济社会发展而言，自然资源包括土地资源、矿产资源、森林资源、海洋资源和地理资源等，社会经济资源包括人力资源、文化资源和金融资源等，技术资源包括科技资源、信息资源等。对于湖北省的经济社会发展而言，本章主要研究的是土地资源、矿产资源、林业资源、地理资源、人力资源、文化资源、科技资源和信息资源。

第一节 湖北省土地资源分析

一、湖北省土地资源利用状况

(一) 土地的概念和演变

在原始社会，人们以狩猎为生，会如同动物一样，通过一定的方式划定一定的范围，作为族群狩猎的空间。这时土地的意思是领地。进入农耕文明，人们的衣食以农业为主，土地衍变出两层意思——一个是领地，一个是田地。而且在此后几千年里，将土地作为田地来理解的情况更为普遍。从奴隶社会开始，将土地作为国家领土来理解的情况出现，"溥天之下，莫非王土。率土之滨，莫非王臣"。

进入封建社会，从秦朝实行土地私有制，一直到清朝雍正时期"摊丁入亩"的土地改革，土地管理制度持续创新，土地市场交易活跃，租佃关系发达，国家更加注重运用赋税政策等经济手段调整国家和地主、地主和农民的关系，为中小地主和土地私有制发展创造了比较宽松的环境。

中华人民共和国成立后，中国共产党始终把土地问题放在稳定与发展的重要位置。党的十一届三中全会作出实行改革开放的重大决策，随后农村改革大幕被拉开，农村土地制度进行变革调整。《中华人民共和国土地管理法》对土地所有权和使用权，对所有权归属、土地登记、登记发证、登记保护等方面都有明确规定。总的来看，改革之后的土地制度保障了国家粮食安全，在坚持集体所有制、保证国家和集体利益的前提下，实现了集体成员土地权利和家庭经营的回归，带来农民从事农业积极性的高涨及农产品产出和供给的增长。同时，通过配置工业用地、创办园区、提供良好的政策环境，促进了快速的工业化和城市化，创造了中国经济长期高速增长的奇迹。

(二) 土地利用分类

土地利用分类是区分土地利用空间地域组成单元的过程。这种空间地域单元是土地利用的地域组合单位，表现人类对土地利用、改造的方式和成果，反映土地的利用形式和用途 (功能)。土地利用分类是为完成土地资源调查或进行统一的科学土地管理，从土地利用现状出发，根据土地利用的地域分异规律、土地用途、土地利用方式等，将一个国家或地区的土地利用情况，按照一定的层次等级体系划分为若干不同的土地利用类别。

土地分类在土地资源管理中应用得最为广泛，涉及土地管理的方方面面，如土地利用管理、土地登记、土地调查、土地利用规划等。准确掌握全国土地分类情况是国家制定国民经济计划和有关政策，发挥土地宏观调控作用，合理利用土地资源，切实保护耕地的关键。

目前我们使用的《土地利用现状分类》(GB/T 21010-2017)，综合考虑了当前生态文明建设的主旋律、国土资源管理对土地分类的最新需求，兼顾了农业、林业、水利、交通、城市、环保等有关部门对涉地管理工作的需求，明确了新兴产业用地类型，顺应了新时代发展需要。《土地利用现状分类》(GB/T 21010-2017)对城市建设用地分类的内容进行了细化，与住房和城乡建设部的《城市用地分类与规划建设用地标准》(GB 50137-2011)基本建立了"一对一"或"多对一"的对应关系，使规划编制与管理、土地审批供应和不动产统一登记能够有机衔接。

(三) 湖北省第三次国土调查①

2018 年 12 月，湖北省按照国务院的统一部署开展第三次全国国土调查工

---

① 湖北省自然资源厅. 湖北省第三次国土调查主要数据公报 [OL]. https://zrzyt.hubei.gov.cn/bmdt/zrzyyw/202112/t20211210_3907001.shtml.

作(以下简称"三调")。"三调"执行《土地利用现状分类》(GB/T 21010-2017)标准,以 2019 年 12 月 31 日为标准时点汇总数据,历时 3 年,汇集了 1086.68万个调查图斑数据,全面查清了全省国土利用状况。

【耕地】476.86 万公顷(7152.88 万亩)。其中,水田 254.66 万公顷(3819.88 万亩),占 53.40%;水浇地 37.53 万公顷(562.90 万亩),占7.87%;旱地 184.67 万公顷(2770.10 万亩),占 38.73%。

【园地】48.70 万公顷(730.50 万亩)。其中,果园 31.84 万公顷(477.55 万亩),占 65.37%;茶园 11.68 万公顷(175.21 万亩),占 23.98%;橡胶园6.87 公顷(0.01 万亩),占 0.01%;其他园地 5.18 万公顷(77.73 万亩),占 10.64%。

【林地】928.01 万公顷(13920.20 万亩)。其中,乔木林地 756.84 万公顷(11352.66 万亩),占 81.56%;竹林地 5.96 万公顷(89.37 万亩),占 0.64%;灌木林地 88.65 万公顷(1329.72 万亩),占 9.55%;其他林地 76.56 万公顷(1148.45 万亩),占 8.25%。

【草地】8.94 万公顷(134.08 万亩)。其中,天然牧草地 0.01 万公顷(0.19万亩),占 0.15%;人工牧草地 0.02 万公顷(0.29 万亩),占 0.21%;其他草地 8.91 万公顷(133.60 万亩),占 99.64%。

【湿地】6.12 万公顷(91.86 万亩)。湿地是"三调"新增的一级地类,包括7 个二级地类。其中,森林沼泽 6.34 公顷(0.01 万亩),占 0.01%;灌丛沼泽0.47 公顷(7 亩);沼泽草地 9.53 公顷(0.01 万亩),占 0.02%;内陆滩涂5.81 万公顷(87.15 万亩),占 94.87%;沼泽地 0.31 万公顷(4.69 万亩),占 5.10%。

【城镇村及工矿用地】141.15 万公顷(2117.29 万亩)。其中,城市用地22.71 万公顷(340.74 万亩),占 16.09%;建制镇用地 17.68 万公顷(265.16万亩),占 12.52%;村庄用地 94.28 万公顷(1414.27 万亩),占 66.80%;采矿用地 4.47 万公顷(67 万亩),占 3.17%;风景名胜及特殊用地 2.01 万公顷(30.12 万亩),占 1.42%。

【交通运输用地】32.99 万公顷(494.90 万亩)。其中,铁路用地 1.91 万公顷(28.60万亩)，占5.78%；轨道交通用地0.09万公顷(1.41万亩)，占0.28%；公路用地14.60万公顷(219万亩)，占44.25%；农村道路15.78万公顷(236.72万亩)，占47.84%；机场用地0.39万公顷(5.80万亩)，占1.17%；港口码头用地0.21万公顷(3.16万亩)，占0.64%；管道运输用地0.01万公顷(0.21万亩)，占0.04%。

【水域及水利设施用地】198.37万公顷(2975.54万亩)。其中，河流水面36.11万公顷(541.64万亩)，占18.20%；湖泊水面26.29万公顷(394.32万亩)，占13.25%；水库水面24.25万公顷(363.82万亩)，占12.23%；坑塘水面85.83万公顷(1287.41万亩)，占43.27%；沟渠19.29万公顷(289.36万亩)，占9.72%；水工建筑用地6.60万公顷(98.99万亩)，占3.33%。

二、湖北省土地利用状况分析

(一)概况分析

我省国土空间总体呈现"五分林地三分田，一分城镇一分水"的格局，东部城镇水域密布、中部耕地资源丰沃、西部山区林地富集。通过资源环境承载潜力和国土空间适宜性"双评价"，我省适宜生态保护、农业生产、城镇建设的空间分别为7.9万平方千米、6.56万平方千米、4.13万平方千米，占比分别为43%、35%、22%。农业和生态空间可以落实国家对我省保障粮食安全、维护区域生态安全的要求，而建设空间紧约束将持续存在。我省需要坚持统筹保护与发展，合理确定生态空间、农业空间面积规模，同时实施"亩产论英雄"推动资源节约集约利用水平持续提升，加强可建设空间的保障能力，留足未来发展所需空间，但仍存在建设用地供需结构性矛盾，还应转变城镇"摊大饼"的外延式扩张模式，优化形成多中心、网络化、组团式的城镇空间布局。①

---

① 武汉市自然资源和城乡建设局. 省自然资源厅：建立湖北省国土空间规划体系加快形成可持续发展空间蓝图［OL］. https://zrzyhgh.wuhan.gov.cn/qtmb/zxft/202203/t20220321_1942541.shtml.

1. 生态资源富集,美丽湖北建设的支撑良好。

生态资源总量丰富,近 40% 的国土为生态保护空间,约 20% 的国土为生态保护极重要区;水资源总量丰沛,占全国水资源总量的 3.61%;森林资源较为丰富,森林覆盖率 42%、森林蓄积量 4.2 亿立方米;湿地资源十分富足,第二次湿地资源调查结果显示,全省湿地面积占全国湿地面积的 2.70%。生态空间格局特征明显,具有"山体屏障四周环抱、江湖水网纵横交错"的特征,维系着长江流域乃至全国的生态安全和生物多样性。①

2. 耕地资源优越,粮食安全基础厚实。

耕地资源数量较多,2019 年耕地面积为 4.77 万平方千米,居全国第 11 位,其中水田 2.55 万平方千米(占 53.40%),水浇地 0.37 万平方千米(占 7.87%),旱地 1.85 万平方千米(占 38.73%)。耕地质量整体较高,平均质量等别为 5.4 等,永久基本农田占全省耕地面积的 80% 以上。耕地产出效益较高,2020 年粮食产量占全国总产量的 4.07%,居全国第 11 位,连续 8 年稳定在 500 亿斤以上,为国家粮食安全作出了"湖北贡献"。②

3. 城镇空间相对集聚,区域整体开发潜力大。

城镇用地相对集聚,集中分布于长江、汉江及其主要支流沿线城市,武汉、襄阳和宜昌建设用地规模占全省建设用地总规模的比重达 30.60%,与我省区域发展布局高度匹配。城镇开发空间潜力较大,全省适宜城镇建设空间 4.6 万平方千米,是现状建设用地的 2.79 倍;国土开发强度为 8.87%,在中部六省排名居中。③

---

① 湖北省人民政府办公厅. 省人民政府办公厅关于印发湖北省自然资源保护与开发"十四五"规划的通知. http://www.hubei.gov.cn/zfwj/ezbf/202112/t20211222_3926837.shtml, 2021-12-22.

② 湖北省人民政府办公厅. 省人民政府办公厅关于印发湖北省自然资源保护与开发"十四五"规划的通知. http://www.hubei.gov.cn/zfwj/ezbf/202112/t20211222_3926837.shtml, 2021-12-22.

③ 湖北省人民政府办公厅. 省人民政府办公厅关于印发湖北省自然资源保护与开发"十四五"规划的通知. http://www.hubei.gov.cn/zfwj/ezbf/202112/t20211222_3926837.shtml, 2021-12-22.

(二)土地利用主要地类分析①

【耕地】耕地主要分布在荆州、襄阳、荆门、黄冈和孝感等地，占全省耕地的57.32%。湖北省耕地上作物熟制全部为一年两熟以上，位于2度以下坡度(含2度)的耕地281.73万公顷(4225.97万亩)，占全省耕地的59.08%；位于2—6度坡度(含6度)的耕地82.55万公顷(1238.27万亩)，占17.31%；位于6—15度坡度(含15度)的耕地69.80万公顷(1046.97万亩)，占14.64%；位于15—25度坡度(含25度)的耕地31.75万公顷(476.27万亩)，占6.66%；位于25度以上坡度的耕地11.03万公顷(165.40万亩)，占2.31%。湖北省耕地分布在2度以下平地的面积最多，25度以上耕地较少。

根据2020年11月1日零时统计，全省常住人口为57752557人，由此可算出湖北省人均耕地约为1.24亩，低于全国的人均水平。随着"退耕还林、退耕还草"政策的实施，湖北省耕地面积有所减少。随着建设用地占用耕地的"占一补一"政策的实施和基本农田整治的开展，全省的耕地没有大面积减少，但用于占补的耕地质量有所下降。结合我省未利用地数量不多的情况，可以得出我省耕地后备资源严重不足的结论。

【园地】园地主要分布在宜昌、黄冈、恩施等地，占全省园地的57.92%。

近年来，我省果园和茶园面积随着农村经济的发展有所增加。湖北省主要种植的水果有百里洲砂梨、秭归脐橙、松滋柑橘、沼山胡柚、公安葡萄、通山柑橘、东西湖葡萄、宜都蜜桔、枣阳梨、当阳椪柑、郧西葡萄，但没有形成品牌优势。湖北茶叶以宜昌毛尖、英山云雾、赤壁青砖、恩施硒茶为主要种植品种，夷陵邓村乡、五峰土家族自治县、英山县、大悟县、竹溪县、谷城县、恩施芭蕉侗族乡、利川毛坝镇、赤壁市等被评为"中国名茶之乡"。湖北省橡胶园6.87公顷应当为地类判别不准的错误数据。

【林地】湖北省林地主要分布在十堰、恩施、宜昌、襄阳和黄冈等地，占

---

① 湖北省自然资源厅. 湖北省第三次国土调查主要数据公报[OL]. https：//zrzyt.hubei. gov.cn/bmdt/zrzyyw/202112/t20211210_3907001.shtml.

全省林地的 73.25%。

2011 年全省森林面积(不完全等同土地调查中的林地面积)713.86 万公顷,森林覆盖率达到 38.40%;活立木总蓄积 31324.69 万立方米,森林蓄积 28652.97 万立方米。湖北省已经成为全国的林业资源大省。[①] 由于海拔高低悬殊,树木垂直分布层次分明,优质的森林植被呈现出普遍性与多样化的特点。

【草地】草地主要分布在咸宁、随州、黄冈、孝感、襄阳等地,占全省草地的 61.09%。

湖北省牧草地(包括天然牧草地和人工牧草地)较少,绝大多数是其他草地。

【湿地】湿地主要分布在荆州、武汉、黄冈、襄阳等地,占全省湿地的 63.07%。

湖北省为内陆省份,有极少量的森林沼泽、灌丛沼泽、沼泽草地,没有红树林地和沿海滩涂。

【城镇村及工矿用地】城镇村及工矿用地面积较大的是武汉、黄冈、荆州、襄阳、宜昌等地,占全省城镇村及工矿用地的 52.41%。

这与湖北省人口分布和经济活动强度密切相关。按城镇人口 3632.04 万算,人均占用城镇用地约 111.21 平方米;按农村人口 2143.22 万算,人均占用村庄用地约 439 平方米。集约节约用地的要求十分紧迫。城镇村用地外的采矿用地仅为 4.47 万公顷。结合城镇村及工矿用地数据来看,湖北省整体工业化强度不高,实体经济偏弱。

【交通运输用地】交通运输用地面积较大的是襄阳、黄冈、恩施、宜昌、荆州等地,占全省交通运输用地的 51.83%。

我省交通用地面积只占全省总面积(18.59 万平方千米)的 1.77%,相比浙江的 2.34%偏少,只比湖南的 1.72%高 0.05 个百分点。这说明湖北省九省通衢的交通地位没有得到完全的释放。

【水域及水利设施用地】湖北省没有冰川及常年积雪。水域及水利设施用

---

① 荆楚网.湖北森林覆盖率达 38.40%成为全国林业资源大省.2011-12-07.

地主要分布在荆州、武汉、黄冈、孝感、荆门等地，占全省水域及水利设施用地的 57.82%。

湖北省水域及水利设施用地比浙江的 70.25 万公顷、湖南的 125.85 万公顷都高。这充分证明了湖北千湖之省和农业大省的地位。

第二节　湖北省林业资源分析

一、湖北省林业资源概况

2023 年，我省林业生态建设和产业建设继续保持良好发展态势。据四季度统计，全省完成造林面积 63.84 万公顷，比三季度增加 21.06 万公顷，增长 49.22%；比上年同期增长 36.34%。其中：人工造林面积 6.3 万公顷，比三季度增加 0.32 万公顷，增长 5.38%；退化林修复（含人工更新）面积 14.11 万公顷，比三季度增长 30.72%；森林抚育面积 39.69 万公顷，比三季度增长 78.18%。全省林业草原产业总产值 5431.75 亿元，比三季度增长 59.71%，比上年同期增长 8.87%。其中：第一产业产值 1984.32 亿元，比三季度增长 61.24%；第二产业产值 1730.62 亿元，比三季度增长 53.97%；第三产业产值 1716.82 亿元，比三季度增长 64.09%。全省各类经济林产品总产量 1099.10 万吨，比上年同期增长 27.72%。[①]

2024 年，省林业局以习近平总书记重要讲话精神和省委十二届八次全会精神引领推动林业高质量发展。全省林业各项主要经济指标保持稳定增长态势。据全口径统计，2024 年完成人工造林 7.82 万公顷，新封山育林 6.54 万公顷，退化林修复 13.03 万公顷，森林抚育 58.08 万公顷。产业发展方面，全省林业产业总产值达到 5663.77 亿元，比上年同期增长 4.27%。其中：第一产业产值 2039.49 亿元，同比增长 2.78%；第二产业产值 1801.25 亿元，同比增长

---

① 湖北省林业局. 湖北省 2023 年四季度林业统计数据解读. 2024-01-23.

4.08%；第三产业产值 1823.03 亿元，同比增长 6.19%。各类经济林产品总产量 1170.31 万吨，比上年同期增长 6.48%。其中：林产品采集 194.8 万吨，同比增长 27.71%；木材产量 464.13 万立方米，同比增长 28.17%；大径竹产量 4414 万根，同比增长 1.28%。①

二、湖北省林业资源分析

湖北省以其丰富的森林资源和优越的林业发展条件，成为林业经济大省。如何有效优化湖北省林业经济发展形态，促进其健康、可持续发展是当前湖北省林业产业发展的重要问题。

(一) 湖北省林业经济发展的现状

林业是以森林资源为经营内容的行业，是我国国民经济中重要的基础产业。近年来，湖北省通过森林资源流转等多种方式调整林业产业结构，使林业产业得以大力发展。据 2023 年度国土变更调查成果显示，湖北省现有林地面积达 13938.72 万亩。② 无论是在种植面积方面还是在经济效益方面，林业发展都取得了较好的成果。

1. 林业资源丰富。

湖北省具有多样化的地貌环境，气候湿润、阳光充足、无霜期长等地理气候条件，在一定程度上造就了其丰富的林业资源。全省树种资源十分丰富，以马尾松、栎类为主，具有良好的林业基础。同时，据湖北省林业局相关数据统计，全省仅木材加工企业就有 3240 家之多，促进了当地林业经济的发展。③

2. 林业产业化潜力较大。

加快湖北省林业产业的发展，突出林业产业发展的优势，以森林资源培育

---

① 湖北省林业局. 湖北省 2024 年四季度林业统计数据解读. 2025-01-08.

② 极目新闻. 同比增加 81.08 万亩！湖北自"三调"以来耕地总面积首次净增长. 2024-10-18.

③ 公务员之家. 林业经济发展现状及对策. 2022-08-28.

为主体产业，以特色树种种植为重点，将种植、加工、物流、销售等环节做成完整的产业链，打造林业产业发展的基础。

3. 具有较强的林业技术优势。

近年来，湖北省大力推动林业企业在科研方面与农林院校合作，加快了林业科技的研发工作，并且将这些科研成果及时转化，为林业产业的发展提供了强有力的技术支持。

(二)湖北省林业经济发展的战略

加强生态建设，维护生态安全，是 21 世纪人类面临的共同主题，也是我国经济社会可持续发展的重要基础。针对当前湖北省林业经济发展的现状，提出以下发展战略。

1. 树立正确的发展观。

(1)树立以人为本、生态环境保护的基本观念。在林业生态环境发展的过程中，应该发展生产经营和投资经营，处理好二者之间的关系，切实保护好经营者和投资者的合法权益。同时，应该解决林业系统职工收入低的问题，改善林业部门职工的生产环境及生活条件。提高林业部门职工收入，提高生活质量，做好林区建设、完善生产设施等工作，才能调动林业部门职工的积极性，使林业生态环境建设不断发展。

(2)树立人与自然协调发展的观念。人类在历史发展的过程中，应该逐渐学会认识自然、尊重自然，提高自身的认识，不要人为地去破坏，造成自然环境的损害。如果仍然无节制地破坏自然、索取自然资源，就会使人类走向灭亡。为了解决人类发展和自然之间存在的矛盾，人类应该树立起与自然和谐共生的理念。如何利用自然资源为人类作贡献，可基于人类和自然可持续发展的理念继续探索。在林业建设发展过程中，从植树造林、培育管护到采伐利用的整个流程，都应该充分尊重自然规律，并利用这一规律来提高经济效益，提高林业生产力。这样既能顺应自然又能保护自然，还能节省人力和物力，为林业发展和建设作出贡献。

(3)树立人类长期发展的道德观。人类在利用资源的时候，如果只考虑眼前利益，不考虑人类长期发展的未来，就很容易造成资源过度利用，生态环境遭到严重破坏，从而给人类下一步的生存和发展带来不可估量的隐患。现在，人们的生态环境保护意识不断提高，人们也开始注重林业资源的保护、培育和发展更多的森林资源。这为今后人类的发展打下了坚实的基础。

2. 提高全社会的生态环境保护意识。

生态环境对人类来说非常重要，是人们赖以生存的一个关键条件。保护生态环境就等于保护我们自己。森林是生态环境的核心，又是生态系统的主体。森林具有防风固沙、抵御严寒、保持水土、保护农田、调节气候等作用，与人们的生活息息相关。尤其是天然林，其品种繁多。森林的特点是遍布全球、结构复杂、功能完善，它是世界上产量最大的基因库和储存库。如果失去了森林、失去了生态环境，人们很难维持生存。所以，我们要重视生态环境，保护森林资源，使森林更好地为人类服务。

3. 贯彻落实可持续发展政策，利用最新技术促进林业发展。

森林不仅具有防风固沙、抵御严寒、保持水土、保护农田、调节气候等作用，而且能够在低碳经济中发挥自身的作用。科学研究表明，森林所产生的生态效益要比其他物种所产生的效益高出很多倍，并且其创造的生态效益远远高于自身价值。生态环境的建设应该引起人们的重视，但不能只单纯地依赖政府去维护，这是关乎全民的大事。提升林业生态效益必须采取一定的经济措施，使它朝着市场化方向迈进。从目前的现实情况来看，各地的种植、造林和养护工作与人们最大化利益的追求还有一定的距离。如何搞好生态环境建设，实现利益最大化，是摆在所有林业系统人员面前的新课题。

4. 加强对林业生态环境保护工作的宏观调控。

合理开发资源、保护利用现有资源，维护自然生态环境的平衡，是林业生态环境建设的主要目的。充分利用自然与经济发展相结合，采取合理规划、科学布局的措施来维护和共同治理生态环境，保证环境与生物处于和谐相处、协同发展的良好状态。生态环境建设是国家投资的一项公益性项目，具有建设周期长、规模比较大、用人也很多等主要特征。由于私人投资见效很慢，且私人投资者有时还享受不到国家的优惠政策及补偿，很多人不愿意往生态环境建设方面投资。

因此，国家应该根据经济发展的需要、市场化的需求，遵循林业生态环境发展的规律，以国家投入为导向，以配套政策、措施为切入点，做好国家宏观调控，完善市场运作机制，号召所有人员参与保护林业生态环境。在这项工作中政府起引导、督导作用，带领全民做好建设林业生态环境的工作。

第三节　湖北省矿产资源分析

一、湖北省矿产资源概况

(一)矿产资源的概念与应用

《中华人民共和国矿产资源法实施细则》第二条规定，所谓矿产资源是指由地质作用形成的，具有利用价值的，呈固态、液态、气态的自然资源。[①] 矿产资源是重要的自然资源，它不是上帝的恩赐，而是经过几百万年，甚至几亿年的地质变化才形成的。从一定角度来看，矿产资源是经济社会发展的重要物质基础。人类社会的发展史从某种角度而言就是矿产资源开发利用的历史。从矿产资源的开发利用来看，人类社会经历了原始时代、旧石器时代、新石器时代、青铜时代、铁器时代、蒸汽时代、电气时代和信息化时代；从无到有，人类分别利用了石料、铜、铁、能源及硅、锗、砷化镓等矿产物质。由单晶硅材料制作的"晶圆片"，能够使得一个CPU芯片包含上百万个精巧的晶体管，极大地提高了计算机的计算能力。

(二)湖北省矿产资源的概况

根据自然资源部已确认数据，湖北省已发现150种矿产(不含亚矿种，下

---

① 彬州市人民政府. 中华人民共和国矿产资源法实施细则(国务院令第152号)[OL]. http://www.czs.gov.cn/html/zwgk/fggw/flfg/content_94381.html.

同），其中已查明资源量矿产 102 种，分别占全国已发现矿种 173 个的 86.70%
和已查明资源量矿种 163 个的 62.57%。在已查明资源储量的非油气类矿产中，
钛矿（金红石）、磷矿、溴矿、碘矿、石榴子石、白垩、建筑用辉绿岩、白玉
岩（建筑用白云岩）、建筑用角闪岩、累托石黏土、片麻岩 11 种矿产保有资源
量居全国首位，铌矿、泥灰岩、硒矿等 25 种矿产的保有资源量居全国第 2~5
位，熔剂用灰岩、重晶石等 38 种矿产的保有资源量居全国第 6~10 位。总体
来看，全省铁、铜矿资源较为丰富；磷矿、岩盐、石膏、水泥用石灰岩优势明
显；高磷赤铁矿、钒矿、钛矿（金红石）、累托石黏土为潜在优势矿产；硅质
原料、饰面用石材等前景较好；绿松石、百鹤玉、菊花石等颇具地方特色；新
能源相关矿产页岩气、地热、钒矿、锂矿等找矿潜力较大。主要矿产资源集中
度较高，铁、铜、岩金、银、石墨、磷、硫、岩盐、芒硝、石膏、水泥用灰岩
等主要矿产 80% 以上资源储量分布在大中型矿区（矿床）。①

二、湖北省矿产资源利用分析

（一）概况分析

湖北省位居华中腹地，矿产资源开发历史悠久。黄石铜绿山古铜矿遗址是
先人从西周时期开始开发，一直持续到汉代的遗址。从开采到选矿、从通风排
水到工具制造，充分显示了古人的智慧。湖北有中国近代史上最早的新式钢铁
联合企业——汉冶萍公司，也有新中国成立后国家投资建设的第一个特大型钢
铁企业——武汉钢铁公司（现属宝武集团）。湖北有当今世界最大的水利枢纽
工程——长江三峡水利枢纽工程（三峡大坝）。鄂西磷矿位居全国榜首，应城
被誉为"膏都盐海"，大冶之铁铜历史悠久，江汉之石油乃后起之秀。湖北称
得上物产丰饶。丰富的矿产资源为湖北冶金，磷、盐、石油化工，建材及后续

---

① 数据来自湖北省人民政府门户网站 2024 年 4 月 16 日所载《湖北省情概况（2024
年）》.

加工产业的形成与发展奠定了基础，尤其是钢铁和化工两大支柱产业，使湖北成为全国最大的联碱、农药、磷、盐化工及纤维石膏生产基地。截至 2023 年年底，在已查明资源量的矿产中，磷矿、钛矿(金红石)、化肥用石英岩、化肥用橄榄岩、碘矿、溴矿、石榴子石、白垩、建筑用白云岩、累托石黏土、建筑用辉绿岩、饰面用花岗岩 12 种矿产的保有资源量居全国首位；铌矿、硒矿、泥灰岩、片麻岩等 26 种矿产的保有资源量居全国第 2～5 位；钛矿(钛铁矿)、铁矿、铬矿等 31 种矿产的保有资源量居全国第 6～10 位。[①] 磷、盐、石油化工，铜铁冶金，水泥、石膏建材等资源型产业已成为湖北省重要的经济支柱，支撑了湖北的社会经济发展。

(二) 湖北省矿产资源分布利用特点

1. 矿产资源丰富，优势矿产明显。全省矿产资源种类以化工、建材非金属矿产和有色、黑色、贵金属矿产为主，磷矿、盐矿、石膏、芒硝、铁矿、铜矿、金矿、银矿较丰富。

2. 矿产分布广泛，地域特色显著。全省 13 个地级市、1 个林区和 3 个直管市均有矿产资源分布。金属矿主要分布于鄂东南地区；磷矿主要在鄂西地区；石油、盐矿主要位于鄂中地区。

3. 共伴生矿多，矿产资源集中度高。全省 1010 处金属矿产上表单元，共伴生矿床占 70% 以上；铁、铜、磷矿等主要矿产的 80% 以上资源储量赋存于超大型、大型、中型矿区(矿床)中。[②]

4. 矿床规模总体偏小，中贫矿、难采选矿多。截至 2023 年年底，全省已查明资源储量的固体矿产上表矿区按上表单元计 2806 个，其中大型 231 处，中型 501 处，小型及小矿 2074 处。[③] 高磷赤铁矿、钛矿等为难选冶矿。

5. 能源类矿产较少。少煤缺油乏气是对湖北能源矿产的高度概括。近年来，

---

① 湖北省自然资源厅. 湖北省矿产资源概况. 2025-02-26.

② 湖北省自然资源厅. 湖北省矿产资源概况. 2025-02-26.

③ 湖北省人民政府、省人民政府办公厅关于印发湖北省自然资源保护与开发"十四五"规划的通知. http://www.hubei.gov.cn/zfwj/ezbf/202112/t20211222_3926837.shtml.

鄂西中部和鄂西南部发现大储量的页岩气。这是对我省能源矿产最好的补充。

(三)矿产资源相关工业经济情况

1. 冶金行业发展情况。

2022年，全省粗钢产量3655.5万吨，占全国的3.6%，居全国第8位。全省冶金工业实现营业收入4192.7亿元，占全省规上工业比重为6.6%。冶金工业已成为我省名副其实的优势和支柱产业，也是"51020"现代产业集群中重点打造的10个营收过5000亿元的产业之一。① 重点企业有武汉钢铁有限公司、湖北金盛兰冶金科技有限公司等。

2. 石油和化学工业发展情况。

"十三五"以来，全省坚决贯彻"共抓大保护、不搞大开发"精神，全行业大力淘汰落后工艺、装备、产能，积极研发高端化工新材料、专用化学品等高端石化产品，扎实推进清洁生产、循环经济发展、绿色发展。截至2023年7月，全省已累计完成452家沿江化工企业"关改搬转"，② 破解"化工围江"。石化产业规模保持前列，产业基础发展良好，产品结构持续优化，优势产品产量全国领先，骨干企业实力增强，化工园区加速规范建设。

3. 建材和非金属工业发展情况。

2022年湖北省建材工业增加值占全部规上工业的比重达到9.7%，实现营业收入4466.1亿元，实现利润343.9亿元。③ 近年来，重点企业运行情况良好。重点项目中，华新水泥"万吨线"项目点火投产，华新(阳新)亿吨机制砂石项目和沿江矿山生态修复工程开工，葛洲城水泥集团重点项目稳产高产。过剩产能持续化解，实现了社会效益和生态效益的共同提升。自《省自然资源厅保障建筑石料供应能力提升三年行动方案》实施以来，建筑石料用灰岩矿价格

---

① 湖北省经济和信息化厅. 省经信厅解读我省低碳冶金产业链有关情况［OL］. http://jxt.hubei.gov.cn/bmdt/jxtyw/202311/t20231124_4967072.shtml.

② 长江云新闻. 高质量发展调研行 湖北452家沿江化工企业完成"关改搬转". 2023-07-31.

③ 极目新闻. 化工、冶金、建材产业稳增长，湖北将采取这5大举措. 2023-10-26.

开始下降或维稳，饰面用灰岩矿价格同比下跌。

(四) 加强湖北省矿产资源管理①

1. 实施战略性矿产找矿行动。

根据矿产资源保障区、补给区、优化区、接替区四大功能区，科学布局省级能源资源基地和规划矿区、划定部省级出让登记矿种的重点勘查区和重点开采区，指导战略性矿产勘查与开发活动。开展基础性综合地质调查，增强基础性公益地质服务供给。加强战略性及重要矿产调查，加强清洁能源资源调查评价。实行矿产资源综合勘查评价，重点勘查找矿潜力较大、资源禀赋条件较好的 33 种矿产。构建多渠道投入勘查机制，积极争取中央财政资金支持，稳定地方财政资金投入。

2. 加强矿产资源开发调控。

严格落实国家保护性开采总量指标，适度提高紧缺矿产开采总量，合理调控优势矿产开采总量。提高矿业集中度和规模效益，严格执行新建矿山准入条件。全省矿山总量逐步减少，在产矿山大中型占比增加至 30% 以上。优化矿产资源供给结构，合理确定矿山最低开采规模，延长矿山最低服务年限，延伸矿产高端产业链，培育和发展有市场竞争力的矿业企业。打击矿产资源违法开采行为，维护矿山开采秩序。推进鄂西页岩气勘探开发综合示范区建设，力争形成产能 20 亿立方米/年。

3. 大力推进矿产资源节约与综合利用。

加快矿产资源节约与综合利用产学研用技术创新，推进矿产资源节约与综合利用先进适用技术动态更新，强化关键技术研发和推广应用，鼓励矿山企业规模化、机械化、智能化发展。鼓励低品位矿石、共伴生矿产及尾矿综合利用，最大限度利用矿产资源。推进绿色矿山建设，落实国家绿色矿山建设标

---

① 湖北省人民政府、省人民政府办公厅关于印发湖北省自然资源保护与开发"十四五"规划的通知［OL］. http://www.hubei.gov.cn/zfwj/ezbf/202112/t20211222_3926837.shtml, 2021-12-22.

准，实施绿色矿山三年行动和已建绿色矿山提升计划，力争全省符合条件的大（中）型应建矿山95%以上达到绿色矿山建设标准。

（五）湖北省矿产资源发展战略①

一要着力提升矿产资源保障能力，服务区域经济健康快速发展。要落实国家规划矿区和能源资源基地建设，结合成矿地质条件、资源分布特点和环境承载力，合理进行矿产资源勘查开发布局，加强矿产资源分类控制和分区管控，明确矿产资源四大功能区：保障区包括黄石市、鄂州市、襄阳市、宜昌市，保障全省矿产资源安全的能力和潜力；补给区包括咸宁市、黄冈市、孝感市、天门市、随州市、荆州市、荆门市，充分发挥清洁能源、金属、非金属和"三稀"等矿产的接续补给作用；优化区包括十堰市、潜江市、神农架林区，加强矿产资源整合，合理利用矿产资源；接替区包括武汉市、恩施土家族苗族自治州、仙桃市，控制开发活动强度，统筹矿产资源开发、区域经济发展和生态环境保护。

二要着力加强矿产资源管控，确保矿产资源规范有序开发利用。严格落实国家保护性开采的特定矿种开采总量指标，适度提高紧缺矿产开采总量，合理调控优势矿产开采总量。提高矿业集中度和规模效益，严格执行新建矿山准入条件。

三要着力矿山绿色转型发展，将习近平生态文明思想贯彻在矿产资源勘查开发始终。加快矿产资源节约与综合利用产学研用技术创新，推进矿产资源节约与综合利用先进适用技术动态更新，强化关键技术研发和推广应用，鼓励矿山企业规模化、机械化、智能化发展。鼓励低品位矿石、共伴生矿产及尾矿综合利用，最大限度利用矿产资源。推进绿色矿山建设，落实国家绿色矿山建设标准，实施绿色矿山三年行动和已建绿色矿山提升计划，力争全省符合条件的

---

① 湖北省人民政府、省人民政府办公厅关于印发湖北省自然资源保护与开发"十四五"规划的通知[OL].http://www.hubei.gov.cn/zfwj/ezbf/202112/t20211222_3926837.shtml,2021-12-22.

大(中)型应建矿山95%以上达到绿色矿山建设标准。

四要着力激发矿业企业活力,引导矿产资源勘查开采投入。在长江经济带和汉江生态经济带等地区开展综合地质调查与评价。工程内容:开展基础地质、生态地质、城市地质、农业地质、旅游地质等调查评价工作,查明岩石地层特征、构造演化、物质迁移及区域成矿规律,以及影响和制约区域经济可持续发展的重大地学问题,开展前沿性、基础性地质研究,解决关键的基础地质问题,提升湖北省基础地质研究水平,提供多比例尺地质底图,为地质找矿、资源开发利用与保护、产业布局、重大工程建设提供基础地质资料。在黄石市、鄂州市、十堰市、宜昌市开展战略性矿产资源勘查工程。工程内容:以铜、铁、金等战略性矿产为主攻矿种,开展鄂东南矿集区深部矿产勘查工作,开拓深部找矿空间;加大锂、铍、铌钽、晶质石墨等战略性矿产勘查力度,重点开采竹山—竹溪地区铌钽、宜昌黄陵背斜核部晶质石墨,进一步提高全省战略性矿产资源保障能力。在黄石市、鄂州市、咸宁市、十堰市开展战略性紧缺矿产开发利用与保护工程。工程内容:加强鄂东南铁铜金矿区、咸宁蛇屋山金矿区、十堰银洞沟银矿区现有矿山深部和外围矿产的开发利用,开展深部开采技术和装备的研究,推广应用最新适用的采矿技术,有效降低环境负面影响。在襄阳市、宜昌市、孝感市开展战略性优势矿产开发利用与保护工程。工程内容:研发和应用先进适用的开采技术,加强中深部磷矿及缓倾斜磷矿的开发利用,降低磷矿开采成本;不断提升膏盐采矿方法和设备的适用性,提高作业安全性,有效防范地质灾害影响。对产业链进行梳理,做大做强我省磷矿、膏盐产业,提升产业集中度,将资源优势变为产业优势。

五要发挥市场在资源配置中决定性的作用,加紧建立矿业权的政府储备体系,提供更多、更好的矿业产品,服务湖北省高质量发展。

第四节　湖北省人力资源分析

毛泽东主席在《在延安文艺座谈会上的讲话》(1942年5月)中提道:"为

什么人的问题，是一个根本的问题，原则的问题。"①在《坚持艰苦奋斗，密切联系群众》(1957年3月)指出："共产党就是要奋斗，就是要全心全意为人民服务，不要半心半意或者三分之二的心三分之二的意为人民服务。"②湖北社会经济发展必须坚持以人为本，围绕人民群众对美好生活的向往，统筹推进高质量发展。人力资源作为一个重要因素也应被统筹进去。

一、湖北省人口概况③

【人口总量】2020年11月1日零时，全省常住人口为57752557人。

【户别人口】全省共有家庭户1993.10万户，家庭户人口为5277.38万人；集体户108.83万户，集体户人口为497.88万人。

【人口地区分布】全省17个市州、直管市、神农架林区中，常住人口超过1000万人的有1个，500万人至1000万人之间的有3个，100万人至500万人之间的有11个，少于100万人的有2个。

【性别构成】全省男性人口为2969.47万人，占51.42%；女性人口为2805.78万人，占48.58%。

【年龄构成】全省0—14岁人口为942.05万人，占16.31%；15—59岁人口为3653.71万人，占63.26%；60岁及以上人口为1179.50万人，占20.42%（其中65岁及以上人口为842.43万人，占14.59%）。

【受教育程度人口】全省大学文化程度的人口为895.25万人，占比15.50%，比2010年提高5.97个百分点。每10万人中具有大学文化程度的人口为15502人，比2010年增加5968人。

【城乡人口】全省居住在城镇的人口为3632.04万人，占62.89%；居住在

---

① 《中国共产党简史》编写组. 中国共产党简史. 北京：人民出版社，中共党史出版社，2021.

② 毛泽东. 毛泽东文集(第七卷). 北京：人民出版社，1999：285.

③ 湖北省统计局. 湖北省第七次全国人口普查主要数据情况［OL］. http://tjj.hubei. gov.cn/zfxxgk_GK2020/zc_GK2020/gfxwj_GK20201202105/t20210528_3564581.shtml.

乡村的人口为 2143. 22 万人，占 37. 11%。

【流动人口】全省人户分离人口为 1847. 66 万人，其中，市辖区内人户分离人口为 571. 24 万人，流动人口为 1276. 42 万人。流动人口中，省外流入人口为 224. 96 万人，省内流动人口为 1051. 46 万人。

【民族人口】全省汉族人口为 5498. 15 万人，占 95. 20%；各少数民族人口为 277. 11 万人，占 4. 80%。

二、湖北省人口资源分析①

【人口总量】与 2010 年第六次全国人口普查的 57237727 人相比，增加 514830 人，增长 0. 90%，年平均增长率为 0. 09%。相关数据表明，10 年来我省人口总量保持平稳。

【户别人口】平均每个家庭户的人口为 2. 65 人，比 2010 年减少 0. 51 人。家庭户规模缩小，主要是受人口流动日趋频繁、住房条件改善、年轻人婚后独立居住等因素的影响。

【人口地区分布】与 2010 年相比，有 5 个市州常住人口增加。其中，武汉市常住人口增加 254. 11 万人，位居第一，显示其作为国家中心城市、长江经济带中游核心城市对全省乃至全国人口有着较强的聚集能力。

【性别构成】常住人口性别比（以女性为 100，男性对女性的比例）为 105. 83，与 2010 年基本持平。

【年龄构成】与 2010 年相比，0—14 岁人口的比重上升 2. 40 个百分点，15—59 岁人口的比重下降 8. 90 个百分点，60 岁及以上人口的比重上升 6. 49 个百分点，其中 65 岁及以上人口的比重上升 5. 50 个百分点。我省少儿人口比重回升，劳动力资源依然丰富，人口老龄化程度进一步加深。

【受教育程度人口】全省 15 岁及以上人口的平均受教育年限由 2010 年的

---

① 湖北省统计局. 湖北省第七次全国人口普查主要数据情况 [OL]. http://tjj.hubei. gov.cn/zfxxgk_GK2020/zc_GK2020/gfxwj_GK20201202105/t20210528_3564581.shtml.

9.20 年上升至 10.02 年。文盲率由 2010 年的 5.32% 下降到 2.32%。受教育状况的持续改善，反映出 10 年来我省大力发展高等教育、扫除青壮年文盲等措施取得了积极成效，人口素质不断提高。

【城乡人口】与 2010 年相比，城镇人口增加 787.53 万人，乡村人口减少 736.05 万人，城镇化率提高 13.19 个百分点。过去 10 年间，我省工业化进程加快，产业优势更加凸显，城市基础设施建设迅猛发展，功能日趋完善，城市承载能力大幅提升，为人口向城市快速聚集奠定坚实基础。

【流动人口】与 2010 年相比，人户分离人口增加 922.63 万人，增长 99.74%；市辖区内人户分离人口增加 378.84 万人，增长 196.91%；流动人口增加 543.79 万人，增长 74.22%。我省经济社会持续发展，为人口的迁移流动创造了条件；流动人口规模进一步扩大。

【民族人口】与 2010 年相比，汉族人口增加 21.23 万人，增长 0.39%；各少数民族人口增加 30.26 万人，增长 12.26%。民族人口稳步增长，体现了各民族团结发展进步的各项政策在我省得到了充分贯彻落实。

三、湖北省人力资源分析

我省人口 2020 年比 2010 年增加 51.48 万人，总量居全国第 10 位。从规模看，全省常住人口主要集中分布在 5 个 400 万人以上的大城市，即武汉市、黄冈市、襄阳市、荆州市、孝感市。5 市以占全省 36.96% 的土地面积，承载了全省 57.30% 的人口。[①]

从人口量流入情况看，10 年来我省 5 市常住人口正增长，分别为武汉市、咸宁市、恩施州、黄石市和鄂州市。[②]

---

① 湖北日报. 统计研究揭示湖北区域人口分布特点　近六成人口住在 5 城. http://news. cnhubei. com/content/2021-11/22/content _ 14264863. html? spm = zm1033-001. 0. 0. 1. 2GI4UD.

② 湖北日报. 统计研究揭示湖北区域人口分布特点　近六成人口住在 5 城. http://news. cnhubei. com/content/2021-11/22/content _ 14264863. html? spm = zm1033-001. 0. 0. 1. 2GI4UD.

从高等教育方面来看，近两年湖北省的高中应届毕业生在 30 万人左右，而高考报名人数逐年增长。湖北省的高等教育资源不可能将所有报考的学生都留下，一部分人要到外地就读。我省本科应届生中，除继续读研的之外，大部分人选择直接就业。其中，相当一部分人的就业目标地是东南沿海经济发达地区，也有一部分人选择留在湖北。

从技能工人培训与教育方面来看，尽管湖北省的技能培训学校涵盖多种专业领域，政府和企业单位也大力开展各种技能培训活动，可技能工人人数少、技能水平不高，仍是阻碍高新企业发展的原因之一。

从流动人口情况来看，无论是跨省流动还是省内流动，数量呈急剧上升态势。政府必须积极研究其中的变化，妥善处理和应对这类情况，在发布劳动就业信息、积极有序组织等方面要做得更加深入。

第五节　湖北省地理资源分析

一、湖北省地理概况①

湖北省位于中华人民共和国的中部，简称鄂。地跨北纬 29°01′53″~33°6′47″、东经 108°21′42″~116°07′50″。东临安徽，南接江西、湖南，西连重庆，西北与陕西接壤，北与河南毗邻。东西长约 740 千米，南北宽约 470 千米。全省总面积 18.59 万平方千米。最东端是黄梅县，最西端是利川市，最南端是来凤县，最北端是郧西县。

(一) 地势地貌

全省地势大致为东、西、北三面环山，中间低平，略呈向南敞开的不完整

---

① 湖北省人民政府. 湖北省省情 (2024 年). http://www.hubei.gov.cn/jmct/hbgk/202404/t20240416-5159972.shtml.

盆地。在全省总面积中，山地占 56%，丘陵占 24%，平原湖区占 20%。

全省山地大致分为四大块：西北山地为秦岭东延部分和大巴山的东段；西南山地为云贵高原的东北延伸部分，主要有大娄山和武陵山；东北山地为绵亘于豫、鄂、皖边境的桐柏—大别山脉；东南山地为蜿蜒于湘、鄂、赣边境的幕阜山脉。

全省丘陵主要分布在两大区域，一为鄂中丘陵，一为鄂东北丘陵。鄂中丘陵包括荆山与大别山之间的江汉河谷丘陵，大洪山与桐柏山之间的涢水流域丘陵。鄂东北丘陵以低丘为主，地势起伏较小，丘间沟谷开阔，土层较厚，宜农宜林。

省内主要平原为江汉平原和鄂东沿江平原。江汉平原由长江及其支流汉江冲积而成，是比较典型的河积湖积平原，面积 4 万余平方千米。鄂东沿江平原也是江湖冲积平原，主要分布在嘉鱼至黄梅沿长江一带，为长江中游平原的组成部分。

(二) 河流与湖泊

湖北省境内除长江、汉江干流外，省内各级河流河长 5 千米以上的有4229 条，河流总长 5.9 万千米。其中，流域面积 50 平方千米以上河流 1232条，长约 4 万千米。长江自西向东，流贯省内 8 个市(州)、41 个县(市、区)，西起巴东县鳊鱼溪河口入境，东至黄梅滨江出境，流程 1061 千米。境内的长江支流有汉江、沮漳河、清江、陆水、滠水、倒水、举水、巴水、浠水、富水等。其中，汉江为长江中游最大支流，在湖北省境内由西北趋东南，流经省内5 个市、20 个县(市、区)，由陕西白河县将军河进入湖北省郧西县，至武汉汇入长江，流程 858 千米。

湖北素有"千湖之省"之称。境内湖泊主要分布在江汉平原上。有纳入全省湖泊保护名录的湖泊 755 个，湖泊水面面积合计 2706.85 平方千米。水面面积 100 平方千米以上的湖泊有洪湖、梁子湖、长湖、斧头湖。水面面积 1 平方千米以上的湖泊有 231 个。

(三) 气候

湖北省地处亚热带,位于典型的季风区内。全省除高山地区外,大部分为亚热带季风性湿润气候,光能充足,热量丰富,无霜期长,降水充沛,雨热同季。

二、湖北省地理优势分析

湖北位于华中腹地,是中国陆地经济发展版图的重心所在,也是名副其实的"中华地理天元"。交通运输枢纽地位突出,亚热带季风气候区阳光充足、雨水充沛,为各类物产提供了所需的条件。

(一) 交通优势分析

湖北在全国立体交通网中衔接东西、贯通南北,是中国水陆交通运输枢纽。长江、汉江交汇于武汉市,武麻铁路作为京九铁路与京广铁路的联络线,与武汉市相连。武汉市是名副其实的"九省通衢",具备"铁水公空"四大交通体系。

【铁路】湖北省铁路线纵横,干线四通八达。京广铁路是中国铁路运输最繁忙的运输线之一,纵贯湖北省东部,过境物资运输量远大于省内物资装卸量。湖北境内的铁路线还有京九线、襄渝线、汉丹线、焦柳线、长荆线及宜万线,高铁有武广客运专线、石武客运专线、沪汉蓉快速客运通道。全省铁路营业里程达 7000 公里,其中高速铁路达 3000 公里。① 湖北可以实现"一主两翼"城市间 1~2 小时通达,省内主要城市与相邻长株潭、中原城市群的部分城市间 1~2 小时通达,武汉与京津冀、长三角、粤港澳、成渝等城市群的部分城市间 3~4 小时通达,武汉与全国众多省会城市和直辖市间 5 小时内通达。

---

① 湖北省人民政府. 省人民政府关于印发湖北省综合交通运输发展"十四五"规划的通知. http://www.hubei.gov.cn/zfwj/ezt/202111/t20211119_3870613.shtml.

【水运】"九省通衢""千湖之省"的湖北有着得"水"独厚的优势：湖北省内河航道通航总里程达8667公里，在"四纵四横两网"国家高等级航道布局中，湖北境内有7条。长江干线武汉以下航道万吨级船舶可直达武汉，汉江干线碾盘山以下378公里航道达到千吨级，"长江—汉江—江汉运河"810公里千吨级航道圈全面建成。①

港口是经济晴雨表。湖北省致力于做大港口规模，拉动经济发展。国家规划的36个内河主要港口中湖北有5个，港口年吞吐能力5.54亿吨、集装箱吞吐能力589万标箱，位列长江中上游第一。近年来，湖北港口生产量持续增长，集装箱吞吐量年均增长率超过10%。2023年，湖北港口吞吐量6.93亿吨、集装箱吞吐量330万标箱，均位居长江中上游第一名，全国内河第二。武汉港、宜昌港、黄冈港吞吐量均过亿吨。② 内河运输在省内居重要地位，以长江、汉江为两大水运干线，全省一半以上县市处于航运线上。湖北是中国内河航运最发达的省区之一。

湖北省水运发展重点是既要推进长江航道改建工程，完善三峡枢纽综合运输体系，畅通中部出海通道，也要加快建成汉江梯级枢纽，实施汉江中下游航道提等升级，积极推动枢纽过船设施扩能改建，尽快实现汉江中下游航道高标准贯通，还要加快实施唐白河、松西河等航道提等升级工程，结合汉江、江汉运河，打造中部南北向水运新通道。

【公路】湖北省有一个较为完整的公路网，以大城市为中心的公路四通八达，可一直延伸到深山之中，同时也将铁路和水路运输连接起来。我省二级及以上公路里程达4.2万公里，其中高速公路总里程达8000公里，具备条件的乡镇已实现双通道连通。③ 湖北省按照"优化扩容、内外互通"的总体思路，加快完善"九纵五横四环"高速公路网。扩容主通道，重点推进京港澳、沪渝、福银等国家高速公路繁忙拥挤路段的提质扩容，提升主通道的运行效率和服务

---

① 中国水运报. 九省通衢湖北：发力多式联运 畅通物流大动脉. 2020-10-21.
② 中国水运报. 九省通衢湖北：发力多式联运 畅通物流大动脉. 2020-10-21.
③ 湖北省人民政府. 省人民政府关于印发湖北省综合交通运输发展"十四五"规划的通知. http://www.hubei.gov.cn/zfwj/ezt/202111/t20211119_3870613.shtml.

水平。

【**航空**】湖北省民用航空事业发展迅速。武汉市是中国航空运输中心之一。武汉天河国际机场是华中地区规模较大、功能较齐全的现代化航空港，为 4F 级民用国际机场。湖北省拥有武汉天河国际机场、宜昌三峡机场、襄阳刘集机场、恩施许家坪机场、十堰武当山机场、神农架机场、鄂州花湖国际机场等民用机场。民用机场旅客吞吐量达 6000 万人次，货邮吞吐量达 290 万吨。[①] "双枢纽、多支线"航空运输网基本形成，基本实现通航服务市州广覆盖。

(二)种植业及畜牧养殖业优势分析

湖北省地处南北过渡地带，属亚热带季风气候，光照充足，雨量充沛，雨热同季，四季分明，适宜养殖的动植物品种繁多。湖北省历来是全国重要的农产品供给基地。

湖北素来有"湖广熟、天下足"的美誉。经过多年的建设与开发，主要农产品产量位居全国前列，淡水水产品多年位居全国第一，粮、棉、油、猪、禽、菜、果、茶、中药材、食用菌、魔芋等，在全国占有举足轻重的地位。

【**粮食**】2023 年，全省水稻面积 3411 万亩、产量 376 亿斤、平均单产 551 公斤/亩，为保障国家粮食安全作出了突出贡献。[②] 湖北省聚焦粮食生产功能区和重要农产品生产保护区，选择产粮大县集中、基础条件良好的区域，打造国家级粮食安全产业带。持续推进优质水稻核心区和优质小麦优势区建设，加快推进江汉平原水稻、鄂北小麦功能区及鄂西春玉米、鄂北夏玉米、城郊鲜食玉米等板块基地建设，因地制宜抓好薯类、豆类等优质旱杂粮特色区建设。

【**油**】据湖北省农业农村厅农情调度，2019 年至 2023 年，湖北油菜扩种面积累计达 426 万亩，平均亩产提高 17 千克。2023 年湖北油菜籽总产量为

---

① 湖北省人民政府. 省人民政府关于印发湖北省综合交通运输发展"十四五"规划的通知. http://www.hubei.gov.cn/zfwj/ezt/202111/t20211119_3870613.shtml.

② 湖北省农业农村厅. 湖北日报报道：走出荆楚特色新"稻"路 一粒米"链"起千亿大产业. http://nyt.hubei.gov.cn/bmdt/yw/mtksn/202404/t20240403_5146666.shtml.

286.09 万吨，连续 4 年突破历史最高水平。[①] 湖北省突破性发展高油酸油菜、油用花生、油茶等，推进多油并举，为提高国家油料自给率作出更大贡献。

【肉类】2023 年猪牛羊禽肉产量 457.12 万吨，比上年增长 3.8%。其中，猪肉产量 347.25 万吨，增长 4.7%；牛肉产量 17.19 万吨，增长 5.7%；羊肉产量 10.52 万吨，下降 0.1%；禽肉产量 82.17 万吨，增长 0.1%；禽蛋产量 216.25 万吨，增长 4%。年末生猪存栏 2595.3 万头，比上年末增长 1.7%；全年生猪出栏 4438.53 万头，比上年增长 3.6%。[②] 湖北省坚持"稳猪禽、扩牛羊、兴奶业"的原则，深入推进畜禽标准化养殖，持续开展养殖场标准化改造提升，高标准推进适度规模经营，提升畜禽规模化养殖比重。

【水产品】2023 年水产品产量 522.79 万吨，比上年增长 4.5%。[③] 湖北省突破性发展鳜鱼、乌鳢、黄颡鱼、鳝鳅、河蟹等名特品种，持续保持淡水渔业在全国的领先地位，打造"潜江龙虾"成为全国第一品牌。

【茶】近年来我省茶园面积有所扩大，茶产业得到了一定的发展。湖北省提升湖北"绿红黑白高香茶"的内在品质，实施鄂茶效能倍增计划，做大做强"湖北茶"的品牌，提升茶经济比重。

【药材】湖北药材存在规模种植少、加工不足和产品流通不畅的短板。在大力发展中医中药的当今时代，湖北省加强中药材良种繁育，推进中药材精深加工，开发多类药膳、保健食品和功能食品，传承药圣之乡、神农故里等历史文化，挖掘蕲艾、茯苓等中药材发展潜力，有力推进中国"华中药库"建设。

【蔬果】国家"菜篮子"工程的实施为蔬菜种植和供应提供了广阔的发展空间。湖北省按照多样化、市场化、安全化需求，持续优化蔬菜品种结构，积极开发品种多样、品质良好和区域适宜的产品，逐步形成品种丰富、上市供应均

① 湖北省农业农村厅. 湖北日报报道：湖北油菜支撑我国油菜在世界的领先优势. http://nyt.hubei.gov.cn/bmdt/yw/mtksn/202403/t20240305_5106843.shtml.

② 湖北省统计局. 湖北省 2023 年国民经济和社会发展统计公报. http://tjj.hubei.gov.cn/tjsj/tjgb/ndtjgb/202403/t20240327_5135863.shtml.

③ 湖北省统计局. 湖北省 2023 年国民经济和社会发展统计公报. http://tjj.hubei.gov.cn/tjsj/tjgb/ndtjgb/202403/t20240327_5135863.shtml.

衡、区域特色鲜明的生产布局，持续做好柑橘、砂梨、猕猴桃和枇杷等优势水果的种植及外销工作。

第六节　湖北省文化资源分析

习近平总书记指出："文化是一个国家、一个民族的灵魂。文化兴国运兴，文化强民族强。没有高度的文化自信，没有文化的繁荣兴盛，就没有中华民族伟大复兴。"①在新时代坚持和发展中国特色社会主义，必须坚定文化自信，增强文化自觉，实现文化自强。

湖北省地处长江中游，位居华中腹地，是中华民族文化的重要发祥地之一。以楚文化为主要传承的湖北文化是中华民族灿烂文化的重要组成部分。

一、艺术

湖北地方文化汇东西南北之长，承楚文化之魂，具有悠久的历史。湖北人民创造和发展了富有楚文化传统的多种艺术形式，其大致可分为戏曲、说唱、歌舞等几大类。其中，戏曲包括22个地方剧种，有属于皮黄系统的汉剧、南剧和山二黄，有属于花鼓系统的东路花鼓戏、随州花鼓戏、襄阳花鼓戏、远安花鼓戏和郧阳花鼓戏，还有属于大筒腔系统的提琴戏、柳子戏、灯戏等。② 湖北说唱艺术非常丰富，流行的曲种有湖北评书、湖北渔鼓、三棒鼓、沔阳小曲、汉滩小曲、郧县曲子等。同时，湖北歌舞有盛行于江汉平原各市县的碟子曲，流行于鄂西南、鄂西北山区的薅草锣鼓等。

---

① 中共广东省委党校、广东行政学院. 建设社会主义文化强国与广东实践. 广州：广东人民出版社，2018.

② 张晓虹、吴必虎、池建新. 中国乡村传统音乐与戏曲. 深圳：海天出版社，2023.

二、宗教[①]

湖北是全国宗教工作的重点省份之一，省内佛教、道教、伊斯兰教、天主教、基督教五大宗教俱全。鄂东黄梅禅宗文化、鄂西武当道教文化历史悠久，底蕴深厚，形成"东禅西道"的湖北传统宗教分布格局。中国天主教第一位自选自圣主教董光清出生于湖北。武当山李光富道长担任中国道教协会第九届、第十届理事会会长，担任中国道教协会会长。

全省约有信教群众220万人(佛教121万人、道教49万人、伊斯兰教10万人、天主教7万人、基督教33万人)。省依法登记的宗教活动场所有3540处(佛教2014处、道教657处、伊斯兰教64处、天主教108处、基督教697处)，认定备案的宗教教职人员有5162人(佛教3316人、道教1183人、伊斯兰教79人、天主教159人、基督教425人)，各级爱国宗教团体有251个，宗教院校有4所(天主教中南神哲学院、基督教中南神学院、武当山道教学院和武昌佛学院)。

三、饮食文化

民以食为天，荆楚儿女在长期的生产生活中创造了丰富的菜式，形成了地方性的饮食习惯。湖北菜，简称鄂菜，按有文字记载的时间算，至今也有2000多年的历史。早在2000多年前，具有楚乡风味的鄂菜在广阔富饶的江汉平原上已具雏形；唐、宋两代时，鄂菜有了明显的发展；到了明、清时，鄂菜趋于成熟。

湖北省是千湖之省，素有"鱼米之乡"的美誉。鄂菜，得益于湖北得天独厚的地理位置，在饮食文化中处于南北兼容的地位，既有北方菜的咸香，又有

---

① 湖北省人民政府. 湖北省情概况(2021年). http://www.hubei.gov.cn/jmct/hbgk/202103/t2021j0331_3440125_3.shtml.

南方菜的鲜美。湖北饮食习俗总的特点：一是以稻、鱼为主；二是喜食杂食；三是风味荟萃；四是鲜香为本，融合四方。

【小吃】湖北的特色风味小吃繁多，这些特色风味小吃的形成和发展也都有其历史原因。早在战国时期，《楚辞·招魂》中的一份楚宫筵席单中就有麻花、馓子、蜜糖糕、油炸饼等。这是湖北小吃见诸文字的最早记载。另外，一些风味小吃伴随着历史故事而产生，如高炉饼、九黄饼、云梦鱼面等。这些风味小吃经过千百年的历史传承，成为今天湖北省别具风味的地方小吃。而今，汤包、三鲜豆皮、卤味鸭脖、襄阳牛肉面等特色小吃更是让人喜爱。武汉作家池莉的小说《生活秀》被搬上屏幕后，在街头巷尾的大排档上啃鸭脖子已悄然成为一种饮食潮流。

【端午节吃粽子】湖北饮食风俗形成的历史原因还表现在岁时、信仰、礼仪等风俗的传承上。现行的不少食俗与荆楚文化紧密相连，如端午节吃粽子。在屈原故里秭归，传说屈原投汨罗江后，热爱屈原的楚人很悲痛，纷纷从四面八方赶到江边。为了祭吊屈原，人们纷纷用竹筒贮米投于江中，以防鱼虾啃食屈原的身体。后来人们便不再将粽子投入江中，而是把粽子当作日常食品。这逐渐成为一种食俗并风行全国。

【武昌鱼】湖北特产武昌鱼肉质嫩白，含有丰富的蛋白质和脂肪，是名贵的淡水鱼食材。又因为毛泽东"才饮长沙水，又食武昌鱼"的词句，武昌鱼更为闻名遐迩。清蒸武昌鱼是鄂菜的招牌菜，清香扑鼻，肉嫩味鲜。有趣的是武昌鱼并不产于武昌，而是产自鄂州(三国时称武昌)。

【煨汤】湖北的一种重要的饮食文化是"煲汤"，湖北人称之为"煨汤"。用湖北洪湖莲藕煨制的藕汤，汤鲜味美，滋补养颜，咸鲜略甜，香醇回甘，让人回味无穷。

四、三国文化

1800多年前，魏、蜀、吴三国纷争不已，同时也在湖北大地上刻下了深深的历史烙印。《三国演义》120回中，有70多回描述的风云故事发生于湖北，所留下的名胜古迹 100 余处。①

【古隆中】湖北襄阳曾叫襄樊。120 回的《三国演义》中有 30 余回与襄阳有关，如"三顾茅庐""隆中对策"等。在东汉末年，襄阳曾是荆州首府。有人评价说，襄阳是三国旅游线的起始点。这一点无论是从历史还是从文化遗迹上来说，都是有据可依的。

【荆州古城】荆州的地理位置极其重要，在三国时期是南北要冲，是兵家必争之地。"刘备借荆州""关羽大意失荆州""吕蒙袭荆州"等故事都发生在这里。

【当阳】当阳是著名的三国古战场，也是"武圣"关羽身躯的埋葬之地。可谓"当阳无处不三国，关公胜迹遍当阳"。赵子龙大战长坂坡、张翼德喝断当阳桥、糜夫人香销娘娘井、曹操观战锦屏山、关云长引恨古麦城、玉泉山关公显圣等故事都在此发生。

【赤壁古战场】赤壁隶属湖北省，是咸宁市的县级市，赤壁古称蒲圻。三国赤壁古战场，是我国古代"以少胜多、以弱胜强"七大战役中唯一尚存原貌的古战场遗址。

【郊天台】郊天台也称祭天台，位于武汉东湖磨山景区内。传说赤壁之战后，孙权想把刘备诱骗到南徐，再加害于他。刘备在磨儿山搭台祭天，祈求上苍保佑他东行一路平安。《大明一统志》(卷五十九)中记载："郊天台在府城东一十里，今名磨儿山，世传汉昭烈帝祭天于此。"②

【乌林寨】乌林寨位于洪湖市乌林镇，南临长江，与赤壁隔江对峙。著名的赤壁之战是以火烧乌林大败曹操的以少胜多的战例相传至今。昔日的古战场早已灰飞烟灭，唯有青山壁立，江水东流。

【猇亭古战场】因地势险峻，千百年间发生于猇亭的战事有一百多起，其中最著名的是三国火烧连营七百里的关键战役猇亭之战。

---

① 手机搜狐网.游三国胜迹，品荆楚风云. http://m.sohu.com/a/515118498_439020/？scm.

② 湖北日报.山水悠长，东湖的 C 位是它!. 2023-11-10.

【水镜庄】水镜庄在襄阳市南漳县，是名士司马徽（号水镜先生）的隐居地。司马徽就是在这里向刘备力荐诸葛亮、庞统的，其推荐之举促成三国鼎立的局面。

【古武昌】三国时期，吴王孙权定都武昌（今鄂州市）。鄂州三国遗迹、文物丰富。吴王城遗址位于鄂州市鄂城区，是三国东吴都城遗址之一。

【文赤壁】黄州文赤壁又名东坡赤壁，因有岩石突出像城壁一般，且颜色呈赭红色而得名。其因苏轼的《念奴娇·赤壁怀古》《前赤壁赋》《后赤壁赋》而闻名。这里不仅留存着历代杰出文豪的瑰玮墨宝、历朝名家的碑刻，还遍布着苏东坡的诗词，记录着一代旷古奇才的沧桑足迹。

五、旅游资源

湖北旅游资源富集，自然、人文和社会资源并存。其以数量多、分布广、品位高、差异性强为主要特征。鄂西地区自然景观璀璨、民俗风情浓郁；鄂中地区人文景观荟萃；鄂东地区自然和人文景观兼容，地域差异和组合规律十分明显。

【山水风光】湖北省的自然景观异彩纷呈，长江三峡、武汉东湖、武当山、大洪山、襄阳古隆中、通山九宫山、赤壁陆水湖为国家级风景名胜区；钟祥大口、当阳玉泉寺、宜昌大老岭、兴山龙门河、长阳清江、五峰柴埠溪、襄阳鹿门寺、谷城薤山、咸宁潜山、荆州八岭山、武汉九峰山、大别山天堂寨、神农架、松滋洈水等为国家级森林公园；神农架、五峰后河、长江新螺段及天鹅洲白鱀豚自然保护区为国家级自然保护区；武当山古建筑群、钟祥明显陵、唐崖土司城址被联合国教科文组织列入《世界文化遗产名录》。长江三峡、黄鹤楼、葛洲坝被评为"中国旅游胜地四十佳"。

【人文古迹】湖北的历史悠久，文化发达，中华始祖炎帝就诞生在湖北随州。楚文化根基深厚，特色鲜明，影响很大。宗教文化在湖北发展充分，明代朱棣"北建故宫，南修武当"。拥有九宫九观的武当山，堪称我国道教文化的宝库。

三国历史的烟云陈迹，在湖北有140多处。以荆州古城、赤壁、当阳、隆中等为代表的三国文化是湖北旅游文化的又一特色。辛亥革命始于鄂而波及全国，使得湖北具有深厚的近代文化底蕴。发掘于枣阳市的距今约6000年的雕龙碑遗址将中国文明上溯了1000年①；被誉为"东方第八大奇迹"的曾侯乙编钟出土于随州擂鼓墩；铜绿山古矿冶遗址、越王勾践剑、商代盘龙城被发现于荆楚大地；工艺精湛的战国漆绘、木雕制品和古代丝绸大多出土于荆州江陵；中国古代四大发明家之一毕昇的故里，以其独特的文化内涵著称于世。

【鄂西生态文化旅游圈】鄂西生态文化旅游圈包括位于湖北西部的襄阳、荆州、宜昌、十堰、荆门、随州、恩施、神农架等8个市(州、林区)，其生态文化旅游资源十分丰富。鄂西地区拥有3个世界文化遗产——武当山古建筑群、钟祥明显陵、唐崖土司城址，有1个世界非物质文化遗产——恩施玉露制作技艺，有多个国家自然保护区——星斗山国家级自然保护区、木林子国家级自然保护区、十八里长峡国家级自然保护区等，有多个国家非物质文化遗产，有3个国家级地质公园——神农架国家地质公园、恩施大峡谷—腾龙洞世界地质公园、五峰国家地质公园。鄂西生态、文化旅游资源及旅游景区等占全省的比例均在一半以上。

【旅游名片】长江三峡、武当山、黄鹤楼公园、辛亥首义、神农架、随州炎帝神农故里、武汉东湖、省博物馆、大别山红色旅游、三国文化、咸宁温泉、恩施大峡谷、利川腾龙洞。

六、红色文化资源

习近平总书记强调，红色资源是我们党艰辛而辉煌奋斗历程的见证，是最宝贵的精神财富。② 新时代新征程上，我们要用心用情用力保护好、管理好、运用好红色资源，传承好红色基因，努力创造不负革命先辈期望、无愧于历史

---

① 长江网. 荆楚文化. http://zt.cjn.cn/zt2009/twz/zs/200905/t925185.htm.
② 江西省人民政府. 关于公开征求《江西省革命文物保护条例(草案)》意见建议的通知. http://www.jiangxi.gov.cn/art/2021/9130/art_414_3796324.html.

和人民的新业绩。

湖北有光荣的革命传统，也是红色文化的富集地。在中国共产党创建时期，湖北是早期党组织活动较为活跃的地区之一。1920年秋，共产党武汉支部组建，成员包括董必武、陈潭秋、包惠僧等。出席中国共产党第一次全国代表大会的13名代表中，5名代表为湖北籍，分别是湖北黄冈籍的董必武、陈潭秋、包惠僧，湖北潜江籍的李汉俊，湖北应城籍的刘仁静。在大革命时期，湖北是工农运动的中心省份之一；在土地革命时期，湖北是中国工农红军的重要诞生地和根据地；在抗日战争时期，湖北是新四军的重要建军地和抗日根据地；在解放战争时期，湖北是国共双方激烈争夺的战略要地。历次红色革命在湖北展开，红色遗迹遍布湖北全省。湖北红色革命中发生的事件和涌现的人物，在中国革命中具有十分重要的作用，因而湖北红色文化资源在全国具有广泛的影响。

湖北在红色革命时期形成的红色文化资源，有中国共产党创建时期的武汉共产党早期组织旧址，有大革命时期的中华全国总工会暨湖北省总工会旧址、武昌农民运动讲习所旧址、各级农民协会旧址、农民暴动的遗迹和遗物等，有土地革命时期的中共八七会议旧址、中共中央长江局旧址及建立的湘鄂西、湘鄂赣、鄂豫陕等农村革命根据地旧址或旧址群，有抗日战争时期的八路军驻武汉办事处旧址、新四军军部旧址、国民政府军事委员会第三厅旧址、新四军第五师司令部旧址等，有解放战争时期的中原军区党政机关旧址、刘邓大军在大别山的革命旧址等。为了怀念先烈，各地在中华人民共和国成立后陆续修建了大批革命烈士陵园、革命纪念馆，其中重要的烈士陵园有黄麻起义和鄂豫皖苏区革命烈士陵园、湘鄂西苏区革命烈士陵园、湘鄂边苏区革命烈士陵园、湘鄂赣边区鄂东南革命烈士陵园、鄂豫边区革命烈士陵园等，重要的纪念馆有二七纪念馆、八七会议会址纪念馆，黄麻起义和鄂豫皖苏区纪念馆等。在湖北境内，红色革命旧址、纪念建筑物的数量众多，分布广泛，在全国位居前列。

【红安精神】红安精神是从1920年董必武在武汉中学传播马克思主义开始至1949年中华人民共和国成立这一特定时期，在红安及其周边这一特定区域的共产党人和革命群众在新民主主义革命斗争中所形成的一种以党性和人民性为价值取向的认知、情感、意志的总和。其最通俗的表述为"一要和三不要""一图和两不图",即"要革命,不要钱、不要家、不要命""图奉献、不图名、不图利"。2004年湖北省党史办成立了"红安革命传统和红安精神研究课题组",在从前的"一要三不要""一图两不图"等群众性语言的基础上,结合董必武同志的贡献、红四方面军的战功、红安人民的牺牲等因素,将红安精神表述为"万众一心,为党为民,朴诚勇毅,不胜不休"。①

【武汉精神】敢为人先,追求卓越。深厚的历史文化积淀是武汉城市精神大厦的脊梁。武昌起义一声枪响,首义精神由此诞生。武昌起义的革命者敢为人先,为推翻封建帝制作出了贡献。2020年疫情期间,武汉人民用"不服周"的精神主动出击,书写了一个个奇迹。

第七节　湖北省科技资源分析

一、推进科技强省建设已成为省委、省政府重要战略

省委、省政府高度重视科技创新工作,把科技创新摆在更加突出的位置,专门成立省委书记、省长"双组长"的省推进科技创新领导小组。2021年,多次组织召开推进科技创新领导小组会,开展了一系列科技创新专题会议与调研、座谈活动。省委、省政府建立科技强省建设"1+4"政策体系,出台《关于加快推进科技强省建设的意见》,聚焦人才发展激励、科技成果转化、财税金融支持、土地资源配置等4个方面制定配套政策措施。

二、"四梁八柱"建设增强区域科技创新综合实力

按《湖北省科技创新"十四五"规划》,我省科技强省"四梁八柱"主要包括:

---

① 徐仁立. 中国红色旅游融合创新研究. 北京:中国言实出版社,2020.

武汉具有全国影响力的科技创新中心、湖北东湖综合性国家科学中心、以东湖科学城为核心的光谷科技创新大走廊、襄阳和宜昌两个区域科技创新中心、湖北实验室、重大科技基础设施、世界一流高校院所、重大共性技术平台、产业创新功能区、产业技术创新链、科技人才队伍、企业创新主体、科技成果转化等重点任务。

根据《中国区域创新能力评价报告 2021》《中国区域科技创新评价报告 2021》，湖北区域创新能力综合效用值、综合科技创新水平指数分别保持全国第 7、第 8，中部第 1。根据 2021 年全球创新指数，武汉前进 4 位，位列世界城市集群第 25 位，中国城市第 6 位。在科技创新综合实力上，湖北 2021 年全社会研发投入总量 1005.3 亿元，占 GDP 比重 2.31%，实现双提升，均达到历史最高水平；新入选"两院"院士 8 人，位列全国第 4，院士数量达到 81 人；24 个项目获国家科学技术奖励，主持项目获奖数量位列全国第 5；48 个项目获国家自然科学基金区域创新发展联合基金支持，总立项数位居全国第 3，经费总额 1.44 亿元，同比增长 23.08%。在科技创新驱动发展上，湖北 2021 年技术合同成交额突破 2100 亿元，同比增长 25%，湖北高新技术企业总数预计将达到 14500 家，同比增长 40%，继续保持全国第 7、中部第 1；国家科技型中小企业库入库数达到 14100 家，同比增长近 90%，全国排名由第 12 位跃居第 8 位；4 家创新型产业集群成功获批国家创新型产业集群，入选数量居全国第 1；全省国家创新型产业集群达到 10 家，居全国第 3。① 每万人发明专利拥有量约为 16.09 件，同比增长 29.65%。② 2024 年，湖北省奋力打造具有全国影响力的科技创新高地推动科技工作取得新成效，主持完成通用项目获国家科学技术奖 19 项，位居国家前列，三个国家重大科技基础设施全部开工，国家知识产权保护示范区、国家集成电路处理器产业计量测试中心、国家"5G+工业互联网"融合应用试点获批，此外获批中国—津巴布韦农业生态与经济作物

---

① 湖北省人民政府. 2021 年湖北省全社会研发投入总量过千亿元. 2022-01-12.

② 湖北省知识产权局.《湖北省知识产权"十四五"规划》发布 2025 年每万人口发明专利拥有量达 20 件. 2022-01-28.

"一带一路"联合实验室。①。

(一)"两个中心"建设稳步推进

按照国家区域科技创新的战略部署,"两个中心"建设进入落地实施期,支撑"两个中心"建设的重大项目陆续开工建设,推进武汉具有全国影响力的科技创新中心和湖北东湖综合性国家科学中心的建设取得积极进展。

围绕"两个中心"建设,《武汉市打造国家科技创新中心实施方案(2021—2025)》《武汉科技创新"十大行动"工作方案》相继发布。在汉湖北实验室加快建设,一批国内外战略科技人才和科技领军人才集聚,并积极争创国家实验室。武汉产业创新发展研究院成功组建,打造集技术孵化、成果转化交易、创业风险投资、人才引进等于一体的集成平台。武汉市推动全市国家省市三级111家孵化器、189家众创空间和55家星创天地积极进行专业化、精细化服务提升,打造创新创业策源高地。② 脉冲强磁场实验装置优化提升项目、高端生物医学成像设施建设、数字建造国家技术创新中心、成立华中科技大学未来技术学院和集成电路学院、成立武汉大学微电子学院等一大批支撑"两个中心"建设的重大创新项目落地建设。截至2022年1月,武汉已建各级各类创新平台达1823个,其中国家级143个、省级1020个、市级660个。③

(二)光谷科技创新大走廊建设进展

省政府专门出台《光谷科技创新大走廊发展战略规划(2021—2035年)》,并细化了国土空间规划和三年行动方案,推进建立了光谷科技创新大走廊建设联席会议制度、武鄂黄黄咸五市协同创新联盟以及季度调度工作机制。2023年,东湖高新区全面贯彻党的二十大精神,全面启动武汉新城规划建设,全面加快"世界光谷"建设。经济承压奋进、发展蓄势聚力,经济总量2715亿元,

---

① 湖北发展和改革委员会. 湖北:奋力打造具有全国影响力的科技创新高地. 2025-01-06.

② 湖北日报. 武汉建设1823个各级各类创新平台. 2022-01-27.

③ 湖北日报. 武汉建设1823个各级各类创新平台. 2022-01-27.

市场主体突破 20 万户，企业突破 13.6 万家，新增上市企业 7 家。全省唯一国家实验室落户，已建、在建国家大科学装置达 5 个，居全国高新区第 3；固定资产投资位列全国高新区前四；高企总数突破 5700 家，居全国高新区第 4。国家级专精特新"小巨人"企业达到 151 家，居全国高新区第 4。低温多晶硅中小尺寸显示面板全球市占率提升至 24%。光电子信息、生命健康、北斗产业规模分别占全省的 60%、17%、50%。①

(三) 襄阳、宜昌区域性科技创新中心建设进展

襄阳、宜昌围绕区域性科技创新中心建设，成立了市委书记、市长"双组长"的区域科技创新中心建设领导小组，印发实施了《襄阳区域科技创新中心建设方案》《宜昌区域科技创新中心建设方案》，建立了"襄十随神""宜荆荆恩"城市群科创联盟，推动"襄十随神""宜荆荆恩"城市群区域内创新平台、科研设备、科技人才、科技成果等创新资源实现开放共享，使"两翼驱动"的创新高地建设稳步推进。

1. 襄阳区域科技创新中心"五大工程"全面实施。

襄阳通过实施"五大工程"，建设区域科技创新中心。一是实施创新策源工程。强化襄阳高新区"创新驱动核"功能，建设襄阳(高新)科技城、襄阳(东津)科学城、襄阳(尹集)大学城，打造"一核三城"的创新主平台。截至 2021年 11 月，科技城一期已集聚创新项目 135 个，二期已有 21 个创新项目签订入园协议，依托武汉理工大学建设的湖北隆中实验室正在积极推进。② 二是实施双链融合工程。重点推进"招校引院"，2021 年投资 47 亿元的华中农业大学襄阳现代农业研究院开工建设，投资 28 亿元的武汉理工大学专业学位研究生培养模式改革襄阳示范区在 2022 年 3 月试运行。③ 襄阳成为全省唯一入选的国家产教融合试点城市。三是实施人才引领工程。实施"隆中人才支持计划"，

① 长江网. 2024 年，光谷这样干! 全力确保武汉新城成势见效，世界光谷攀"高"向"新". http://news.cjn.cn/c9pd/jzgg_19988/202402/t4830126.htm.

② 湖北日报. 襄阳全力推动区域科技创新中心建设成势见效. 2021-11-03.

③ 湖北日报. 襄阳全力推动区域科技创新中心建设成势见效. 2021-11-03.

聘请中国工程院院士李培根等 12 名科技专家为首批科创顾问。四是实施要素聚合工程。2021 年以来，襄阳市有 33 家企业入围湖北省"瞪羚"企业，居全省第 2 位；3 家高新技术企业上市，全市上市公司达到 13 家。① 五是实施协同创新工程。牵头建立了"襄十随神"城市群科技创新协同发展机制，联合十堰、随州、神农架举办了"襄十随神"城市群科技成果转化对接活动。

2. 宜昌区域科技创新中心稳步推进。

一是布局建设以"湖北三峡实验室、宜昌高新区、环三峡大学创新生态圈、宜昌科教城、市域创新联合体、宜荆荆恩科创走廊"为主体的"六个一"创新体系。二是加强创新平台建设及项目支撑。投入 6.6 亿元成功筹建湖北三峡实验室，设置了磷石膏综合利用、微电子关键化学品、磷基高端化学品、硅系基础化学品、化工高效装备与智能控制、新能源关键材料等 6 大研究方向，启动磷石膏相关研究项目，磷石膏治理从"源头—中端—末端"同步发力，全过程治理的路径逐步清晰。② 启动建设有机硅新材料国家地方联合工程研究中心、医疗用品重大科技基础设施建设项目等区域科技创新中心建设项目 49 个，总投资达 190 亿元。③ 三是推动区域创新联动。成立"宜荆荆恩"城市群区域创新联盟，组织"宜荆荆恩"片区系列创新活动，聚集创新资源辐射引领城市群创新发展。以宜都、枝江、当阳、夷陵、宜昌高新区五地为极核，带动市域创新联动，支持宜都建设国家创新型县(市)，枝江、当阳、夷陵创建省级创新型县(市)。

(四)全域协同创新进展

湖北省进一步强化区域科技创新多点支撑，先后制定《推进创新型县(市、区)建设实施方案》《促进湖北高新技术产业开发区高质量发展若干措施》。

---

① 湖北日报. 襄阳全力推动区域科技创新中心建设成势见效. 2021-11-03.
② 湖北日报. 宜昌奋力争创区域科技创新中心. 2022-04-27.
③ 三峡日报. 聚力打造区域科技创新中心——宜昌市 2021 年科技创新工作重点回顾. 2022-02-18.

2021年全省新增8家省级创新型县(市、区)。① 全省区域科技创新体系进一步完善。

1. 县域创新能力实现稳步提升。

坚持以申促建,加强大冶、宜都、仙桃3个国家创新型县(市)验收准备工作,加大枝江、赤壁、谷城国家创新型县(市)培育力度。开展第三批省级创新型县(市、区)创建工作,新布局建设新洲区、襄州区、荆州区、孝南区、鄂城区、老河口市、阳新县、团风县8个省级创新型县(市、区)(见表1)。2021年全省省级以上创新型县(市、区)达到38个②,县域创新驱动版图进一步扩大,县域经济高质量发展底板得以抬升。

表1　　　　　　　　2021年新增省级创新型县(市、区)名单③

序号	名称	级别	批准年份	所在市
1	新洲区	省级	2021	武汉
2	鄂城区	省级	2021	鄂州
3	孝南区	省级	2021	孝感
4	荆州区	省级	2021	荆州
5	襄州区	省级	2021	襄阳
6	老河口市	省级	2021	襄阳
7	阳新县	省级	2021	黄石
8	团风县	省级	2021	黄冈

2. 高新区高质量发展稳步推进。

《促进湖北高新技术产业开发区高质量发展若干措施》要求,加快推动国

---

① 湖北日报. 湖北新增8家省级创新型县(市、区). 2021-12-21.
② 湖北日报. 湖北新增8家省级创新型县(市、区). 2021-12-21.
③ 湖北日报. 湖北新增8家省级创新型县(市、区). 2021-12-21.

家高新区创新能力提升，增强东湖国家自主创新示范区的创新引领作用，建设世界一流科技园区，打造世界一流科技生态新城。2021年，湖北省布局新建一批省级高新区，拟支持西塞山、谷城、宜城、襄城、枝江、当阳6个县(市、区)建设省级高新区；新增黄石、随州、仙桃、孝感4家国家创新型产业集群(见表2)，入选数量和广东、山东、湖南并列全国第一；至此，湖北国家创新型产业集群达10家，总数居全国第3、中部第1。①

表2　　　　　　　　**2021年新增国家创新型产业集群名单②**

序号	名称	类别	批准年份	所在市
1	随州移动应急装备创新型产业集群	试点 (培育)	2021	随州
2	仙桃高新区非织造布创新型产业集群	试点 (培育)	2021	仙桃
3	黄石先进电子元器件国家创新型产业集群	试点 (培育)	2021	黄石
4	孝感高新技术产业开发区高端装备制造创新型产业集群	试点 (培育)	2021	孝感

三、科技创新能力发展

(一)基础研究和应用基础研究进展

1. 基础研究平台统筹推进。

积极争创国家重点实验室。2021年，武汉纺织大学纺织新材料与先进加

---

① 湖北日报. 湖北新增4家国家创新型产业集群　新增数量并列全国第一. 2021-08-15.

② 湖北日报. 湖北新增4家国家创新型产业集群　新增数量并列全国第一. 2021-08-15.

工技术、江汉大学精细爆破 2 个省部共建国家重点实验室获科技部批复。至此，全省国家重点实验室达到 30 家，居全国第 4。①《湖北省基础学科研究中心管理办法(试行)》得以编制，省基础学科研究中心管理进一步加强。

2. 自然科学基金项目有序推进。

推进湖北—国家区域创新发展联合基金工作，配合国家基金委开展了 2021 年度联合基金项目申报，并向国家基金委推荐报送了几十条联合基金指南建议。依托湖北实验室等基础研究平台，充分发挥平台支撑作用和优秀人才领军作用，完善"平台—人才—项目"稳定投入、联动支持机制。2022 年首次在青年项目中试行科研经费包干制，进一步为科研人员减负；面上类项目单项资助强度由原来的 5 万元提高到 8 万元。探索设立省市联合基金、行业联合基金和企业联合基金，拓宽基础研究经费投入渠道。国家自然科学基金委公布了 2021 年度区域创新发展联合基金资助项目，湖北省 48 个项目获批，资助经费约 1.44 亿元，总立项数位居全国第 3(仅次于浙江、北京，与广东并列)。在湖北省获批资助项目中，有 10 项依托湖北实验室，15 项依托国家重点实验室，4 项依托重大科技基础设施，7 项依托省重点实验室。获批资助项目中，由 2 个以上单位合作承担的有 33 项，占比 80.50%。省属单位承担项目数占获批项目总数的 17.60%。以联合基金项目为纽带，促进了部属高校与省属高校、高校院所与企业、省内与省外科研单位之间的协同创新。② 湖北省自然科学基金项目共立项 708 项，资助经费 8498 万元。③（见图 1）

3. 科技基础条件保障能力稳步提升。

推进科技文献、大型科学仪器开放共享，保障湖北省科技信息共享服务平台和湖北省科学仪器设备协作共用网稳定运行。科学仪器开放共享机构 2160 多家，入网实验室约 1500 家，10 万元以上科学仪器设备近 20000 台(套)，检

---

① 湖北日报. 湖北省国家重点实验室达 30 家居全国第四. 2021-09-24.

② 湖北日报. 湖北 48 个项目获国家自科基金区域创新发展联合基金支持　总立项数全国第三. 2022-01-06.

③ 湖北省科学技术厅. 关于省政协第十二届第五次会议第 20220470 号提案的答复. 2022-08-23.

图 1　2017—2021 年湖北省自然科学基金项目数量和经费情况

测服务信息 45000 余项，检验检测咨询服务专家 670 余人。近 5 年来，累计有 2308 台(套)仪器对外提供共享检测服务 42920 次，对外共享服务机时数 221 万小时，共享检测样品数 206 万个，机组共享检测服务直接收入 12.99 亿元。同时，与国家大型仪器平台无缝对接，极大增强了科研仪器共享资源保障能力。①

(二)关键核心技术攻关进展

2021 年，全省围绕"光芯屏端网"、生物医药、智能制造、新材料等重点领域，大力实施产业技术攻关"十百千"工程，支持企业技术创新项目近 500 项，突破一批关键核心技术瓶颈。多项技术填补国内空白。

1. 产业关键核心技术加快突破。

实施产业技术攻关"十百千"工程，围绕"51020"现代产业集群，结合企业技术创新需求，打造 10 条上下游完备、特色突出、竞争力强的产业技术创新链，重点突破 100 项产业"卡脖子"技术，攻克 1000 项左右产业技术难题，确定了未来五年科技创新发展的"路线图""施工图"。组织实施关键核心技术攻关工程，组织实施国家级、省级关键核心技术攻关项目，充分发挥预算内资金对关键技术创新的引导作用，推动新兴产业的高端领域、关键环节实现重大技

---

① 湖北日报. 湖北 1500 家实验室科学仪器开放共享. 2023-09-21.

术突破。组织开展产业基础再造工程关键核心技术攻关，实施科技项目"揭榜挂帅"机制，实行以需求为牵引、以能够解决问题为评价标准、能者"揭榜挂帅"的重点项目攻关，支持攻克来自企业现实需求、制约产业发展的重大"卡脖子"技术难题。截至 2022 年 9 月，"揭榜制"科技项目在湖北已经开展三年，先后面向全社会征集项目需求 1424 项，发榜 312 项，揭榜成功 154 项，对 87 个项目给予 9000 万元财政资金支持，合计撬动企业投入 9.1 亿元，财政资金撬动放大 10 倍以上。①

2. 现代农业科技攻关与示范协同推进。

聚焦种业"芯片"技术、农业绿色高效生产、农产品绿色制造、智慧农业与智能装备四大领域，深入开展关键核心技术攻关。围绕湖北省农业十大重点产业，组织"农业生物绿色优质品种选育"，持续推进"农业生物绿色优质品种培育"。"十四五"以来，省财政累计筹措资金 4.86 亿元，支持省农科院组织实施农业科技行动，建设现代农业基地，开展"1+N"院地院企科技合作，与 49 个县(市)、13 家事业单位、14 家大型龙头企业签订科技合作框架(共建)协议，实现全省 17 个地市州和直管市科技合作全覆盖，有效增强"纸变钱"成果转化能力，促进农业科技成果走向田间地头，助力全省县域经济发展和农民致富增收。在全省十大重点农业产业链建设方面，累计安排产业链科技攻关资金 1.2 亿元，用于种养殖新品种研发、精深加工、品质提升、加工设备研发等方面，加大科技成果转化力度，扩大优质原料基地规模，推进产品质量标准化，让农业经营主体和广大农民群众共享农业科技发展成果。②

3. 社会民生科技攻关持续推进。

围绕生物医药、人口健康、资源环境、公共安全领域，推进社会发展领域国家重点研发计划项目。2020 年，全省生物产业累计完成总产值 3380 亿元，是"十二五"末的 1.6 倍，年均增长 10.10%，总体规模进入国家第一梯队。生

---

① 湖北日报. 从 200 多亿元到突破 2000 亿元　科技成果转化湖北"步步高". 2022-09-07.

② 湖北日报. 近 3 年投资近 15 亿元支持农业科技创新　一批优秀科研成果落地转化. 2024-12-01.

物制品制造、生物工程设备制造、生物技术应用、生物研究与服务等细分产业规模和效益均实现快速平稳增长。2020 年，全省 17 家医药企业进入全国医药工业 500 强，其中人福医药集团进入全国医药工业 30 强。友芝友生物等 4 家企业进入中国医药创新企业百强。截至"十三五"末，培育生物领域上市企业 19 家。[①]

围绕湖北省疾病防治需求，聚焦慢性病、常见多发病和重大疾病等影响群众健康的突出问题，加强基础研究、临床转化、循证评价、示范应用一体化布局，突破了一批防治关键技术，开发了一批新型诊疗方案。

持续提升资源循环利用、清洁生产、清洁能源、新能源汽车、生态农业、绿色建筑等领域绿色技术水平，提高资源利用效率，促进绿色发展。加强环境污染防治、防灾减灾等方面关键技术研发与成果转化应用，促进生态文明与经济协调发展。

(三)企业技术创新能力建设进展

湖北高新技术企业总数实现新突破，科技型企业群体快速壮大，新物种企业培育全面开花。数据显示，2021 年，全省高企总数达到 14560 家，同比增长 40%，继续保持全国第 7、中部第 1；国家科技型中小企业库入库数超过 14100 家，同比增长近 90%，全国排名由第 12 位跃居第 8 位。[②] 湖北回天新材料股份有限公司、湖北三江航天红阳机电有限公司、健民药业集团股份有限公司获批国家技术创新示范企业。自 2011 年认定首批国家技术创新示范企业以来，湖北累计入选企业超过 30 家，总数中部领先。[③]

高新技术企业"十百千万"行动深入实施、科创"新物种"企业培育计划启动实施，科技型中小企业加快培育。推动科技企业孵化器、众创空间、大学科

---

① 湖北省人民政府办公厅. 省人民政府办公厅关于印发湖北省生物产业发展"十四五"规划的通知. 2021-11-04.

② 湖北日报. 湖北高新技术企业总数达 14560 家 同比增长 40%. 2022-02-10.

③ 湖北日报. 湖北新增 3 家国家技术创新示范企业 入围总数居中部前列. 2021-12-06.

技园、星创天地等创业孵化载体专业化、规范化、高效化发展，构筑"创业苗圃"，培育形成"科创森林"。科技部公布的 2022 年度新认定的国家级科技企业孵化器名单中，我省武汉创星汇产业园科技企业孵化器等 9 家机构获批。至此，我省国家级科技企业孵化器总数达到 84 家，位列全国第 5；全省共有省级以上科技企业孵化器、众创空间 538 家，国家级科技企业孵化器实现了市州全覆盖。根据火炬统计数据，2022 年，全省孵化机构共组织各类科技服务活动超 1.2 万场次，在孵企业近 2 万家，在孵企业有效知识产权数量超 6.6 万件，吸纳高校应届毕业生就业超 2.6 万人。①

典型案例：华工科技以一流生态推动高水平科技创新

华工科技产业股份有限公司（以下简称"华工科技"）脱胎于华中科技大学，2021 年完成校企分离改革。作为国内首家以激光为主业的上市公司，华工科技紧紧围绕国家光电子信息产业发展需要，持续推进关键核心技术自主可控，激光先进制造技术研发应用深化拓展，系统创新能力得到有效提升。②

深中通道是我国继港珠澳大桥后又一世界级的"超级工程"，其使用的钢构造就来自华工科技为中铁宝桥打造的全国首个钢桥梁行业 5G 智能制造工厂。此前，华工科技已为武船重工、博睿交通重工、远大可建等企业打造钢构智能产线、智能工厂。"2021 年，华工科技锚定新基建、新能源、新材料、工业数智化等核心业务发展赛道，销售收入突破 100 亿元。"华工科技董事长马新强介绍，近年来，华工科技承担的省科技厅重大专项及重点研发计划取得了丰硕成果，其中，800G 超高速光传输系统光模块

---

① 湖北日报. 我省新增 9 家国家级科技企业孵化器　总数达 84 家居全国第五位. 2023-06-07.

② 武汉科技报. 华工科技：为打造全球领先的光电子信息产业基地提供战略支撑力量。

项目，使公司成为业界首批发布 800G 光模块的厂商之一。华工科技建立了湖北省光电子集成器件工程技术研究中心、湖北省超快激光器及激光精密微纳加工工程技术研究中心、激光先进制造技术湖北省重点实验室等重大创新平台与团队。①

(四) 科技成果转化进展

湖北科技成果转化含金量逐年增加，省内转化占比快速提升，技术交易日趋活跃。2021 年，全省技术合同成交额突破 2100 亿元②；我省获批建设国家科技成果转移转化示范区，成为全国 8 个首批开展专利转化专项计划财政奖补省份之一③，也是中部唯一一省份。我省企业承接科技成果转化的能力和高校院所落地本省转化的成果数量都在稳步提升。

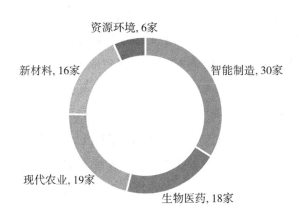

图 2　2021 年 89 家科技成果转化中试研究基地专业领域分布

第一，科技成果转化基地平台加快布局建设。2021 年，新增科技成果转

① 湖北日报. 创新攻坚　华工科技多项"光能力"居全球前列. 2022-03-24.
② 湖北日报. 2021 年湖北省技术合同成交额逾 2000 亿元. 2022-02-18.
③ 湖北省人民政府. 助推专利转化效率提升. 2022-04-24.

化中试研究基地 89 家(见图 2),总数达到 116 家。[①] 它们为中小企业规模生产提供从实验研究、中试熟化到生产过程所需的仪器设备、中试生产线等资源,开展研发设计、检验检测认证、科技咨询、技术标准、知识产权、投融资等服务,支撑产业链创新,助推科技成果省内转化。科技成果转化服务体系逐步健全完善。以国家技术转移中部中心"6+2+1"体系为基础,布局建设了"园区基层站点+资源分站+服务分所"的信息流转与成果转化服务体系,构建了"纵向联动、横向互通、覆盖全省"的技术转移体系网络。2021 年,经各有关单位推荐、专家评审及实地核查和公示,省科技厅决定,认定武汉君成汇科技咨询有限公司等 35 家单位为湖北省技术转移示范机构。[②] 开展了 2021 年省级技术转移示范机构绩效评价,并对优秀单位予以奖补。建设完善科惠网等科技成果公共服务平台,优化成果库、需求库、专家库,构建案例库、工具库和成果转化应用场景目录,提升科技成果转化、产业服务优化、科技金融支持、市场应用拓展等公共科技服务能力。

第二,科技成果转化服务全面强化。采取"省长推动、厅长搭台、市长引智、校长带货"方式,持续开展"联百校　转千果"科惠行动、"鄂来拍""鄂来揭"等科技成果转化对接活动,科技成果集聚效应加快形成。2022 年以来,已累计开展对接活动 10 余场,展示推介科技成果 3400 多项,被上百家企业"认领"。2022 年,省科技厅发布"揭榜制"科技项目 83 项,来自高校科研院所的专家教授踊跃"揭榜"。"揭榜制"科技项目在湖北已经开展三年,先后面向全社会征集项目需求 1424 项,发榜 312 项,揭榜成功 154 项,对 87 个项目给予9000 万元财政资金支持,合计撬动企业投入 9.1 亿元,财政资金撬动放大 10 倍以上。[③]

---

① 荆州市科学技术局. 湖北新增 89 家科技成果转化中试研究基地. 2021-11-12.

② 湖北省科技厅. 省科技厅关于认定武汉君成汇科技咨询有限公司等 35 家单位为湖北省技术转移示范机构的通知. 2021-12-25.

③ 湖北日报. 从 200 多亿元到突破 2000 亿元　科技成果转化湖北"步步高". 2022-09-07.

典型案例："联百校　转千果"科惠行动①

2021 年 3 月，湖北省科技厅"联百校　转千果"科惠行动首场活动——乡村振兴专场在湖北省农业科学院举行，聚焦农业科技成果转化，围绕乡村振兴主题，以"省长推动、厅长搭台"的方式现场发布了"鄂干椒 101""鄂中 6 号"等 108 项科技成果，与企业对接 162 次，意向交易金额达 1.25 亿元。"鄂麦 007 品种权转让"等 18 项农业科技成果转化项目进行现场签约，签约金额 1671 万元。

此次活动吸引了来自武汉、襄阳、黄石、孝感等 12 个市州 93 家企业踊跃在线对接和"下单"。云上垄上、斗鱼直播、长江云、央视频、今日头条等网络平台进行同步直播，共吸引 170.6 万人在线观看。湖北省科技厅、省农业厅、省农科院专家走进"店小二直播间"，通过直播平台与科研人员、企业家朋友进行实时互动，深入解读农业科技创新政策。

(五)科技人才发展进展

深化人才发展体制机制改革，优化人才发展生态，一体谋划推进精准引才、系统育才、科学用才、用心留才。全省人才发展质效、创新能力、竞争实力稳步提升。

1. 科技创新人才队伍量质齐升。

2021 年，湖北省新入选"两院"院士 8 人，院士数量达到 81 人，居全国前列，武汉纺织大学徐卫林教授成为我省第一个省属高校自主培养的院士。② 入选国家创新人才推进计划的人才数量稳步提升，截至 2022 年 5 月，引进海外高层次人才、杰出青年人才、入选国家创新人才推进计划人才等均居全国前列、中部第 1。③ 聚焦青年人才，创新实施"青年拔尖人才培养计划"。2021 年

---

① 中华人民共和国科学技术部. 湖北省科技厅"联百校　转千果"科惠行动聚焦乡村振兴. 2021-04-08.

② 长江云. 湖北新增 8 位院士　两院院士总人数达 81 人. 2021-11-19.

③ 湖北日报. 湖北科创能力进入全国"第一方阵". 2022-05-19.

首批遴选 135 名优秀青年人才，积极支持 7 所在鄂部属高校"双一流"建设，推动 9 家湖北实验室高效实体运行。9 家湖北实验室成立一年多来，已集聚 51 位院士、1195 名科研人员。①

2. 创新人才加速向基层一线集聚。

"企业行"院士专家和"科技副总"服务中小微企业活动顺利开展。2020 年至 2022 年，省级已选派 5392 名专家人才（含 1341 名院士专家、775 名"科技副总"、2976 名科技特派员、300 名博士服务团成员），带动全省各级 3.6 万余名科技人才服务产业和基层一线，传技术、解难题、搭平台、聚人才。"企业行"院士专家暨"科技副总"为地方解决技术难题近 3000 个，促成科技成果转化 1000 余项，达成项目协议 1200 余项；科技特派员服务乡镇（街道）1000 余个，引进推广新品种、新技术、新模式 3000 余项；博士服务团促进校地合作 600 余对，承担科研项目 200 余个，帮助解决技术难题 500 余个。"企业行"院士专家和"科技副总"为企业引进人才 1500 余人、培训 5 万余人次；科技特派员培养基层技术骨干 1.5 万余人，培训农民 20 余万人次；博士服务团帮助引进人才 300 余人，培训 2.5 万人次。②

3. 人才发展环境持续优化。

人才发展体制机制改革持续深化。《关于进一步加强科技激励的若干措施》制定印发，提出加大青年科研人员培养。3 年内，省级技术创新计划中由 40 岁以下青年科技人才担任项目负责人和骨干的比例达到 30%以上。实施"青年科技人才服务企业专项"，支持青年科技人才服务企业科技创新。持续实施"青年拔尖人才培养计划"，每年遴选 100 名青年人才进行重点培养，其中青年科技人才的比例不低于总人数的 80%。省自然科学基金加大对青年科技人才的资助力度，面上项目由 40 岁以下青年科技人才承担的比例达到 50%以上。高校、科研机构应完善青年科研人员考核方式，实行项目周期考核等中长周期

---

① 湖北日报. 人才资源总量 911.5 万人，"两院"院士 81 人　湖北高层次人才总量居全国第一方阵. 2022-05-25.

② 长江云新闻. 建功先行区！湖北"最强大脑"组团激活高质量发展"源动力". 2023-06-16.

考核，减少考核频次，简化、淡化平时考核。①《关于支持院士及院士后备人选在鄂创新创业的若干措施》出台，从重大创新平台建设、科研条件保障、促进科研成果在鄂转移转化、加强院士团队人才队伍建设等方面支持院士及后备人选在鄂创新创业。《"楚才兴鄂"科创行动计划》出台，聚焦人才规划布局、人才载体、人才引进、项目聚才、畅通用才和环境养才6个方面，推出20条"增动力、添活力"的措施，激发全省科技人才创新创业活力。《湖北省"楚才卡"实施办法（试行）》出台，为全省战略科学家和科技领军人才提供更加优质、精细的服务。

人才创新创业生态持续优化。首届"湖北杰出人才奖"组织评选，以省委、省政府名义表彰20人，其中科技人才15人，给予每人50万元一次性奖励。②这释放了尊重人才、鼓励创新的强烈信号。来华工作许可服务进一步简化，审批时间从5个工作日缩短为1个工作日；审批权进一步下放至光谷科技创新大走廊，为建设"两个中心"打造"类海外"人才氛围。"2021海外人才中国行暨湖北系列活动"以专业论坛+项目对接为主要形式，共举办4场。其中项目对接活动邀请了日本、芬兰、加拿大、俄罗斯等国家的25位专家或项目持有人推介相关领域项目21个，涉及新能源、新材料、生物医药、智能制造等领域，湖北省10余所高等院校、科研机构和近70家相关企业先后参会。本次"智能制造专场"是湖北系列活动的最后一场，也是"2021海外人才中国行"的收官之作。③开展年度湖北"编钟奖"评选活动，使尊重、关心、支持外国人才在鄂创新创业的良好氛围进一步浓厚。组织举办科技活动周、科普活动大赛等科普系列活动，提升公民科学素养。

---

① 湖北省人民政府. 省人民政府办公厅印发关于进一步加强科技激励的若干措施的通知. 2023-03-10.

② 长江云. 首届"湖北省杰出人才奖"评选表彰活动公告. 2021-08-26.

③ 中华人民共和国科学技术部. 第十九届中国国际人才交流大会"2021海外人才中国行——湖北智能制造专场"在武汉举办. 2021-12-06.

典型案例：见苗浇水　精准滴灌　梯队培育战略科技人才①

为加快培育一批国际顶尖战略科技人才，助力湖北科技强省建设，2021年12月24日，省科技厅召开湖北省战略科学家培养工作座谈会。来自武汉大学、华中科技大学、华中农业大学、海军工程大学、中国科学院精密测量研究院、华新水泥等相关高校院所及科技企业代表，就加强战略科学家培养工作进行交流发言，积极建言献策。

会议还通报了省科技厅支持院士及院士后备人选在鄂创新创业的若干措施。在重大创新平台建设方面，支持院士团队领衔建设省级创新平台，牵头整合创建国家级创新平台。在科研条件保障方面，建立对院士团队科研活动的稳定支持机制，省级重大科研项目向在鄂院士团队倾斜。在促进科研成果在鄂转移转化方面，以项目形式支持院士团队获国家科学技术奖的科技成果在鄂进一步转化应用。在加强院士团队人才队伍建设方面，支持院士推荐湖北—国家自然科学基金区域创新发展联合基金指南，为青年人才开展前瞻性、战略性基础研究"引航铺路"。

此外，省科技厅将从专项经费、申报平台、推荐奖励、人才培养、学术交流等5个方面，对院士后备人选实施"一人一策"精准支持，实现起步期"扶一把"、发展期"帮一把"、成熟期"送一程"，"心贴心"为人才做好服务，全力打造"如鸟归林"的人才生态，全方位培养、引进、用好人才，把"惟楚有才"的美誉变成"人才兴鄂"的现实生产力，为国家高水平科技自立自强作出湖北贡献。

第八节　湖北省信息资源分析

一、信息资源的概念

有关信息资源的定义，学界一直在探索和补充完善。

---

① 湖北省人民政府. 湖北多措并举培育战略科技人才支持人才在鄂创新创业. 2021-12-27.

信息资源一词最早出现于沃罗尔科的《加拿大的信息资源》，起初被定义为：企业生产及管理过程中所涉及的一切文件、资料、图表和数据等信息的总称。它涉及企业生产和经营活动过程中所产生、获取、处理、存储、传输和使用的一切信息，贯穿于企业管理的全过程。后来又被定义为：人类社会信息活动中积累起来的以信息为核心的各类信息活动要素（信息技术、设备、设施、信息生产者等）的集合。

从本质而言，信息就是人类对世界的认知，是人作为本体对客观世界客体的外在特征和内在规律的看法、反馈等。世界作为客体存在大量的外在特征和内在规律，但这不是信息。只有经过大脑的认识、甄别，产生思维的才是信息；信息必须由感知器官获取并使大脑产生加工活动。人的认知能力与人的认识过程是密切相关的，可以说信息是人的认识过程的一种产物。一般说来，信息包括了对客观事物的感知（感觉、知觉）及思维（想象、联想、思考）等。认识过程是客体主观化的过程，即主观反映客观，使客观表现在主观中。

历史进程受内在规律性支配，按照历史的逻辑由低级向高级发展。唯物史观的目的就是要发现那些在人类社会历史上起作用的一般运动规律。正是在人类社会发展规律的作用下，人类历史从低级向高级发展。唯物史观就是发现、揭示和阐明人类历史规律性的历史认识论。人类社会历史显示了一种由低级到高级的发展过程，人们从茹毛饮血到今天享受现代化的网络工具，很自然地说明了这个过程。古代人类在偶然的情况下获得了经过火烤熟的肉，并进行食用，从而获取了"熟食是可以食用且更加容易咀嚼的美味"这一信息，并在部落中传播这一信息，才使人类结束了茹毛饮血的历史并得以进化；现代人类可以轻易地利用网络工具获取大量的信息，但网络工具本身不是信息，它只是信息的载体，信息是非物质化的。一个硬盘可以记载大量的数据信息，但硬盘只是信息的载体，其本身不是信息而是物质。物质能承载信息，但物质并不是信息。我们不能违心地说，一个刚从生产线下来的未记录任何数据的硬盘就是信息。同理，大脑能反映、反馈、思考，从而产生大量的信息，但大脑只是产生和创造信息的器官。

信息与能源、材料并列为当今世界三大资源。信息资源广泛存在于经济、社会各个领域和部门，是各种事物形态、内在规律与其他事物联系等各种条件关系的反映。随着社会的不断发展，信息资源对国家和民族的发展，对人们的工作、生活至关重要，成为国民经济和社会发展的重要战略资源。

信息资源包括以下几类：一是人类在长期劳动和生活中获取的、口口相传的经验和技能；二是人类社会发展所高度凝练的精神成果，包括哲学、宗教和非物质文化遗产；三是图书、情报、统计信息及博物馆、科教馆展示的内容；四是人类为了进行科研、教育和培训等活动，在计算机中储存的结构化信息与非结构化信息；五是现代工具所存储的信息，包括传感数据、可编程控制程序等；六是流动于互联网的数据，其特点是包含大量的社交数据；七是知识资产，包括论文、专利（发明专利、实用新型专利和外观专利）、软件著作权、作品著作权和商标；八是设计，包括建筑设计、城市规划和大规模集成电路设计等；九是企业生产管理系统和政府电子政务系统产生的管理数据，包括基础数据、中间数据、决策数据及专家知识库等。

二、湖北省信息资源现状

湖北省有着丰富的信息资源。在 6000 多年的历史长河中，劳动人民的智慧和创造力不断汇集，他们创造了无数的技艺，孕育了浩如烟云的思想学说，创造了璀璨的文化，留下了亮似星海的认知哲理。

书籍是人类进步的阶梯，技艺是生产发展的瑰宝。随着计算机技术和互联网的出现，信息资源经历爆炸式的增加和丰富。湖北省的地图可以印刷在 2 平方米的纸上，而用于记录全省土地分布的空间矢量数据却可以达到 5 个 TB（1TB = 1024GB = 1048576MB = 1073741824KB = 1099511627776B，1B 就是一个字节，含 8 个二进制信息）。在传承有序的基础上，新时代的新技术极大地拓展了湖北省的信息资源。

【非物质文化遗产】目前，湖北省共有国家级非物质文化遗产代表性项目145 项，国家级非物质文化遗产代表性传承人 141 人；省级非物质文化遗产代表性项目 763 项,省级非物质文化遗产代表性传承人 787 人。① 国务院 2021 年公布的第五批国家级非物质文化遗产代表性项目名录达 185 项,非物质文化遗产代表性项目名录扩展项目名录达 140 项。湖北有 18 个项目入选。其中,新增项目 5 项,扩展项目 13 项,涵盖民间文学、传统舞蹈、传统戏剧、曲艺、传统美术、传统技艺、传统医药、民俗八大类别,通过率在全国居于前列。②

铅锡刻镂技艺、土家族吊脚楼营造技艺、漆器髹饰技艺、中医传统制剂方法(夏氏丹药制作技艺、马应龙眼药制作技艺)、绿茶制作技艺(恩施玉露制作技艺)、黑茶制作技艺(赵李桥砖茶制作技艺)、中医诊疗法(镇氏风湿病马钱子疗法)被列入国家级非物质文化遗产名录。

传统棉纺织技艺(红安大布传统纺织技艺)、枝江民间手工布鞋、章水泉竹艺、楚式漆器技艺、荆州鱼糕、老通城豆皮制作技艺、传统面食制作(石花奎面制作技艺)、武穴酥糖制作技艺、酱菜制作技艺(襄阳大头菜腌制技艺)、武当道茶炒制技艺、五峰采花毛尖茶制作技艺、远安鹿苑黄茶制作技艺、高洪太铜锣制作技艺、武汉木雕船模制造技艺、高龙扎制技艺、大冶尹解元石雕技艺、蕲春管窑手工制陶技艺等被列入省级非物质文化遗产名录。

【图书报纸及文化馆】截至 2023 年年末,全省共有国有艺术表演团体 82 个,群艺馆、文化馆 126 个,公共图书馆 118 个,博物馆 228 个。电影放映管理机构 103 个,放映单位 2023 个。广播电视台 15 座,广播电台 1 座,电视台 1 座,融媒体中心 69 个,有线电视用户 1283.92 万户。广播节目综合人口覆盖率为 99.9%,电视节目综合人口覆盖率为 99.88%。全年出版报纸 5.32 亿份,各类期刊 0.67 亿册,图书 3.62 亿册。规模以上文化及相关产业企业营业收入 4785.4 亿元,比上年增长 3.5%。③

①　湖北非物质文化遗产网. 第六批国家级非遗代表性传承人公布! 湖北省 39 人入选. 2025-03-19.

②　极目新闻. 湖北省 18 个项目入选第五批国家级非物质文化遗产代表性项目名录. 2021-06-10.

③　湖北省人民政府. 湖北省情概况(2024 年). 2024-04-16.

【发明专利】我省专利申请量、授权量均创历史新高。2020 年全年共登记重大科技成果 1553 项，共签订技术合同 39749 项，技术合同成交金额达 1686.95 亿元，合同金额增长 16.4%。年末，全省共建有 246 家省级工程研究中心(工程实验室)、589 家省级企业技术中心。①

我省每万人口发明专利拥有量由 2015 年的 4.3 件增长到 2020 年的 12.41 件。发明专利申请量、授权量分别位列全国第 9 位、第 8 位。通过《专利合作条约》(PCT)途径提交的国际专利申请量连续三年保持全国第 7 位，居中西部地区之首。有效注册商标、驰名商标、地理标志商标、地理标志保护产品数量较 2015 年分别增长 242.8%、24%、90%、10.7%，其中地理标志商标和地理标志保护产品数量分别位列全国第 3 位、第 2 位。版权作品年登记量突破 5.1 万件。②

【信息化基础】我省在用数据中心超过 80 个，机架数量超过 10.8 万架，武钢大数据中心、国家网安基地中金大数据中心、襄阳云计算基地和宜昌三峡大数据中心等项目加快建设，初步形成了"一主两翼"的数据中心集群。截至 2020 年，全省 5G 宏基站累计超 3.6 万个，百兆及以上宽带接入用户累计达到 1624 万户，互联网出省带宽达 36.6Tbps；武汉顶级节点已接入二级节点 17 个，标识注册量超过 48 亿。③

2023 年，中国信通院计划配合省市相关部门，推动武汉顶级节点接入的企业节点数达到 1.5 万个，实现湖北二级节点市州全覆盖，让武汉顶级节点支撑构筑"数字九州通衢"，助力湖北加快打造全国数字经济发展高地。④

---

① 黄冈市统计局等. 黄冈统计年鉴(2021). 北京：中国统计出版社，2021.

② 湖北省人民政府. 省人民政府办公厅关于印发湖北省知识产权"十四五"规划的通知. 2022-01-29.

③ 湖北省经济和信息化厅. 省经信厅关于印发湖北省大数据产业"十四五"发展规划的通知. 2022-03-16.

④ 湖北省人民政府. 工业互联网湖北企业节点数超 7000 个 居中部第一. 2023-02-15.

三、湖北省信息资源开发利用战略思路

我省要大力推动信息资源开发利用，要以需求牵引，与信息化应用相结合，特别要注重实效。

（1）发布和实施与我省信息资源开发利用相关的法规，制定相应的规划，加强信息资源开发利用的统筹管理，规范信息服务市场行为，促进信息资源共享。

（2）积极开展试点示范工程，在国民经济和社会各领域广泛利用信息资源，促进信息资源转化为社会生产力。

（3）建设若干个省数据交换服务中心和一批大型数据库，形成支撑政府决策和服务社会的基础资源。

（4）加大中文信息资源的开发力度，鼓励上网应用服务，鼓励信息资源的共享。

（5）建立数字政府，以数字政府主导信息产业的服务和发展，统一协调信息资源开发利用标准的制定工作。

第二章 立足省情

——湖北高质量发展的优势与限制条件

党的十八大以来，我们党在以习近平同志为核心的党中央坚强领导下，团结带领全国各族人民，全面审视国际国内新的形势，通过总结实践、展望未来，深刻回答了新时代坚持和发展什么样的中国特色社会主义、怎样坚持和发展中国特色社会主义的重大课题，创立了习近平新时代中国特色社会主义思想，坚持统筹推进"五位一体"总体布局、协调推进"四个全面"战略布局，对党和国家各方面工作提出了一系列新理念新思想新战略，推动党和国家事业发生历史性变化，取得历史性成就，使我国发展站在新的历史起点上，中国特色社会主义进入新的发展阶段。

党的十九大提出，我国社会主要矛盾已经由人民日益增长的物质文化需要同落后的社会生产之间的矛盾，转化为人民日益增长的美好生活需要和不平衡不充分的发展之间的矛盾。这一论断反映了我国发展的实际情况，揭示了制约我国发展的症结所在，指明了解决我国发展主要问题的根本着力点。习近平同志指出：我们的人民是伟大的人民。在漫长的历史进程中，中国人民依靠自己的勤劳、勇敢、智慧，开创了各民族和睦共处的美好家园，培育了历久弥新的优秀文化。我们的人民热爱生活，期盼有更好的教育、更稳定的工作、更满意的收入、更可靠的社会保障、更高水平的医疗卫生服务、更舒适的居住条件、更优美的环境，期盼孩子们能成长得更好、工作得更好、生活得更好。人民对美好生活的向往，就是我们的奋斗目标。人世间的一切幸福都需要靠辛勤的劳动来创造。我们的责任，就是要团结带领全党全国各族人民，继续解放思想，坚持改革开放，不断解放和发展社会生产力，努力解决群众的生产生活困难，坚定不移走共同富裕的道路。①

在"两个一百年"奋斗目标的历史交汇点上，党中央统筹中华民族伟大复兴战略全局和世界百年未有之大变局，提出我国已转向高质量发展阶段，需加快构建新发展格局，拓展新的发展空间。在"十四五"这个承前启后、继往开来的关键时期，湖北省委、省政府紧抓中央一揽子政策效益释放和构建"双循环"新发展格局战略机遇，立足"两个大局"，高屋建瓴地提出构建"一主引领、两翼驱动、全域协同"的区域发展布局，为新时期湖北省高质量发展指明了方向，描绘了蓝图。

第一节　湖北高质量发展的优势

湖北枕江带汉，襟湖怀山，居华中腹地，处长江中游，东临皖、南接湘赣、西连陕渝、北与豫毗邻。东、西、北三面环山，中部平原良田众多，矿产丰富。全省国土总面积 18.59 万平方千米，以全国 1.9% 的国土面积，集聚了 4.1% 的人口，创造了 4.3% 的国内生产总值。② 全省国土空间总体呈现"五分林地三分田，一分城乡一分水"的格局，东部城镇水域密布、中部耕地资源丰沃、西部山区林地富集。

一、九省通衢交通便捷，地理区位优势明显

湖北素有"九省通衢"之称，东连长三角城市群，西接成渝双城经济圈和关中平原城市群，南通粤港澳大湾区，北接中原城市群和京津冀城市群。"铁水公空"综合交通优势突出，高速铁路里程位居全国前列，以武汉为中心的高

---

① 人民网. 人民对美好生活的向往就是我们的奋斗目标. 2021-08-11.

② 湖北省人民政府. 省人民政府办公厅关于印发湖北省自然资源保护与开发"十四五"规划的通知. 2021-12-22.

铁 4.5 小时可直达全国众多主要大城市；三级及以上内河航道通航里程居全国前列；港口吞吐能力逐步提升，阳逻港进入世界内河港口第一方阵；航空客货"双枢纽"格局正逐步成型，武汉天河国际机场是中部唯一直航全球五大洲的城市机场，鄂州花湖国际机场已打造成全球第四个、亚洲第一个专业航空货运机场。

二、经济实力中部领先，产业发展基础雄厚

近十年，湖北 GDP、一般公共预算收入、人均 GDP 和可支配收入始终位于中部六省前列。产业体系完备，洋务运动以来积累了雄厚的产业基础，截至 2024 年拥有 19 个千亿级产业。传统产业基础好，"汉孝随襄十"具备完备的汽车产业链。"光芯屏端网"等战略性新兴产业潜力大，省会武汉是国家四大集成电路基地之一，2023 年光纤光缆产量占全球市场的四分之一，生物产业综合实力位列全国前列。以 2024 年湖北省人民政府发布的数据可知，2023 年全省高新技术企业总数达 25461 家，同比增长 26.4%，排名首次上升至全国第 6。[1] 第三产业增加值 30514.74 亿元，增长 7.0%。[2]

三、大江大湖大山富集，生态功能地位重要

湖北水资源得天独厚，作为长江径流里程最长的省份，湖北是三峡水库、南水北调中线工程核心水源区所在地。全省有天然湖泊 755 个，湖泊水面面积合计 2706.85 平方千米，其中，常年水面面积 100 亩以上湖泊 728 个。[3] 湖北省林地面积 1.39 亿亩，森林覆盖率 42.45%。[4] 恩施被誉为"鄂西林海"，神农架是北半球保存最完好的"天然物种基因库"。生态屏障功能突出，鄂东北大

---

[1]　湖北省人民政府. 湖北着力推动科技创新和产业创新深度融合. 2024-07-25.
[2]　湖北省人民政府. 2023 年湖北经济总量增长 6%，居全国第七. 2024-01-27.
[3]　湖北省人民政府网. 千湖之省.
[4]　中国绿色时报. 可持续经营加速森林正向演替. 2025-02-20.

别山、鄂西北秦巴山、鄂西南武陵山、鄂东南幕阜山坐落四周，水源涵养、水土保持、生物多样性维护等生态功能得以有效发挥。

四、农业资源禀赋优越，农副产品产能充足

2023 年度国土变更调查成果显示，湖北省国土总面积为 27890.8 万亩，其中耕地 7128.05 万亩。通过与 2022 年度国土变更调查数据对比发现，2023 年全省耕地总面积同比增加 81.08 万亩。耕地面积实现净增长，坚决守住了 6925.25 万亩耕地和 5950 万亩永久基本农田两道红线，是湖北统筹高质量发展和高水平保护的结果。[1]

粮食生产再获丰收，粮食产量站上新台阶。2024 年，全省各地积极应对自然灾害影响，严格落实粮食安全党政同责，持续推进高标准农田建设，多措并举提高农民种粮积极性，粮食生产再获丰收。全省粮食总产量 2785.34 万吨（557.07 亿斤），比上年增长 0.3%，在连续 12 年稳定在 500 亿斤以上的基础上，连续 2 年站上 550 亿斤台阶。粮食播种面积 7083.92 亩，增长 0.3%。粮食单产 393.19 公斤/亩，与去年基本持平。夏粮产量 490.53 万吨，增长 0.4%；早稻产量 78.01 万吨，增长 0.3%；秋粮产量 2216.80 万吨，增长 0.3%。油料生产形势稳定，蔬果茶生产平稳增长。经初步统计，2024 年全省油料作物总产量 406.42 万吨，比上年增长 2.9%，首次突破 400 万吨大关；油料作物播种面积 2437.52 万亩，增长 3.7%。主要油料作物油菜籽产量达 292.05 万吨，增长 2.1%。蔬菜和食用菌总产量 4624.05 万吨，增长 2.7%。水果总产量 1231.09 万吨，增长 3.3%，其中瓜果产量 382.67 万吨，增长 3.2%；园林水果产量 848.42 万吨，增长 3.4%。茶叶总产量 47.41 万吨，增长 5.7%。十堰、宜昌、恩施等地大力发展大叶茶生产加工，绿茶产量稳定增长，咸宁积极扩大特色青砖茶生产，黑茶产量显著提高。[2]

---

① 农民日报. 湖北耕地总面积净增长. 2024-10-18.
② 湖北省统计局. 2024 年全省农业经济形势稳中向好. 2025-01-26.

湖北省沙洋县被誉为"全国油菜籽加工第一强县""中国菜籽油之乡"，耕地面积173.1万亩，而油菜常年种植面积多达70万亩，总产量13万吨。[①] 沙洋县是全国优质油菜集中度最高、双低化率最高、产业化经营水平最高的县之一。中国沙洋油菜博物馆是国内首座油菜主题博物馆。每到春天，沙洋的油菜花化身旅游吉祥物，成片壮观的花海吸引了不少省内外游客。

五、城镇沿江沿线分布，开发格局基本成型

城镇开发集聚度较高，主要依托长江、汉江及汉十高速、汉宜高速、京广线、焦柳线等重要交通轴线呈带状分布。城镇化水平较高，近年来常住人口城镇化率位居中部首位，2023年城镇化率达到65.47%。[②] 城镇人口和产业主要集聚在武汉、襄阳和宜昌，武汉城市圈承担着科技创新、先进制造、交通枢纽等国家核心职能，已形成一体化发展的基础。基于资源环境承载能力与国土开发适宜性评价，城镇开发空间潜力较大，全省适宜城镇建设空间4.6万平方里，是现状建设用地的2.79倍；国土开发强度为8.87%，在中部六省排名居中。[③]

六、历史文化底蕴深厚，科创实力全国领先

湖北省文化底蕴深厚，以屈家岭文化和石家河文化为代表的史前文化源远流长，以春秋战国和三国文化为主的历史文化灿烂辉煌，以武昌首义、大别山鄂豫皖革命根据地为代表的红色革命文化波澜壮阔，以武当山道教文化、黄梅禅宗文化为代表的名山古寺文化影响深远。全省拥有世界自然文化遗产4处

---

① 沙洋县人民政府. 体验农耕文化，邂逅"醉美"花海　荆门沙洋第十四届油菜花旅游节盛大开幕. 2022-03-22.

② 湖北省人民政府. 湖北加快建成中部地区崛起重要战略支点述评之四. 2024-06-24.

③ 湖北省人民政府. 省人民政府办公厅关于印发湖北省自然资源保护与开发"十四五"规划的通知. 2021-12-22.

（武当山古建筑群、神农架、钟祥明显陵和唐崖土司城址）。荆楚文化"在中华文明发展史上的地位举足轻重"，全省共有不可移动文物 3.6 万余处，总量居全国第 7 位。为保护利用文物，传承弘扬荆楚文化，省政府已公布了前七批1034 处"省保"单位，其中部分升格为全国重点文物保护单位，全省前七批"省保"单位为 840 处。第八批"省保"公布后，全省"省保"单位增至 920 处。① 湖北是全国三大智力密集区之一，拥有院士 82 位、高校 132 所、在校大学生 200万，科研机构 3600 家、研发人员 35 万。② 近五年来每次获评国家科学技术奖数量都居全国前五。③

第二节　湖北高质量发展的限制条件

一、生态空间保护压力加大，资源利用效率亟须提升

（一）生态空间保护压力加大，开发保护矛盾凸显

根据湖北省自然资源厅地质环境综合信息平台统计，截至 2020 年 12 月 31日，全省在库地质灾害隐患点 16324 处，其中滑坡 13935 处、崩塌 1703 处、泥石流 193 处、地面塌陷 493 处；规模等级特大型 125 处、大型 920 处、中型3564 处、小型 11715 处。受地质灾害威胁人数 66 万人、受威胁资产 494亿元。④

2023 年 9 月，275 个河流断面总体水质为优。其中水质为Ⅰ～Ⅲ类的断面

---

① 湖北日报. 第八批湖北省文物保护单位名单公布. 2021-12-20.

② 湖北省人民政府. 湖北加快建成中部地区崛起重要战略支点述评之七. 2024-07-01.

③ 澎湃新闻. 湖北：近五年来每次获评国家科学技术奖数量都居全国前五. 2024-05-07.

④ 湖北省自然资源厅. 关于印发湖北省地质灾害防治"十四五"规划的通知. 2021-11-12.

占90.9%（Ⅰ类占5.1%、Ⅱ类占52.7%、Ⅲ类占33.1%），Ⅳ类断面占7.2%，Ⅴ类断面占1.5%，劣Ⅴ类断面占0.4%。24个省控湖泊的29个水域总体水质为轻度污染，主要污染指标为总磷、化学需氧量和高锰酸盐指数。其中水质为Ⅰ～Ⅲ类的水域占27.6%（Ⅱ类占6.9%、Ⅲ类占20.7%），Ⅳ类水域占34.5%，Ⅴ类水域占31%，劣Ⅴ类水域占6.9%。①

江汉平原区域的地下水存在污染。洪湖、长湖等重点湖区的排涝体系不够完善，洪湖东分块、杜家台等重要蓄滞洪区的建设总体滞后。生物多样性降低，四大家鱼鱼苗发生量下降90%，白鳍豚、鲥鱼已功能性灭绝。沿江开发保护矛盾突出，长江、汉江干流沿线包含全省70%以上的建设开发区域，同时又是长江大保护主阵地和蓄滞洪区集中地。

（二）资源利用方式比较粗放，空间效率亟须提升

土地利用效率不高，据省自然资源厅厅长张猛介绍，2020年，湖北建设用地亩均创造GDP为20.1万元，在全国属于中等水平，与经济发展水平不匹配。② 湖北省人均耕地面积仅1.21亩，比全国人均少0.16亩；全省建设用地比"二调"增加493.07万亩，但是存量土地总量在全国排名靠前，城乡建设用地集约不够问题突出。③ 水资源时空分布不均，年内年际变化较大，南多北少；武汉、襄阳等地的人均水资源量是神农架、恩施的三分之一。用水效率整体偏低，2019年万元国内生产总值用水量（66立方米④）高于全国平均水平（60.8立方米⑤）。矿产资源综合利用水平有待提升，鄂东南地区铁、铜、金等矿床共伴生钴、锗等，尾矿中有多种有用组分；江汉盆地地下卤水伴生的钾、锂、铷等尚未规模开发利用。我省矿产资源丰富，但在矿产资源开发过程

① 湖北省生态环境厅. 2023年9月湖北省地表水环境质量月报. 2023-10-13.
② 湖北省人民政府. 湖北实施"亩产论英雄"改革. 2021-06-16.
③ 湖北日报. 湖北省处置闲置土地17.81万亩　收回面积居全国第一. 2024-11-19.
④ 湖北省水利厅. 2019年湖北省水资源公报. 2020-08-11.
⑤ 澎湃新闻. 全国节水办：去年我国万元GDP用水量为60.8立方米. 2020-09-16.

中，不合理的开发和利用，对矿山及其周围环境造成极大的破坏，诱发地质灾害，破坏生态环境。"绿水青山"向"金山银山"转化不足，资源价值评估系统及交易体系尚未明确，激励地方发展生态产业的政策机制缺乏。

(三)耕地保护压力较大，威胁粮食安全保障

耕地面积呈减少趋势。随着城镇化的推进，截至2023年8月，全省人均耕地从1.39亩下降到1.24亩，全省可供开垦后备耕地资源仅48万亩，有些市州后备资源已经枯竭。① 全省宜耕宜建重叠区域主要分布在江汉平原、鄂北岗地等粮食主产区。江汉平原一带有机物污染超标，威胁粮食质量安全。鄂西北、鄂西南山区约2%的耕地存在石漠化问题。

(四)国土空间治理存在短板，体制机制有待完善

国土空间用途管制制度尚未健全，主体功能传导不畅、约束不足。差异化空间配套政策有待健全，约束有效、开发有序的空间发展格局尚未形成，中心城市、城市群、城镇带等地区缺少差异化政策引导。运用新一代信息技术建设智慧国土的能力有待提升，国土空间数据的"底图"和"底线"作用尚未发挥，全生命周期管理机制亟待完善。

二、湖北高质量发展的经济短板

(一)经济布局不均衡，生产力水平不高，发展不平衡不充分，仍然是湖北最大的实际

与江浙发达地区相比，改革开放初期，浙江经济总量、进出口总额、地方一般公共预算收入分别为湖北的82%、40%、87%。经过40多年的发展，浙

---

① 湖北日报.“一亩都不能少” 我省坚决守住耕地和永久基本农田两道红线. 2023-08-07.

江远超湖北。到 2019 年，湖北经济总量、进出口总额、地方一般公共预算收入分别为浙江的 73%、13%、48%。湖北县域经济与江浙的差距更加明显。2021 年全国百强县中，江苏 25 个，浙江 18 个，湖北仅 7 个；前 30 强中，江苏 11 个，浙江 9 个，湖北暂无；我省 64 个县市平均 GDP 不到江苏的 3 成、浙江的 6 成，县均地方一般公共预算收入不到江苏的 2 成、浙江的 3 成。①

根据《中国统计年鉴 2024》得知，2023 年全国人均国内生产总值为 89358 元。与湖北省的人均地区生产总值 95538 元相比，江苏省的 150487 元是湖北省的 157.52%，浙江的 125043 元是湖北的 130.88%，只有湖南的 69440 元是湖北的 79.48%。与自己比，2023 年湖北全省生产总值为 55803.63 亿元②，湖北武汉市的 GDP 为 20011.65 亿元③，占全省的 35.86%，襄阳市的为 5842.91 亿元④，占全省的 10.47%，宜昌市的为 5756 亿元⑤，占全省的 10.31%，以上三个城市 GDP 之和占全省的 56.64%；其他地方 GDP 之和是 24193.07 亿元，只占全省的 43.36%。

改革开放初期，武汉汉正街的小商品市场驰名全国。如今义乌成为世界小商品市场，"买全球、卖全球"；"义新欧"中欧班列半年就开行千列。2024 年，义乌市进出口总值达 6689.3 亿元，同比增长 18.2%。其中出口 5889.6 亿元，同比增长 17.7%；进口 799.7 亿元，同比增长 22.2%，进出口、出口和进口值占浙江省份额分别为 12.7%、15.1% 和 5.9%，占比分别提升 1.1、1.1 和 1.0 个百分点。⑥

---

①　孝南政协网.《破冰与突围——湖北干部"借火"长三角启示录》读书心得. 2022-04-14.

②　湖北省人民政府. 湖北省 2023 年国民经济和社会发展统计公报. 2024-03-27.

③　荆楚网. 官宣！2023 年武汉 GDP 为 20011.65 亿元. 2024-01-28.

④　襄阳市统计局. 襄阳市 2023 年国民经济和社会发展统计公报. 2024-05-13.

⑤　三峡日报. 天下再识新峡江——宜昌加快建设"山水辉映、蓝绿交织、人城相融"长江大保护典范城市. 2024-08-13.

⑥　义乌市自贸区管委会政府信息公开. 2024 年义乌市进出口总值超 6600 亿啦！. 2025-01-24.

(二) 产业结构不够完善①

三次产业占比是衡量经济发展类型和结构的重要指标，一般来说，发达国家三产占比都达到了百分之六七十。2023 年，全国第一产业增加值 89755.2 亿元，第二产业增加值 482588.5 亿元，第三产业增加值 688238.4 亿元，第一产业、第二产业和第三产业增加值比重为 7.1∶38.3∶54.6，三次产业结构为 5.9∶33.9∶60.2。而浙江的三次产业结构为 2.8∶41.1∶56.1，江苏的为 4.0∶44.4∶51.7，湖南的为 9.3∶37.6∶53.1。三产比重过半是一个非常重要的标志，说明中国经济转型和结构调整已经初见成效。但是从湖北的数据来看，根据地区生产总值统一核算结果，2023 年全省地区生产总值为 55803.6 亿元，按不变价格计算，比上年增长 6.0%，高于全国 0.8 个百分点。分产业看，第一产业增加值 5073.38 亿元，增长 4.1%；第二产业增加值 20215.50 亿元，增长 4.9%；第三产业增加值 30514.74 亿元，增长 7.0%。三次产业结构由 2022 年的 9.5∶37.5∶53 调整为 9.1∶36.2∶54.7。在第三产业中，2023 年交通运输仓储和邮政业、批发和零售业、住宿和餐饮业、金融业、房地产业、其他服务业增加值较之 2022 年分别增长 17.3%、9.8%、8.9%、3.6%、-1.6%、7.8%。人均地区生产总值为 95538 元。对照来看，湖北与湖南的数据基本持平，但相对发达省份，还有一定差距。

(三) 科技创新驱动不够，高新技术产业发展有差距

数据显示，2023 年，湖北省高新技术企业共实现营业收入总额达 33693.63 亿元，约占全省 GDP 的 60%，同比增速 18.22%；全省高新技术企业营业收入亿元以上达 3016 家，较上年增长 14.42%；高新技术产品收入达 21696.51 亿元，较上年增长 22.74%；净利润总额达到 1797.08 亿元，较上年增长 8.49%。全省高新技术企业共拥有研发人员 44.26 万人，较上年增长约 12.88%；拥有有效专利数达到 38.94 万件，较上年增长 33.41%；其中，拥有

---

① 数据来自《中国统计年鉴 2024》和《湖北省 2023 年国民经济和社会发展统计公报》。

发明专利 9.61 万件，较上年增长 28.96%。[①] 2023 年，我省的研究与试验发展（R&D）经费为 1408.2 亿元，远低于浙江的 2640.2 亿元、江苏的 4212.3 亿元、广东的 4802.6 亿元。[②] 相较而言，湖北的领军型企业、骨干企业较少。

2023 年湖北省高技术制造业增长 5.7%，占规上工业比重为 12.8%，较上年提高 0.7 个百分点，计算机通信电子行业增长 5.1%。[③]

浙江的情况：2023 年全年以新产业、新业态、新模式为主要特征的"三新"经济增加值预计占全省生产总值的 28.3%。数字经济核心产业增加值 9867 亿元，比上年增长 10.1%。其中规模以上数字经济核心产业制造业增加值增长 8.3%，增速比规模以上工业高 2.3 个百分点，拉动规模以上工业增加值增长 1.4 个百分点。规模以上工业中，新能源产业、装备制造业和战略性新兴产业增加值分别增长 13.9%、9.4% 和 6.3%。[④]

江苏的情况：2023 年全省规模以上工业战略性新兴产业、高新技术产业产值占规上工业比重分别达 41.3%、49.9%，比上年分别提高 0.5 个、1.4 个百分点。新能源产业表现亮眼。全年规上光伏设备及元器件、新能源整车、汽车零部件制造业增加值同比分别增长 33.3%、77.4%、12.6%。光伏电池、新能源汽车、汽车用锂离子电池等"新三样"产品产量分别增长 45.6%、46.3%、18.7%。[⑤] 从数据可以看出，湖北省在高技术制造业上仍有很大提升空间。

（四）县域经济发展是突出短板

近十年来，我省县域经济一直保持总量稳步增长。全省县域经济生产总值在 2004 年突破 3000 亿元大关之后，2011 年、2017 年分别跨过 1 万亿元、2 万亿元台阶。从"小片天地"到"半壁江山"，我省县域经济实现历史性跨越，2018 年县域生产总值达到 2.37 万亿元，占全省经济总量份额从 2007 年的

---

① 湖北省科技厅. 湖北高新技术企业数量突破 2.5 万家. 2024-04-01.
② 国家统计局. 2023 年全国科技经费投入统计公报. 2024-10-02.
③ 湖北省人民政府. 湖北省 2023 年国民经济和社会发展统计公报. 2024-03-27.
④ 浙江省统计局. 2023 年浙江省国民经济和社会发展统计公报. 2024-03-04.
⑤ 江苏省统计局. 2023 年全省经济社会发展情况新闻发布会发布稿. 2024-01-29.

51.9%跃升至 2018 年的 60.3%。① 2021 年全省县域〔纳入考核的 78 个县（市、区）〕实现地区生产总值 29495.66 亿元，占全省的 59%。② 县域经济对全省经济发展贡献加大。2022 年，县域地区生产总值达到 32010.7 亿元，比上年增长 4.8%，高出全省 0.5 个百分点，占全省的 59.6%，比上年提高 0.6 个百分点，实现了质的有效提升和量的合理增长。③ 2023 年上半年县域实现地区生产总值 15185.08 亿元，同比增长 5.9%，增速高于全省 0.3 个百分点；78 个县（市、区）中 48 个的地区生产总值增速高于 6.0%。一般公共预算收入和税收收入分别同比增长 17.6%和 19.9%，高出全省增速 2.5 个和 2.8 个百分点，地方税收占地方一般预算收入比重达到 76%，比同期提高 1.4 个百分点。④

在经济总量稳步增长的同时，县域经济发展水平有待进一步提升。按最新划分标准，我省有 102 个县级行政区，其中纳入县域经济综合评价的县（市、区）有 78 个。为便于分析，将其归入"乡"区，其余 24 个作为"城"区。

1. 块头不大。

县域作为我省区域发展布局的基本单元，目前还抬不起全域底板。以各省经济信息厅、省统计局近年的报告作比较，2021 年，湖北县域地区生产总值 29495.66 亿元，占全省的 59%，增长 13.2%，高出全省 0.3 个百分点。⑤ 计算可得，县均生产总值 378.14 亿元，而江苏省共 17 个县（市、区）GDP 破千亿元，其中苏州昆山市 4748 亿元、无锡江阴市 4580 亿元。2021 年全国有 43 个千亿县，GDP 总量超 7 万亿元，湖北没有一个千亿县。⑥ 2022 年仙桃 GDP 破千亿，它是湖北省唯一的一个千亿县。⑦

① 湖北日报. 湖北省县域经济 GDP 占比跃升至 60.3%. 2019-09-27.

② 极目新闻. 湖北县域地区生产总值占全省 59%. 2022-09-27.

③ 湖北省发展和改革委员会. 关于省政协十三届一次会议第 20230077 号提案的答复. 2023-09-01.

④ 湖北省发展和改革委员会. 上半年县域主要指标增速高于全省. 2023-08-28.

⑤ 极目新闻. 湖北县域地区生产总值占全省 59%. 2022-09-27.

⑥ 中工招商网. 2021年GDP上亿的县竟有43个! 江浙最多! 广东 0 上榜?. 2022-07-12.

⑦ 仙桃日报. 仙桃成为湖北首个千亿县 2022 年实现地区生产总值 1013.14 亿元. 2023-01-28.

从城乡人均地区生产总值来看，2023 年，湖北县域地区生产总值破 3.3 万亿元，同比增长 6.05%，占全省经济比重达到 59.1%,[①] 可谓"半壁江山"。城镇居民人均可支配收入 44990 元，增长 5.5%；农村居民人均可支配收入 21293 元，增长 8.0%。城乡居民人均可支配收入比为 2.11。[②] 城乡发展差距较大。

2. 强县不强。

县域是建成支点的重要底盘，但目前县域经济发展仍是突出短板。从综合排名看，湖北的百强县上榜少、名靠后。依据 2023 年赛迪机构的全国百强县排名，2023 年入围的省中前三位仍然是江苏、浙江和山东。三个省共入围 52 个，占据半壁江山。湖北有 8 个，其中仙桃第 56 位、大冶第 57 位、宜都第 63 位、潜江第 77 位、枣阳第 80 位、枝江第 83 位、汉川第 86 位、天门第 96 位。[③] 从规模实力来看，百强县体量偏小。依据"2023 赛迪中部百强县"榜单，仙桃市位列第 7 位，较去年第 10 位上升 3 位，继续位居全省榜首。我省上榜的还有大冶、宜都、潜江、枣阳、枝江、汉川、天门等 23 个县市。[④]

3. 产业不优。

产业是县域经济的核心支撑，当前我省县域产业基础比较薄弱。

(1)县域产业结构仍不优。

从全国来看，经济大县、强县，无不是工业发达的县。百强县实力突出，其中一个明显的特征就是第二产业驱动，即初步摆脱投资依赖，成功进入工业化后期，并依靠科技创新，为县域经济的发展提供战略支撑。我省大多数地区县域工业发展缓慢，总量过小，档次也比较低。突出表现：一是深加工能力不强，县域经济生产经营的基本方式仍然是以"原材料—初加工—销售"为主要形式的粗放式经营，真正能够发挥较大带动作用的深加工企业仍然很少，具有特色的深加工企业更少；二是产品档次不高，科技含量低，主导产品和优势产品少，各个县(市、区)同质化生产、"内卷"严重。由于产品档次低、科技含

①　极目新闻. 2023 年湖北县域地区生产总值 3.3 万亿元. 2024-09-25.
②　湖北省统计局. 2023 年湖北经济运行情况. 2024-01-26.
③　澎湃新闻. 2023 中国县域经济百强研究重磅发布. 2023-07-26.
④　仙桃日报. 仙桃以全省第一上榜"2023 赛迪中部百强县"榜单. 2023-11-15.

量低，县域工业难以形成积累和提升自我发展能力，严重制约自身发展。2020年，全省各地努力克服疫情、汛情叠加及外部环境的影响，加快经济复元重振，县域实现地区生产总值 2.55 万亿元，占全省 GDP 比重约 58%，为"十三五"收官作出了积极贡献。但县域经济不强仍是我省高质量发展的突出短板，加快县域经济发展的任务紧迫而艰巨。①

县域是农业产业化的主阵地，我省是农业大省，但产业发展仍处于初级阶段。没有形成与产业规模相匹配的品牌，龙头企业匮乏，大品牌缺失，产业链脆弱。整个农业陷入"高产不难高效难、增产不难增收难、生产不难销售难"的怪圈。

目前我省农业有三缺。第一，缺大龙头。从 2024 年统计数据来看，国家级农业现代化龙头企业有 2285 家，湖北仅 98 家。② 从 2023 年统计数据来看，全国农业产业化龙头企业 500 强中，湖北有 8 家，山东有 160 家；过百亿元农业龙头企业中，湖北有 3 家，河南有 3 家。③ 从 2022 年统计数据来看，湖北省已经上市的农业企业只有 12 家，不到全国的 4%，不及山东、浙江、广东的一半，比中部的湖南、安徽也要少。在生猪、禽蛋、小龙虾等极具优势的重点领域，企业上市尚未实现零的突破。这样的成绩显然与湖北农业在全国的地位不相匹配。④

第二，缺大品牌。截至 2020 年 11 月，全国 300 个农产品区域公用品牌中，湖北的潜江龙虾、秭归脐橙等 11 个入选，但 54 个粮油品牌、31 个蔬菜品牌中湖北却无一入选。⑤ 我省茶园面积和产量均居全国前列，但因为品牌缺失，部分茶叶被全国知名品牌贴牌销售。

第三，缺产业链。主导产业不突出，产品附加值低。我省精深加工率明显落后于河南、山东等省份，农产品加工产业值与农业产业值之比远低于江苏等

---

① 湖北日报. 最新！湖北 3 份重磅《意见》解读. 2021-04-03.

② 中华人民共和国农业农村部. 农业产业化国家重点龙头企业名单. 2024-05-31.

③ 农民日报. 2023 中国农业企业五百强. 2023-12-13.

④ 湖北之声. 看"金种子"如何冲刺资本市场，期待湖北农企撞线一刻 | 2022 湖北"三农"观察. 2022-09-22.

⑤ 湖北日报. 渠道先行，让好产品卖得更好——"农"头产品如何打造龙头（四）. 2020-11-04.

先进省份。

（2）县域产业集聚度偏低。

截至 2024 年 3 月，湖北规模过百亿的县域产业集群增至 40 个。[1] 全省县域产业集群与发达省份和周边省份相比，差距较大。

（3）县域科技创新仍不够强。

在县域科技创新方面，科技资源较为缺乏，企业的创新能力和市场竞争力较弱，科技服务能力有待提升，总体发展不够平衡、不够充分，基础仍然较为薄弱。近年来，湖北省通过系统推进创新型县市建设，大力实施县域创新能力提升行动，各县市加快融入全省区域发展布局，创新能力持续提升，全省县域实现了较快发展。2023 年年底，全省有创新型县市 50 家，其中，国家级 7 家、省级 43 家，成为湖北经济社会高质量发展的新引擎。但是，湖北省仍存在县域发展不均衡、创新要素集聚能力不强、创新发展活力不足等短板。同时，大部分县市自有创新资源与本地产业需求不匹配，县域创新发展路径不够清晰，县域创新治理能力有待提升。[2]

4. 县域要素不活。

县域经济市场中各个要素活力不足，甚至严重缺失，主要体现在"没钱发展、没人发展、没地发展"。县域经济作为中国经济中聚集诸种资源要素、最具发展潜力的基本单元，缺少充满活力、具有竞争力的市场主体。

（1）财政匮乏，支持县域发展的金融要素不足。

长期以来金融作为稀缺资源，在我国经济发展过程中一直呈现出重城市、轻农村，重大型企业、轻中小型企业的倾向。我国发行的数千亿元国债，加上数万亿元配套资金，多数用于城市基础设施、公益事业；银行贷款贷富不贷穷，贷城不贷乡，金融向城市倾斜，农村面临金融空洞。商业银行和邮政储蓄几乎沦落为上级行一线"储蓄所"，由农村信用社演变来的农商行存在融资能

---

[1] 湖北省农业农村厅. 湖北日报头版报道：舞动乡村振兴"龙头"——湖北深入实施强县工程纪实. 2024-03-25.

[2] 科技日报. 湖北：加快提升县域创新能力. 2023-12-15.

力差、遗留问题多的情况，没有享受到与国有商业银行同样的政策待遇，对县域经济的支持显得心有余而力不足。

县乡政府存在着严重的财政缺口，县级政府权利和义务不对称。自1994年财税体制分税制改革以来，我国财政收入持续高速增长，中央政府调控经济的能力明显增强。与此同时，县级财政普遍存在较大的收支缺口。一是县一级主要纳税户（包括地方国营企业和乡镇工业企业）的市场竞争力相对较弱，导致财政收入受限；二是县市机构庞大，开支巨大，承担的义务较多，比如义务教育补贴、安全生产补贴等，这给县级政府带来了很大压力。

（2）可用土地资源不足，土地政策等体制制约亟须破解。

目前，我国土地资源日趋紧张，耕地保护等政策日益严格，土地日益成为城市发展的关键因素。以我省为例，湖北省许多县（市、区）属于典型的山区县（市、区），土地资源不足一直是制约发展最为突出的问题。过去的工业用地存在低效粗犷、闲置浪费等问题，随着土地资源的刚性约束，县域产业发展，尤其是工业的发展，受到极大限制。从政府宏观调控的角度来看，土地使用政策时左时右，要么大肆地放，要么一刀切。在用地供应上，很多地区的土地利用年度计划分配到县的指标不足总量的10%。虽然整治那些闲置土地、被浪费土地是必要的，可搞一刀切，山地、荒地、坡地的使用也不批，是值得商榷的。

（3）人才流失、劳动力流失，直接导致信息、技术、专利、品牌等决定市场竞争成败的高等生产要素缺失。

按第七次全国人口普查数据，全省17个市州、直管市、神农架林区中，常住人口超过1000万人的有1个，500万人至1000万人的有3个，100万人至500万人的有11个，少于100万人的有2个。①

5. 民企不兴。

从民营经济自身来看，主要问题包括：数量少、规模小、档次低；产业分布不合理，大多数集中在第三产业中的餐饮服务业；以家族式管理为主，管理上的非规范性和非科学性问题较为明显；自身发展潜力有限，大部分民营企业

---

① 湖北省统计局. 湖北省第七次全国人口普查主要数据情况. 2021-05-26.

产品结构不合理，生产规模小、技术含量低、产品档次低，市场前景不广阔。笔者分析出的深层次原因：一是真正促进县域民营经济大发展的体制、政策、融资、社会环境还有待进一步形成。二是缺乏能人带动，真正能够组织带动民营经济发展的各类领军人物难以寻觅。三是营商环境仍需改善。县域民营经济内在自生发展机制迟迟建立不起来，主体迟迟不能到位，严重制约县域经济的进一步发展壮大。部分县域经济的组织管理者对民营经济地位、作用的认识仍不够，热衷于搞大规划、抓大项目，只盯着招商引资，认为这个来得快，从而忽视对民营经济主体的培育和对良好发展环境的营造。

（五）发展外向型经济的能力不足

2023 年，湖北货物进出口总额 6441.9 亿元，是浙江 48997.6 亿元的 13.15%，江苏 52495.4 亿元的 12.27%，略高于湖南的 6173.4 亿元。[①]

2023 年，湖北省新设立外商投资项目 648 个，实际使用外资金额（FDI）27.3 亿美元，同比增长 3.1%；非金融类对外直接投资 15.7 亿美元。[②] 2023 年浙江新设外商投资企业 4451 家，合同外资 383.2 亿美元，实际使用外资 202.3 亿美元，同比增长 4.8%，占全国份额的 12.4%。[③]

此外，在建立湖北特色的现代化经济体系、大力营造营商环境、重视产业链在区域经济发展中的重要作用、建立融创新绿色开发共享为一体的社会治理体系、发扬社会主义民主、建设社会主义文化强省、走向生态文明、使人们共享美好生活等方面，湖北还与沿海发达地区有一定的差距。

三、全面推进乡村振兴任重道远

（一）城乡差距是全面推进乡村振兴的突出短板

2021 年，湖北宣布全面打赢脱贫攻坚战、全面建成小康社会，"三农"工

---

① 国家统计局编. 中国统计年鉴 2024. 中国统计出版社，2024.

② 湖北省商务厅. 2023 年 1—12 月湖北商务运行快报. 2024-02-27.

③ 浙江省商务厅. 2023 年 1—12 月浙江省外商直接投资简析. 2024-07-19.

作的重心历史性转移到全面推进乡村振兴上。新的历史阶段在全面推进乡村振兴上，我省具备较好的基础条件，但也存在一些突出短板。

1. 城乡居民收入差距有待进一步缩小。

从城乡居民收入差距来看，2012 年至 2023 年，我省城乡居民收入差距从 12988 元扩大到 13697 元，城乡居民收入差距扩大趋势还有待进一步缩小。从农村居民人均收入来看，2023 年我省农村居民人均收入 21293 元，略低于全国 21691 元的平均水平。这与我省经济总量居全国第一方阵、排名第 7 的地位不相匹配。从城乡居民收入比来看，2023 年我省为 2.11，虽然低于 2.38 的全国平均水平，但与浙江省的 1.86 相比，仍有较大差距。我省还需要作出艰苦努力。从城乡居民收入差距缩小的进程来看，2012 年至 2023 年，我省城乡居民收入比从 2.65 缩小到 2.11，平均每年缩小 0.045。（见图 1）参照国际经验和现行发展水平，城乡居民收入比合理区间为 1.6 左右。若按照当前发展趋势，我省还需要 12 年的时间才能将城乡居民收入差距缩小到合理区间。①

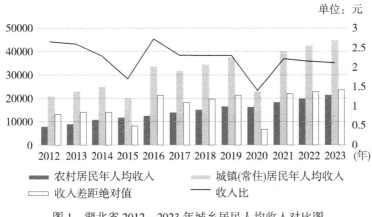

图 1　湖北省 2012—2023 年城乡居民人均收入对比图

2. 城乡基本公共服务差距有待进一步缩小。

从就业人口的受教育程度来看，在整体上，城市的就业人口平均受教育年

① 国家统计局. 中国统计年鉴 2024. 北京：中国统计出版社，2024.

限为 12.27 年，镇的为 10.49 年，乡村的为 8.98 年，城乡之间的差距明显，而且在各个年龄段都呈现出城市高于镇，镇高于乡村的趋势。这说明在城市化过程中，城乡就业人口的受教育程度存在差距，这与城乡之间教育资源不平衡、产业结构分布等因素密切相关。① 从城乡医疗差距来看，由于城市资源优势和人口流动性，城市地区相比农村地区，在医疗设施、医疗服务、医疗技术等方面具备明显优势。这种不均衡的现状导致农村地区的居民在获得医疗服务方面遇到了很多困难，影响了农村地区的医疗水平。从养老服务体系来看，农村养老服务发展明显滞后于城市，全省养老服务发展不平衡不充分、供给结构不均衡、服务质量不高等问题依然存在。

3. 乡村建设初见成效，但城乡差距依然突出。

全省农村公路里程 25.4 万公里，居全国第 2、中部第 1。农村集中供水率 96%，农网供电可靠率 99.8%。② 县域义务教育均衡发展和城乡基本公共教育服务均等化基本实现。2023 年湖北积极争取将武汉市黄陂区等 14 个县纳入国家紧密型县域医共体建设试点县范畴，指导全省组建县域医共体 130 个，覆盖 268 家县级医疗卫生机构和 1116 家基层医疗卫生机构，在推动服务体系构建、管理体制改革、运行机制优化、服务水平提升等方面取得了初步成效。③ 但与城市相比，乡村基础设施建设、基本公共服务水平和人居环境建设等方面的差距仍然较大。

(二)脱贫攻坚成果持续巩固拓展，但脱贫人口收入水平仍然不高

2021 年，全省脱贫人口"两不愁三保障"水平持续巩固提升。脱贫劳动力实现务工就业的有 215.4 万人，同比增长 3.4%；脱贫人口人均纯收入达到

---

① 中南财经政法大学人口与健康研究中心课题组. 湖北省就业人口受教育程度分析. 2023-06-14.

② 湖北省人民政府. 省人民政府办公厅关于印发湖北省城乡人居环境建设"十四五"规划的通知. 2021-11-04.

③ 极目新闻. 医共体，教联体！湖北"强县工程"详细解读来了. 2023-04-27.

12902 元，增长 33.5%，高于全国平均水平 16.6 个百分点。[①] 但脱贫人口人均收入仅占全省农村居民的 70.66%，差距较大。

同时，农村可支配收入相对不高。2023 年湖北省农村居民人均可支配收入为 21293 元，农村居民人均消费为 20922 元，对比浙江的 40311 元和 30468 元、江苏的 30488 元和 25029 元，有比较大的差距。仅仅与湖南的 20921 元和 19210 元基本持平。[②]

(三) 乡村治理创新推进，但多元主体协同治理体系有待完善

2021 年，湖北省"整乡推进、整县提升"基层党建示范县乡建设进一步深化，新选举产生村(社区)"两委"成员 13.3 万余人，[③] 年龄、学历实现"一降一升"；"一村一辅警"实现全覆盖。但部分地方发动群众参与村级事务机制不健全，群众参与意识不强，"干部干、群众看"在一些地方成为普遍现象。

四、城乡空间布局、人居环境仍需完善

(一) 城市空间格局有待优化

2023 年湖北武汉 GDP 为 20011.65 亿元[④]，占全省份额的 35.86%。武汉的首位度较高，其辐射带动作用发挥不够，虹吸效应导致武汉城市圈发展失衡。襄阳、宜昌发展能级偏低，它们在常住人口、GDP、综合经济竞争力、公共服务水平及人才吸引力方面均低于浙江、江苏等发达省份的二、三线城市，尚未成为突出的增长极。全省特大城市和Ⅰ型大城市出现发展断档，Ⅱ型大城市和中等城市数量偏少，襄阳、宜昌刚刚达到Ⅱ型大城市标准，"哑铃"型城

---

① 湖北日报. 获得"好"成绩评上"A"等次，湖北扎实推进巩固拓展脱贫攻坚成果同乡村振兴有效衔接. 2022-05-20.

② 国家统计局. 中国统计年鉴 2024. 北京：中国统计出版社，2024.

③ 湖北日报. 湖北将培训村(社区)"两委"成员 13 万余人. 2022-04-19.

④ 湖北日报. 官宣！2023 年武汉 GDP 为 20011.65 亿元. 2024-01-28.

市规模等级结构长期未能转变。"一主"综合发展水平远超"两翼",襄阳、宜昌之间缺乏直接快速的交通联系通道,高速公路、铁路等均需从荆门绕行。省际联系不紧密,武汉、长沙和南昌之间的公、铁路交通网络不够完善,临界地区的集聚发展不够;长江中游"肠梗阻"问题突出,沿江疏港铁路、货运铁路建设较为滞后。

(二)城乡人居环境有待改善,空间品质仍需提升

教育、医疗、养老、体育等公共服务设施分布不均衡,老城区设施需求量大但供地不足,新区设施使用效率不高,乡村基本公共服务均等化、标准化水平不高。湖北省部分城市水环境基础设施短板突出,生活污水治理工作推进不力。大中型城市排涝问题突出,地质灾害防治、抗震防震及工程建设水平有待提升。新冠疫情等突发公共卫生事件暴露了城市应急救援基础设施不足。城镇风貌特色不突出,鄂东南、鄂西北、鄂西传统村落的某些原始性、文化性传统民俗正在逐步凋零甚至消亡。

第三章 真抓实干

——加快建成中部地区崛起重要战略支点的探索与实践

习近平总书记在 2022 年春季学期中央党校(国家行政学院)中青年干部培训班上指出:"实现第二个百年奋斗目标,我们要坚持党的基本路线,坚持以经济建设为中心,但在新形势下发展不能穿新鞋走老路,必须完整、准确、全面贯彻新发展理念,加快构建新发展格局,推动高质量发展。""业绩都是干出来的,真干才能真出业绩、出真业绩。""面对新形势新任务,党员干部一定要真抓实干,务实功、出实招、求实效,善作善成,坚决杜绝口号式、表态式、包装式落实的做法。对当务之急,要立说立行、紧抓快办,不能慢慢吞吞、拖拖拉拉。对长期任务,要保持战略定力和耐心,坚持一张蓝图绘到底,滴水穿石,久久为功。要强化精准思维,做到谋划时统揽大局、操作中细致精当,以绣花功夫把工作做扎实、做到位。"①

第一节 思想破冰,坚定高质量发展道路

改革开放之后,正是因为坚定不移地坚持解放和发展社会生产力,中国经济社会发展才会有了现在的伟大成就。中国发展为世界其他发展中国家提供了可复制的经验,中国发展为广大发展中国家走向现代化提供了成功经验、展现了光明前景。习近平总书记在党的十八届五中全会上提出的"创新、协调、绿

---

① 共产党员网.习近平:努力成长为对党和人民忠诚可靠、堪当时代重任的栋梁之才. http://www.12371.cn/2023106130/ARTI1688111085525187.shtml.

色、开放、共享"的新发展理念是一个系统的理论体系，是新发展阶段全面深化改革、推动经济高质量发展必须坚持的理念。新发展理念指明了未来一段时间的发展方向、思路和着力点，也对高质量发展的内涵进行了深刻阐释。

一、准确把握湖北加快建成支点的有利条件

省第十二次党代会报告指出：构建新发展格局是发展方式的重大变革，是发展战略路径的深刻调整，对我省是一次系统性、重塑性的战略机遇。从经济结构看，我省经济对外依存度较低，以内需为主导，产业链、供应链和产品销售市场主要在国内，在构建新发展格局进程中，我们"船小好掉头"、转型成本低，具有结构性优势。从资源要素看，我省是经济大省、科教大省、生态大省、农业大省，科教资源丰富，产学研用链条较为完备，综合科技创新水平处于全国第一方阵；既是制造业重地，又是中部粮仓；拥有绿电、页岩气等可持续发展能源保障，综合要素成本相对较低。从地理区位看，我省是长江黄金水道和南北交通大通道的中心枢纽，是连接全国"铁水公空"交通大动脉的中心结点；东联长三角、西接成渝、南向粤港澳、北望京津冀，位于我国主要经济区的几何中心；立足中部腹地和战略纵深，能够形成辐射全国近三分之一人口的市场规模。特别是历经武汉保卫战、湖北保卫战和疫后重振等大战大考，全省上下感恩奋进、干事创业的精气神更足，党群干群关系更加密切，疫情防控形成了一系列制度性成果，为经济社会持续健康发展提供了坚实支撑和良好环境。我省有基础、有条件探索有利于促进全国构建新发展格局的有效路径，努力建设全国构建新发展格局先行区。我们坚信，只要全省上下统一思想、抢抓机遇、奋发作为，就一定能由沿海开放的"后队"转变为新时代内陆发展的"前队"！①

二、湖北立足新阶段应对新挑战

我国正处于"两个一百年"奋斗目标的历史交汇期，新旧经济发展模式转

---

① 引自湖北省第十二次党代会报告。

换的瓶颈期。在传统发展模式下，我们依靠快速工业化和粗放型增长不断对全社会进行普惠式的帕累托改进，从而使矛盾在尚未根除的情况下能够不断缓解。当前中国正在进行发展方式转变，新的道路尚未打通，经济社会发展还没有完全走上高质量发展的快车道，不仅旧有问题尾随而至，新问题也扑面而来。一方面，国企改革、农村土地制度改革、产业结构升级、缩小贫富差距、协调城乡和区域发展、生态环境保护、消除权力寻租和腐败、实现祖国完全统一等传统问题，还没有彻底解决；另一方面，经济脱实向虚、生育率下降、老龄化、美国等西方国家遏制中国等新问题又不期而至。新老问题交织，彼此互相影响，日益突出和紧迫地摆在我国政府和人民面前，要求我们去解决。

我们必须清醒地认识到，立足新阶段，我省全面高质量发展仍有不少短板。在经济社会发展方面，发展不平衡不充分的问题比较突出，经济发展质效有待提升，四化同步发展的整体性、协调性、均衡性不强，九省通衢的区位优势未能充分转化为发展的优势，产业链供应链韧性和竞争力还需增强，科教人才优势发挥不够，营商环境仍需改善，县域发展内生动力不足，民生领域还有不少短板。在干部思想观念和工作作风方面，小富即安的思想、甘居中游的意识比较明显，国际眼光和全球视野不够；市场观念、法治思维、群众意识还有欠缺，一些干部不担当、不作为问题还比较突出，一些干部不愿做、不敢做、不会做群众工作。在管党治党方面，反腐败斗争形势依然严峻复杂，防止"四风"问题反弹回潮压力较大，少数基层党组织政治功能和组织功能有待增强，等等。对这些问题，我们要高度重视，有针对性地采取措施，切实加以解决。①

三、全面贯彻新发展理念，坚定高质量发展道路

党的十八大以来，面对严峻复杂的国际形势和艰巨繁重的国内改革发展稳定任务，以习近平同志为核心的党中央深刻洞察时代发展的规律和未来大势，

---

① 引自湖北省第十二次党代会报告。

针对事关我国经济发展全局的一系列方向性、根本性、战略性问题，作出了一系列重大判断、重大决策和重大部署，具有鲜明的时代性、针对性，为做好新时代经济工作指明了正确方向，提供了根本遵循。

我国经济转向高质量发展阶段，要从根本上转变发展理念和发展方式。湖北省加快建成中部地区崛起重要战略支点，要在正确把握高质量发展涵义的基础上，坚定正确道路，完整准确全面贯彻新发展理念。

高质量发展，从狭义的角度来说，就是一个经济体在投入上，能够通过科技手段合理配置生产要素，推动效率变革，实现资源要素由粗放经营转向集约节约经营，使得资源要素的利用效率大幅度提高；在产出上，能够通过技术创新和管理创新推动质量变革、动力变革，使产出品质和效益明显提升。

从广义的角度来说，理解高质量发展不仅仅限于经济增长的范畴，还应考虑社会、政治、文化、生态等方面的影响因素。高质量发展，可从生产力和生产关系的角度进行考察。高质量发展既是生产力发展水平的提高，也是生产关系对生产力适应的调整。高质量发展是生产力和生产关系矛盾运动的必然产物，是体制转型、产业结构调整和科技创新的统一体。所以，高质量发展应包括以下内涵：

1. 高质量发展，是体现新发展理念的发展。

党的十八届五中全会提出要树立和坚持"创新、协调、绿色、开放、共享"的新发展理念，其中，创新是引领发展的第一动力，着力解决的是发展的动力问题；协调是持续健康发展的内在要求，着力解决的是发展不平衡的问题；绿色是持续发展的必然条件和人民对美好生活的追求的重要体现，着力解决的是人和自然和谐相处的问题；开放是国家繁荣发展的必由之路，着力解决的是发展内外联动的问题；共享是中国特色社会主义的本质要求，着力解决的是社会公平正义的问题。新发展理念是我国破解发展难题、增强发展动力、厚植发展优势的行动指南。

2. 高质量发展，是高标准供给侧与高品质需求端双向升级的发展。

从供给来看，高质量发展要求完善现代产业体系，其中包括智能化、自动化的生产组织方式；要求以创新为动能，挖掘市场需求、创造市场需求，打造品牌影响力，打造高门槛核心竞争力。从需求来看，高质量发展应该不断满足人民群众对美好生活向往的高品质需求，以需求引导供给，以供给满足需求，实现双向循环，不断向上升级。

3. 高质量发展，要求高投入产出效率，资源节约，高亩产率，高资本周转和利用率，高人力效率，低资源耗能率。

高质量发展的重要标志是不断提高劳动、资本、土地、资源、环境等要素的投入产出效率，不断提升科技进步贡献率，不断提高全要素的生产率。

4. 高质量发展，是经济循环通畅的发展。

经济循环是生产与流通、分配与消费、虚拟和实体、国内和国际良性互动的过程，是经济持续发展的基础。推动高质量发展，必须畅通国民经济循环，加快建设统一开放、竞争有序的现代市场体系，提高金融体系服务实体经济的能力，形成国内市场和生产主体、经济增长和就业扩大、金融和实体经济的良性循环。

5. 高质量发展，是分配科学的发展。

收入分配既是经济运行的结果，也是经济发展的动力。收入分配的质量好坏，直接反映经济结构的优劣。"衡量发展质量和效益，就是投资有回报、产品有市场、企业有利润、员工有收入、政府有税收、环境有改善，这才是我们要的发展。"[1]

典型案例：牢记总书记嘱托　勇当高质量发展先锋

——湖北兴发集团转型发展的探索[2]

2018 年 4 月 24 日，习近平总书记在视察湖北期间首站来到兴发集团宜昌新材料产业园，深刻阐释长江生态保护与经济发展的关系，"首先定个规矩，就是要搞大保护不搞大开发。不搞大开发不是不搞大发展，而是

---

[1] 中工网. 做好新阶段高质量发展大文章. 2021-03-22.

[2] 本案例来自笔者的调研报告、教学案例，作者李正宏、王皖君，写于 2022 年。

要科学地发展、有序地发展""不能搞破坏性开发"。习近平总书记高度评价兴发集团为保护长江生态环境所作出的不懈努力，殷切期望兴发集团"在科学发展的道路上、在可持续发展的道路上越办越好！"

兴发集团牢记习近平总书记的嘱托，践行新发展理念，加快了转型发展步伐，实现了生态保护加强、企业发展加快、经济效益提高与社会贡献增加的统一，有效探索出高质量发展的兴发之路。

一、兴发集团转型发展的主要措施

以新发展理念为指导，强力推进转型发展

1. 坚持开放发展，有效拓展企业发展空间。

兴发集团高举开放发展大旗，以飞地经济引领走出去发展，构建国际国内并重的大工业格局；以科技创新统揽全面创新，立足宜昌，面向全国，走向世界，有序构筑了开放式发展的"三圈"格局。

(1) 立足宜昌大本营，打造核心产业圈。

兴发集团按照"资源与深加工并重"的思路，加快将宜昌及周边区域打造成公司核心战略基地。首先，按照绿色化、高端化、精细化要求，将猇亭和宜都两个"飞地园区"打造成高端制造的核心基地。2004 年兴发集团在猇亭开工建设宜昌新材料产业园，构筑了有机硅、电子化学品、草甘膦三大产业集群。2009 年兴发集团开工建设宜都绿色生态产业园，建成集选矿、湿法磷酸精制、硫磺制酸、肥料、氟硅新材料于一体的循环经济产业集群。其次，大力整合宜昌周边产业，打造能源资源和基础化工原料生产基地。2001 年进军神农架矿山、化工、水电、旅游产业，2004 年进军保康矿山、化工产业，随后进军南漳、远安化工产业和谷城硅矿产业，建立稳固的能源资源和基础化工原料基地。宜昌新材料产业园是公司核心产业圈的台柱子，是兴发集团走出兴山发展飞地经济的成功典范。

(2) 充分利用全国资源，打造关联产业圈。

兴发集团按照"产业关联、适度多元"的思路，在全国范围内优化产业布局，先后进军重庆垫江、贵州福泉、新疆阿克苏，建设硫化工生产基地；进军河南新乡，建设复合肥生产基地；收购贵州瓮安县龙马磷业有限公司，建设黄磷生产基地；收购江苏富彤化学有限公司，进军磷阻燃剂行业；重组内蒙古兴发草甘膦产业，为打造湖北省外新的战略生产基地提前布局。

（3）积极参与国际竞争，打造前沿产业圈。

兴发集团积极对接全球经济一体化大趋势，加快在沿海发达地区布局，在北京、上海、广州、香港等一线城市设立子公司；积极布局海外市场，陆续在美国、德国、阿根廷、越南等国家设立区域营销平台，招聘当地职业经理人开展本土化营销。通过欧洲 REACH、BRC 等资质认证，完成全球最大、准入最严的巴西草甘膦农药自主登记。同宝洁、陶氏化学、联合利华等全球 500 强企业建立长期合作伙伴关系，主导产品出口一百一十多个国家和地区。

2. 坚持创新发展，以科技创新统揽全面创新。

创新是引领发展的核心动力。兴发集团高举创新发展大旗，坚持以科技创新统揽全面创新，提升企业核心竞争力。兴发集团不断完善科技创新体系建设，建成了国家级企业技术中心、国家博士后科研工作站、国家级实验室等创新平台，旗下拥有多家国家高新技术企业。兴发集团打造了一支高素质的专业研发团队，截至 2020 年 7 月，有各类专业技术人员 1154人。对核心技术团队实施股权激励，2019 年向 354 名激励对象授予 1925万股。兴发集团取得了一大批技术创新成果，至 2019 年上半年拥有授权专利 387 项，参与制定国际标准 1 项、国家和行业标准 54 项，开发食品级、医药级、电子级等各类产品 13 个系列 369 种。高端磷酸盐品质国际领先。电子级磷酸、硫酸打破国外技术封锁。有机硅综合实力跃居行业第一梯队。醇相法甘氨酸工艺实现行业重大突破。漂粉精新工艺出口俄罗斯。兴发集团加大前沿技术开发力度，与中国科学院深圳先进技术研究院合作开展黑磷研发，晶体制备单次单管突破30克。兴发集团统筹推进全面创新，管理创新、战略创新、文化创新、融资创新、人才机制创新都取得了良好进展，创新思维和创新行动成为公司新常态，企业走上了创新驱动发展的快车道。

兴发集团积极搭建新型科技创新平台。2021年12月21日，湖北三峡实验室揭牌仪式暨理事会第一次会议在宜昌举行。三峡实验室由宜昌市政府建设，市政府委托兴发集团牵头，联合10家单位共建。实验室将围绕磷石膏综合利用、微电子关键化学品、磷基高端化学品、硅系基础化学品和化工高效装备与智能控制等五大研究方向，推进基础研究、应用基础研究和产业化关键核心技术研发。湖北省副省长肖菊华任三峡实验室理事长，宜昌市委书记王立任三峡实验室理事长，宜昌市委副书记、市长马泽江任三峡实验室副理事长。

3. 坚持生态优先，走绿色发展之路。

兴发集团高举生态优先、绿色发展大旗，坚持开发与保护并重，实现生态效益与经济效益协调统一。深入贯彻绿色发展理念，加大清洁生产的资本、技术投入，树立行业绿色发展新标杆。兴发集团贯彻"化工让生活更美好"的理念，依托节能减排新工艺、绿色环保新技术，提高清洁生产能力和水平。黄磷清洁生产工艺成为全球标杆，近十年连续斩获全国重点行业能效领跑第一名，并以技术输出的形式在全行业推广；草甘膦绿色高效合成工艺解决了制约行业发展的环保难题，兴发集团是全国首批通过草甘膦环保核查的4家企业之一。建成世界最先进、清洁生产水平最高的兴山黄磷生产基地；兴发集团和重庆兴发金冠被评为国家绿色工厂；宜昌新材料产业园被评为"国家循环经济改造示范园区"；宜都绿色生态产业园被授予"全国中低品位磷矿石综合利用示范基地"称号。兴发集团大力推进绿色矿山建设，坚持贫富兼采、全层开采、采选结合。厚大磷矿体开采技术填补国内空白；在湖北省率先实行机械化采矿，生产工效和本质安全生产水平大幅提升，兴隆、兴昌等5座矿山被评为国家级绿色矿山试点单位。以树崆坪为试点，争创全国绿色矿业发展示范区。兴发集团大力推进绿色水电开发，水电站实现远程监控、无人值守或少人值守；加强香溪河流域生态修复，以保障常年排放生态水；高岚河成功申报国家水利风景区；兴山县被国际小水电联合会授予国内首家"绿色发展示范基地"。兴发集团加快进军文化旅游产业，从旅游产业未来发展战略需要出发，在神农架、屈原故里、武陵山区合理规划，已经拥有6大景区、8家中高档星级酒店和6家景区酒店，旅游总资产30亿元，形成了集景区、酒店、商贸、旅行社、码头等配套服务于一体的集团化运营格局。

4. 坚持协调共享发展，构建利益共同体。

兴发集团高举协调共享大旗，构建利益共同体，凝聚推动发展的强大合力。兴发集团坚持开放包容、协同共享理念，切实履行企业社会责任，合理平衡利益相关方的关系，携手合作实现共同发展。兴发集团诚信经营，用良好业绩为社会和股东创造价值。上市公司成立20多年来，累计纳税140亿元；上市以来未出现亏损，累计分红14亿元；积极扩大就业，直接安置库区移民4743人，间接提供劳务、运输等就业岗位2万多个。兴发集团坚持依靠员工办企业，让职工共享发展成果。不断完善职工薪酬福利，在湖北省率先实行企业年金制度，出台职工子女上大学和二孩奖励等政策，通过团购、发放补贴等形式，解决职工住房问题，解决职工最现实困难。兴发集团积极履行社会责任，大力支持地方公益事业建设。设立湖北第一支中学教师奖励基金，累计教育捐资1.5亿元；修建山区公路110公里；对7个乡镇实施远程供水工程；投资2000多万元助力脱贫攻坚。

二、兴发集团转型发展的主要成效

(一)企业经济效益显著增强

产业转型升级为兴发集团带来了良好的经济效益。截至2021年年底，兴发集团磷矿储量约12亿吨，磷矿产能530万吨/年。2021年上半年实现营业总收入98.5亿元，同比增长5.5%；实现归母净利润11.4亿元，同比增长730.1%，每股收益为1.02元。2021年，超六成鄂股股价正增长，

17家涨幅超过50%，年平均涨幅为24.96%。兴发集团涨幅排名第二。

2022年1月6日，湖北兴发化工集团股份有限公司发布2021年度业绩预增公告，预计2021年度实现归属于上市公司股东的净利润为420000万~440000万元，同比增长573.14%~605.19%。扣除非经常性损益后，公司预计2021年度实现归属于上市公司股东的净利润为445000万~465000万元，同比增长604.05%~635.7%。

兴发集团2021年净利润较上年同期大幅增加，主要受以下因素的综合影响：

一是受益于全球经济疫后复苏，化工行业迎来景气周期。公司主营的有机硅、草甘膦、二甲基亚砜、黄磷等产品销售价格同比大幅上涨，盈利能力显著增强。公司积极抢抓有利市场行情，科学组织生产经营。主要装置实现稳产高产，"矿电化一体""磷硅盐协同"及"矿肥化结合"的产业链优势得到较为充分的发挥。

二是公司2018年度非公开发行股票募集资金投资项目——300万吨/年低品位胶磷矿选矿及深加工项目在报告期内经过充分试运行后顺利投产；参股公司宜昌星兴蓝天科技有限公司40万吨/年合成氨项目在二季度末一次性开车成功，为公司带来了新的利润增长点。

三是报告期内公司电子级化学品市场开拓取得积极进展，其中对接半导体客户的电子级磷酸、硫酸、混配液等高附加值产品销量明显增长，经营业绩大幅提升。

(二)产业链、价值链层次不断提升

集团公司成立20多年来，始终围绕精细化工主线和关联产业上下游纵向一体化延伸、横向多元化拓展，依托创新驱动，以"产品高端化、产业绿色化"为转型目标，有效构筑了循环对接、互补发展的产业链条，形成了"资源能源为基础、精细化工为主导、关联产业相配套"的产业格局，实现了高质量发展的"三级跳"，产业链和价值链层次不断提升。截至2021年已开发食品级、医药级、电子级等各类产品15个系列591种。一是精细磷酸盐。产品门类最全、品种最多，食品级三聚磷酸钠、六偏磷酸钠、次磷酸钠的产销量全球第一，高端磷酸盐的品质国际领先。二是微电子新材料。电子级磷酸、硫酸、氢氟酸打破国外技术垄断，填补了国内空白，为芯片国产化提供配套。"芯片用超高纯电子级磷酸及高选择性蚀刻液生产关键技术"荣获 2019 年国家科技进步奖二等奖。三是有机硅新材料。多项关键工艺指标达到国际先进水平，主导制定气相二氧化硅国际标准，综合实力位居行业第一梯队。四是草甘膦除草剂。草甘膦产能，稳居全国第一、世界第二，90%的产品出口海外。五是中低品位磷矿资源综合利用。装置水平行业一流、自控水平国内领先、环保排放指标超前，磷矿选矿及湿法磷酸精制工艺路线被国家授予技术发明专利。六是文化旅游服务业。拥有 6 大景区、8 家中高档酒店和 6 家景区酒店，旅游总资产 30 亿元，年接待游客 200 万人次。

（三）社会效益凸显，助力宜昌绿色发展

兴发集团的科技创新和产业转型升级，为宜昌绿色发展作出了重要贡献。它以科技助力环保产业，清洁生产技术、固废利用技术、尾气利用技术和余热利用技术都达到了全国先进水平。近年来，兴发集团铁腕治"三废"，变"三废"为"三宝"，实现废水利用率 99%、年节约用水 800 多万吨，固废物利用率 100%，年利用固废物 270 万吨。成为全国循环经济试点企业（园区）、全国资源节约型和环境友好型示范企业。

经过多年攻坚，宜昌化工产业从伤筋动骨到脱胎换骨，成功实现"V型反转"。截至 2021 年 10 月底，宜昌市累计完成 124 家化工企业的搬迁改造工作，"关改搬转"阶段性攻坚任务基本完成；全市精细化工占化工产业的比重由整治前的 18.6%提高到 36.2%以上；化工产业利润、税收连续两年实现 10%以上的增长。

2018 年 9 月，来自埃塞比亚、肯尼亚、墨西哥、乌干达等国家的电力、能源部门的 30 多名代表齐聚兴发实地调研。2019 年 5 月，国际小水电联合会授予兴山县"国际小水电绿色发展示范基地"。绿色发展之路让兴发"水电明珠"的名片更为闪亮。

兴发集团积极承担社会责任，荣获"全国支持革命老区建设做出突出贡献单位""湖北省扶贫工作先进单位""湖北省抗击新冠肺炎疫情先进集体"等荣誉称号。

第二节　打造中部地区崛起重要战略支点的区域发展布局

一、打造全国重要增长极，推进区域协调发展

(一) 主动融入国家战略布局，构建中国经济第五极

充分发挥湖北地理优势，打造国内大循环的重要节点和国内国际双循环的战略链接，打造引领中部、辐射全国、通达世界的开放大通道。东连"长三角"、西接成渝城市群和关中城市群、南通粤港澳、北接中原城市群和京津冀城市群，主动融入国家战略布局，打造中国经济重要增长极。

围绕新发展格局，根据湖北内需发展，发挥对外开放的节点作用，发挥综合交通优势，提升湖北在长江中游城市群中的带动作用，引导区域内基础设施互联互通、产业协同发展、生态文明共建、公共服务共享。打造中国经济第五极，促进形成国家区域发展战略体系的新"钻石结构"。

承东启西，畅通双循环主动脉。以武汉城市圈"三枢纽"为主体，加强与湖南、江西的机场港口联动发展，依托沪汉蓉、沪汉渝、杭瑞三条交通廊道，带动沿江铁路和集疏运体系建设，构建内通外联的综合运输体系。充分发挥武鄂黄黄综合发展轴作用，承接长三角产业转移；做实武仙发展轴，联动宜荆荆恩城市群，对接成渝城市群，充分发挥长江中游城市群作为长江经济带增长极的作用，形成东西双向、陆海统筹的新格局。

南接北引，推动区域联动发展。围绕高端装备制造和汽车产业，引领长江中游城市群产业分工协作。依托京九、京广交通廊道，强化城市圈北部汉孝临空板块的建设，联动中原城市群，对接京津冀；强化城市圈南部武咸生态旅游板块的建设，联动环长株潭城市群，对接珠三角，全面融入"三横两纵"全国城市化战略格局。

(二) 推动长江经济带绿色发展

加强与长江经济带上下游合作。巩固完善"九省通衢"交通枢纽地位，融入国内国际双循环开放新格局，打造长江经济带增长极。加强与上海港、中国（上海）自由贸易试验区对接，打造航运、金融、科技创新、贸易、旅游等领域的合作链条。加强与重庆港功能互补、信息化共建，推动与成渝地区双城经济圈在生态保护、交通物流、旅游服务等领域的合作。

深化区域生态共治共保。构建以幕阜山为主体的长江中游生态绿心，完善跨界污染防治和生态修复机制。推动大别山区、三峡库区、秦巴山区、武陵山区等国家重点生态功能区的区域共建，优先布局重大生态保护和修复工程，增强重点生态功能区生态服务功能。加强与上下游在水资源保护、大气污染防治、循环经济等生态保护和建设领域的合作，共建长江经济带良好生态环境。

(三) 带动中部地区高质量发展

深化与湖南、江西省的战略合作。进一步激活、赋能、完善"中三角"协同发展体制机制，推动三省在战略规划、产业发展、要素配置、生态保护、市场监管等方面的合作。共建长江中游城市群，共抓长江大保护，联手打造优势产业集群，促进中部地区加快崛起。

加强省际门户区域协调发展。深化推进宜昌、恩施与重庆建设三峡生态经济合作区，探索跨区域生态联防、生态补偿和生态富民的新路。深化推进洞庭湖生态经济区建设，支持荆州与湖南岳阳、常德等市合力共建白螺长江水上运转中心。深化推进黄梅与安徽宿松协调发展，强化小池与江西九江同城化发展，深入推进咸宁与江西九江、湖南岳阳一体化发展。构建巩固拓展脱贫攻坚成果同乡村振兴有效衔接新机制及生态补偿机制。深化落实淮河生态经济带发展规划，支持随县规划建设淮河源生态旅游体验地，支持广水和大悟因地制宜发展生态经济，加快新型城镇化和农业现代化进程。

(四)深化长江中游城市群建设

促进优势地区城镇集聚发展。充分发挥长江黄金水道优势，加快沿江铁路、高速公路和集疏运体系建设，提升宜昌、荆州、鄂州、黄冈、咸宁、黄石等沿江城市要素集聚和综合承载能力，联动湖南岳阳、江西九江，打造沿江城镇集聚发展带。充分发挥京广通道优势，以武汉为龙头，增强沿线孝感、咸宁等城市要素集聚和综合承载能力，联动湖南长沙、岳阳、株洲、衡阳，打造京广城镇集聚发展带。

强化交通设施互联互通。加强武汉—长沙、武汉—南昌省会城市交通联系，构建"铁水公空"交通网络支持的2小时交通圈。围绕各级城市形成以高速铁路、高速公路为主的复合交通廊道，构建"三角形、放射状"城际交通网络。省内城市群区域加快构建以高铁、城际铁路、市域铁路为主的大运量快速交通网络，实现轨道运营公交化、枢纽衔接一体化。

推进区域产业协作。加强与湖南、江西长江中游城市群产业协作，发挥比较优势，强化分工协作，优化产业空间布局，推动形成产业集群廊带及产业集中区。重点提升武汉市在运输设备和电子信息的设计、品牌和金融服务等方面的功能，差异化打造以电子信息、汽车制造、船舶设计制造、航空航天为主体的产业集中区。

(五)主动融入"一带一路"倡议

建设"一带一路"通道交通连接体系。推进长江航道整治工程，加快建设武汉长江中游航运中心，畅通向东连接21世纪海上丝绸之路物流大通道。提升和完善中欧班列(武汉)国际运输功能，建设中欧班列中部集结中心，畅通向西连接丝绸之路经济带物流大通道。依托长江黄金水道，提升沿江铁路通道运输能力，加强港口集疏运体系建设，加快铁路、公路与港口、园区连接线建设，构建陆海联运、空铁联运、中欧班列等有机结合的联运服务模式和物流通道。

加强国际航空枢纽建设。畅通航空开放大通道，提升武汉天河国际机场功能和水平，推动基础设施建设和提档升级，将高铁线路直接引入机场，打造国家级门户机场枢纽，完善覆盖世界五大洲枢纽城市的国际航线网络。构建以鄂州花湖国际机场为主、以武汉天河国际机场为补充的航空货运枢纽体系，提升武汉航空货运枢纽功能和地位，推进湖北国际物流核心枢纽建设。

建设一批高水平中外合作示范区。依托绿色合作伙伴计划、友好城市等合作平台，推进在生态城市、循环经济、应对气候变化、能源环境、生态保护和修复等领域的国际合作，高水平建设中法武汉生态示范城、中德荆州生态示范城、孝感日商产业园。

打造高水平对外开放平台。深入推进体制机制创新、科技创新、产业创新，推动湖北自贸试验区重点产业全产业链集成创新，构建现代化产业体系和开放型经济体系，加快建成中部有序承接产业转移示范区、战略性新兴产业和高技术产业集聚区、全面改革开放试验田和内陆对外开放新高地。

加强口岸基础设施建设。增强湖北口岸功能、贸易功能，推动现代流通体系建设，打造民航客货运"双枢纽"、中部地区枢纽港和中欧班列中部集结中心，加快外向型经济发展，不断提高对外开放水平。

二、强化"一主"引领，增强武汉都市圈的龙头引领地位

以武鄂黄黄为核心的武汉都市圈，包括湖北省武汉市、黄石市、黄冈市、鄂州市、咸宁市、孝感市、天门市、潜江市、仙桃市所辖行政区域范围，也称为湖北1+8城市圈。支持武汉做大做强、武汉城市圈同城化发展，发挥好"一主"龙头引领与辐射带动作用，是我省化危为机、奋起直追的关键抉择，是湖北开新局、谱新篇的使命担当。

(一)"一主"基本情况

至 2022 年年末,"一主"区域包含 6 个地级市、3 个省直管市,总面积 57968.18 平方公里,占湖北省总面积 185938.66 平方公里的 31.18%;GDP 总值 32363 亿元,占湖北省 GDP 总值 53734.92 亿元的 60.23%;常住人口总量 3291.44 万人,占湖北省常住人口总量 5844 万人的 56.32%。①

(二)"一主"引领的现实基础

1. 具备引领长江中游城市群构建新增长极的综合实力。

长江中游城市群最有潜力成为全国经济第五极。城市群综合实力较强,已形成以装备制造、汽车及交通运输设备制造、航空、冶金、石油化工、家电等为主导的现代产业体系。"一主"是引领长江中游城市群一体化高质量发展的最优选择。武汉与城市群各市的经济联系度排名最高,一般公共预算收入、重点教育竞争力、重点医疗资源竞争力等核心指标在城市群城市中排名第1;武汉城市圈 2022 年 GDP 破 3 万亿元,高于环长株潭城市群及环鄱阳湖城市群。资本、劳动力、产业结构、对外联系等方面的综合优势突出,资源集聚能力在长江中游城市群中排名第 1。②

2. 具备建设双循环重要节点和战略链接的区位优势。

"一主"核心枢纽优势突出。武汉地处我国东西、南北两大发展轴线的交会处,居天元之位,与京津冀、长三角、粤港澳、成渝城市群的空间距离均在 1000 公里左右,是国内东、中、西区域良性互动的关键枢纽。武汉作为连接"一带一路"西武福战略通道的中心节点,决定着湖北乃至整个中部地区在国际经济格局中的参与度。"一主"是湖北打造国内大循环重要节点和国内国际双循环战略链接的核心载体。国家铁路路网中心、"五型"国家物流枢纽、长江航运中心、国家级门户机场等交通功能集聚武汉。围绕打造交通强国建设示

---

① 数据来自《湖北省统计年鉴 2022》。
② 数据来自《湖北省统计年鉴 2022》。

范区，武汉城市圈将依托"三枢纽"，联动沿江高铁、西武福高铁等交通廊道，构建江海联运、水铁联运、水水直达、陆港空联动的多式联运体系，实现资源要素高效流通，促进国内国际市场深度融合。未来"一主"在国家新发展格局中的战略地位将不断提升。

3. 具备打造长江经济带绿色发展新样板的潜力。

"一主"具备引领绿色发展的实践基础。武汉在生态文明体制机制改革领域做了诸多探索，颁布实施了全国首个基本生态控制线地方条例，将全市75%的国土空间纳入基本生态控制线保护范围，并编制166个湖泊"三线一路"保护规划、446座山体"两线"保护规划，实现山水保护全覆盖。① 探索构建城市生态系统生产总值（GEP）核算体系，形成了生态文明体制机制改革的"武汉样板"。

4. 具备引领湖北经济开新局、谱新篇的强大动能。

"一主"在我省疫后重振中发挥了强劲的带动作用。武汉作为受疫情影响最严重的城市，2020年GDP为15616.1亿元，占全省GDP43443.46亿元的35.95%。② 在疫后重振的进程中，"一主"发挥了强劲的带头作用，保障了我省经济排名位列全国前列。"一主"具备引领湖北高质量发展的强大驱动力。武汉，创新基础良好，坐拥众多高校和科研院所、120多万在校大学生，是世界上大学生人数较多的城市之一，人才储备量在全国位居前列。

(三)"一主"引领的实现路径

1. 发挥武汉市龙头作用，引领打造升级版武汉都市圈。

(1)做强武汉城市功能，增强高端要素集聚和承载能力。

紧紧围绕国家中心城市、长江经济带核心城市和国际化大都市的总体定位，加快打造全国经济中心、国家科技创新中心、国家商贸物流中心、国际交

---

① 长江日报. 落实"一主引领"提升城市能级 推进精致武汉建设绘就更美蓝图. 2021-12-17.

② 中工招商网. 2020湖北省各城市GDP排名. 2021-03-01.

往中心和区域金融中心，建设现代化大武汉，努力在全国争先进位。

加快发展优质产业，建立现代产业体系，增强武汉作为全国经济中心的综合实力。构建以战略性新兴产业为引领、先进制造业为主体、现代服务业为支撑的现代产业体系。大力发展头部经济、枢纽经济、信创经济，打造"3851"产业格局，培育光电子信息、汽车及零部件、生物医药3个世界级产业集群；提升装备制造、钢材及深加工、食品烟草、能源、家电、石化、纺织服装、建材8个传统优势产业；壮大商业航天、氢能、人工智能、5G、区块链5个新兴前沿产业；加快发展工业设计、检验检测、工程设计、大数据、电子商务、工业互联网等一批现代生产性服务业。

着力增强创新策源功能，建设国家科技创新中心。突出科技创新的关键变量作用，加快推进以东湖科学城为核心的光谷科技创新大走廊建设，积极布局一批大科学装置、国家和省级实验室，打造科技创新"主引擎"。深入实施"院士专家引领高端产业发展计划"，打通产学研创新链价值链，厚植发展优势和竞争胜势。

提升市场枢纽功能水平，建设国家商贸物流中心。开拓市场空间，构建新发展格局重要枢纽。坚持扩大内需战略基点，用好"两个市场""两种资源"，加快建设国际消费中心城市，精准扩大有效投资，建设现代流通体系，全面提升对外开放水平，构筑武汉竞争发展新优势。

增强金融资源配置功能，建设区域性金融中心。加快引进和发展金融机构，优化金融生态软环境。积极引进全国性银行、证券、保险等各类金融机构来汉设立区域总部、后台服务中心；鼓励境外金融机构在汉设立代表处、分支机构。

高标准规划建设城市功能区，建设国际化大都市。高水平建设武汉东湖高新区。创建东湖综合性国家科学中心，打造产业创新高地、创新人才集聚高地、科技成果转化高地，辐射带动鄂州葛店、红莲湖等地区创新产业发展。高起点谋划武汉长江新区。探索城市化发展的新路径，打造集聚国家战略、传承长江文明、承载武汉使命的全球未来城市样板区。

提升城市品质，打造世界滨水文化名城。发挥水资源特色，构建内外联通的水系格局。推进武汉百里长江生态廊道建设，充分彰显文化魅力，加强历史文化街区、地段的保护与活化利用，打造一批历史人文景观带，提升城市形象。

提升开放水平，打造中部国际交往中心。统筹对外交往资源，强化多层次、多样化的国际功能区建设，建设一批国际教育、文化、体育、会展等重点功能区，承办国际交往活动，参与国际竞争与合作，全面提升国际化水平。

发展总部经济，提高武汉引领效能。一是强化招商引资，全方位培育企业总部机构。在对象上，聚焦全球经济、产业前沿，遵循"建链、延链、补链、强链"的原则，围绕光芯屏端网、大健康、航空航天、汽车制造等支柱产业，高水平策划一批总部招商项目，积极引进相关领域头部企业。在层次上，重点招引世界500强、中国500强、中国民营500强、大型央企、行业领军企业在汉设立地区总部及投资中心、运营中心、结算中心、采购中心等功能型机构。在工作方式上，深挖楚商、校友等名人资源潜力，深入实施名人招商、以商招商、校友招商，主动承接转移，把外面的企业总部引进武汉。二是加强企业培育，推动本土企业提升能级。鼓励本土企业"走出去"。夯实城市的软硬件基础，让武汉优势企业真正扎根、发展壮大，并鼓励其到全省、全国乃至全球设立分支机构或制造基地，使其逐渐成长为跨区域经营的大企业集团。加强总部后备企业培育。遴选储备一批总部后备企业，强化"独角兽""瞪羚"企业、隐形冠军企业、专精特新企业及各类上市企业的跟踪服务，帮助企业尽快成长壮大为总部企业。加强跟踪服务争取力度。积极对接在汉总部企业，引导企业加大在汉投资，鼓励在汉区域型总部提升总部能级。同时，瞄准跨国公司、央企、行业龙头企业在汉开设的分公司、办事处，引导"分改子、子升总"，使其逐步成为具有决策、投资、结算、研发、采购等高端职能的综合型总部或功能型总部。三是注重协同合作，促进区域发展的良性互动。加强总部聚集区建设。强化规划引导，明确区域产业定位，将中心城区及三大国家级开发区作为总部经济发展的重要阵地，推动重大项目与产业布局精准匹配、快速落地见效，实现错位竞争、有序发展，形成总部经济发展强有力的产业依托。强化辐射带动作用。充分发挥武汉"一主引领"的作用，引导武汉优势企业率先在省内周边城市设立生产基地、销售中心等，辐射带动武汉城市圈协同发展。加强省内企业间合作。结合武汉城市圈各城市发展实际，鼓励武汉优势企业采取并购、重组等方式，与城市圈各城市产业链关联企业合作成立企业集团，进一步提升我省企业的市场竞争力。四是提升服务效能，着力营造良好的总部经济发展环境。加快政府职能转变。深入推进商事制度改革，推进企业登记注册电子化建设和"一站式"服务，提升政府办事效率，积极建设公共服务型政府。推进"法治武汉"建设。加强法规制度环境建设，提供稳定安全的社会大环境，同时进一步规范市场经济秩序，优化社会诚信环境，为跨国公司的入驻营造公平合理的市场环境。构建专业化服务体系。加快与国际惯例接轨，积极引进法律、会计、咨询、培训、知识产权等各类国际专业服务机构，提升总部企业商务服务能力和服务水平。

（2）以武汉都市圈为重点，构建同城化发展格局。

科学划定武汉都市圈。以 1 小时交通通勤距离为基础（60—80 公里半径），以武汉市为核心，打破行政边界，将鄂州、黄冈、黄石、孝感、咸宁、仙桃等的部分地区划入武汉都市圈范围。

功能一体，将都市圈打造为武汉国家中心城市功能疏解的主要承载区。遵循都市圈功能布局圈层规律，统筹布局武汉国家中心城市金融贸易、科技创新、物流枢纽、智能制造、文化休闲五类核心功能。金融贸易功能以武汉主城区为核心，布局在 15 公里圈层；科技创新功能以武汉光谷、鄂州葛店、咸宁梓山湖为核心，布局在 60 公里圈层；物流枢纽功能以鄂州葛店、武汉经开、武汉阳逻、武汉天河为核心，布局在 30—60 公里圈层；智能制造功能以武汉四大制造板块及大冶、仙桃制造业板块为核心，布局在 30—80 公里圈层；文化休闲功能以黄陂、孝昌、黄石、咸宁为核心，布局在 80 公里圈层。构建同城化发展的大武汉都市圈。

空间统筹，将都市圈打造为自然资源节约集约高效利用引领区。控制武汉市新增建设用地，加大存量用地挖潜力度，合理开发利用城市地下空间资源，破解武汉市建设空间紧约束的问题；新增建设用地指标适当向武汉邻近县市倾斜，疏解武汉国家中心城市非核心功能，促进跳跃式、组团化空间布局。加强都市圈基础设施统筹，推动生态环境共建共治，促进武汉邻近地区同城化发展。

（3）加强城市间的协作，提升武汉城市圈区域一体化水平。

以培育头部经济和拉长产业链促进产业分工协作。借鉴上海市引进特斯拉经验，加快引进培育更多龙头企业，在城市圈内形成"总部在武汉，生产在外围"的总部经济发展模式，从而带动相关配套产业发展。构建紧密协作的产业发展走廊，提升产业链、供应链现代化水平。依托汉十汽车制造产业聚集带，打造武孝先进装备制造走廊；依托光谷科技创新大走廊、长江黄金水道、鄂州花湖国际机场，打造武鄂黄黄科创及物流走廊；依托沿江经济带传统工业及品牌农业优势，打造武仙潜天传统制造及农业现代化走廊；依托梁子湖、斧头湖等特色生态资源优势，打造武咸生态休闲走廊。协调城市圈内各城市优势产业错位发展，提升产业综合竞争实力。基于城市圈内各城市的职能定位，进一步优化调整其产业主导方向，形成分工协作的产业发展环境；突出区域次级综合服务功能，重点加强先进制造、现代物流、旅游服务等特色产业的发展，辐射带动周边地区的发展，将发展动能传递至全省。

以交通设施网络化建设推进高效多式联运体系建设。统筹"三枢纽"建设，完善综合交通网络体系。将武汉天河国际机场建设成为中部地区国际航空门户枢纽，鄂州花湖国际机场建设成为世界级货运枢纽机场，武汉新港建设成为中部地区枢纽港。以武汉为核心，打造"三环三横两纵"的复合交通廊道，构建新时期适应经济社会发展的集疏运综合交通体系，大力探索发展具有"新基建"特征的数字交通体系，充分发挥"铁水公空"综合交通枢纽优势。构建分层差异的交通组织模式。形成武汉市域以城市轨道为主、武汉城市圈以城际铁路及市郊快轨为主、武汉城市圈以城际铁路及高铁为主的差异化交通组织方式。

依托优越的自然本底构建安全和谐的生态保护格局。以长江为生态联系带，以大别山、幕阜山、大洪山为生态屏障，以梁子湖、洪湖等六大集聚型湖泊为水生态蓝核，连通汉江、汉北河等十条河流水体，构建"一带三屏六核十廊"的生态安全格局，形成多线多点、网状渗透的区域生态支撑体系。

以设施共建共享提升公共服务品质。推动教育设施向重点地区扩散。围绕鄂州、黄石、黄冈等创新发展重点区域开办分校，推动高教资源成果转化，促进高教资源扩散，提升城市圈整体科技创新水平。推进重大医疗设施建设，提升区域整体医疗水平。依托城市圈内四个重大疫情救治基地建设，推动医疗资源共享共建，支持开展多层次多模式合作办医，提升落后地区医疗水平。推动文化设施共建共享，提升文化软实力。依托汉剧、黄梅戏等多元历史民俗资源，加快城市圈文化资源服务网络化建设，推进文化传播与共享。积极推动重大赛事联合承办、重大场馆合作共建，实现文化事业共同繁荣。

2. 发挥武汉城市圈辐射带动作用，引领湖北高质量发展。

(1)发挥枢纽区位优势，引领打造对外开放新高地。

主动融入双循环新发展格局。依托武汉城市圈区位和"铁水公空"立体综合交通优势，强化向东、向海经济，主动对接长三角，扩大国内国际市场，助力湖北成为高水平开放型经济发展枢纽。加快融入全国双循环新发展格局，努力将湖北打造成为国内大循环的重要节点和国内国际双循环的战略链接。

强化枢纽经济带动作用。围绕武汉天河国际机场、鄂州花湖国际机场及武汉新港等大型交通枢纽，布局会议会展、现代物流、商业贸易设施，强化枢纽经济功能，引领构建服务全省、辐射全国的对外开放高地。

(2)发挥科技研发优势，引领打造全国创新高地。

引导科教资源省内流动。依托武汉高校资源优势，以光谷科技创新大走廊为抓手，主动谋划大学和科研院校在省内重点地区设立校区和分支机构，深化产学研合作，推动"襄十随神""宜荆荆恩"城市群创新功能融合，依托比较优势打造区域性创新高地。

促进科教优势转化为发展优势。立足武汉建设国家科技创新中心，以武汉城市圈内重大创新平台为支撑，保障科技创新空间供给，使湖北科教优势有效转化为发展优势，构建融通协作的区域创新共同体。

(3)发挥同频共振效应，引领"两翼"城市群联动发展。

空间统筹，强化"一主两翼"区域规划对接。落实全省国土空间规划要求，修编武汉城市圈区域规划，编制"两翼"城市群区域规划，促进"一主两翼"区域交通、产业、空间、生态等方面的规划衔接，深化"一主两翼"区域一体化发展。

产业互补，促进一体化发展布局。立足武汉总部经济、科技创新、商贸物流等生产性服务业集聚的优势，依托产业内在联系和城市圈内产业分工协作，辐射带动襄十随发展廊道建设成为以汽车制造、高端装备制造等为主导产业的绿色发展和制造业高质量发展产业带；辐射带动宜荆荆恩沿江发展廊道建设成为以大旅游、大数据、大物流等为主导产业的绿色和创新发展产业带。

交通互联，促进新型城镇化发展。科学谋划高效时空交通圈，补齐武汉至省内部分中心城市的交通短板，加快推进武汉串联荆州、荆门的高速铁路建设。进一步织密武汉至"两翼"中心城市高速路网，实现1—2小时高效交通圈，引领襄阳、宜昌建成全国性综合交通枢纽。以武汉城市圈为核心，优化省域城镇发展格局，辐射带动汉随襄十、汉荆宜城镇发展走廊的发展，形成集聚交通、设施、产业等要素的高质高效产业走廊和发展示范带，支撑构建湖北省域"一主引领、两翼驱动、全域协同"的区域发展布局。

协作共赢，强化重点临界地区示范带动。以武汉城市圈为龙头，向西打造由洪湖、监利、京山和广水四个观察员城市组成的扇面协作示范区，增强武汉城市圈在交通、产业、空间、生态等方面对"两翼"城市群的带动作用。

典型案例：加快发展总部经济　提升"一主引领"效能
——关于武汉总部经济发展情况的调研报告①

总部经济是国际分工的高端环节，具有知识含量高、产业关联度强、集聚辐射作用大、税收贡献大等特点，已成为城市竞争力和现代化水平的重要标志。为深入了解武汉总部经济发展情况，研究推动武汉总部经济发展，提升武汉城市能级和其在我省区域发展布局中的"一主引领"效能，调研组开展专题调研，形成报告如下。

---

① 本案例为笔者主笔的调研报告，作者王皖君、王永胜，写于2020年。

一、武汉总部经济发展现状及问题

近年来，武汉市委、市政府高度重视总部经济发展，全市总部经济发展能级不断提升。

(一)对总部企业的吸引力不断增强，但发展基础有待进一步夯实

"十三五"以来，武汉市经济社会取得长足发展。2019年全市GDP完成16223.2亿元(见图1)；在遭受疫情重创的情况下，2020年全市GDP完成1.56万亿元，经济总量稳居全国城市前十。随着城市经济社会的快速发展，武汉对世界500强企业、跨国公司等的吸引力逐步增强。2019年，在汉投资的世界500强企业累计达300家。2019年，武汉市实际利用外资达123.09亿美元，仅低于北京、上海，居19个副省级以上城市第3位。

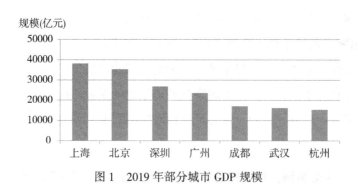

图1　2019年部分城市GDP规模

但在19个副省级以上城市中，武汉GDP总量处于中游水平，同时，武汉地处中部内陆，出口创汇能力较弱，2019年武汉进出口总额达2440.2亿元(见图2)，居19个副省级以上城市第15位。总体来看，武汉经济实力与一线城市相比仍有较大差距，城市经济外向度相对较低，发展基础还不牢固，整体经济实力还需进一步提升。

(二)总部经济对武汉市经济的贡献不断增强，但政策引导支持力度有待提升

2018年底，武汉市出台并实施了首个支持总部经济发展政策，支持

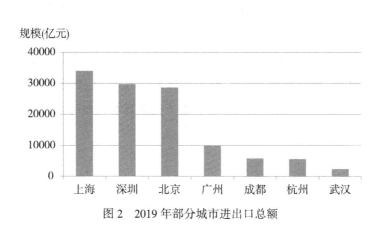

图 2 2019 年部分城市进出口总额

总部经济发展的政策环境有所优化。据不完全统计，武汉各类总部型企业(具有总—分结构特征的企业)合计 230 余家，其中，母公司设在武汉的各类 500 强企业共计 32 家(宝武集团为上海、武汉双总部，小米集团为北京、武汉双总部)，央企在汉的二级以上企业 19 家，其余本土大型企业、区域总部、第二总部在汉的合计 180 余家。2019 年武汉市总部型企业纳税总额占全部企业纳税额的 20.4%。

但由于武汉市出台实施支持政策较晚，与其他城市相比，武汉对总部经济的支持政策还存在标准偏高、力度偏弱等问题，对总部经济的引进培育力度还不够。从中国 500 强企业数量看，2019 年中国 500 强企业中武汉只有 7 家，数量偏少(见图 3)，少于成都(11 家)、杭州(23 家)、深圳(28 家)，北京的入选企业(98 家)是武汉的 14 倍。企业总部选择是否迁入与政府财政支持力度及态度的关联度较大，武汉还需进一步完善总部经济政策，增强政策的竞争力。

(三)总部经济集聚发展态势初显，但同质化竞争现象依然存在

商务楼宇是总部经济的重要载体，据不完全统计，武汉市纳税亿元以上楼宇 85 栋，其中纳税 10 亿元以上楼宇 8 栋，纳税 1 亿—10 亿元的楼宇 77 栋。从分布情况看，江岸区、江汉区和武昌区商务楼宇发展较好，三

个区合计有 60 栋亿元以上楼宇，这 60 栋楼宇主要集中在长江沿岸，以及建设大道金十字区域和中南—中北路一线。

但武汉市总部经济发展同质化竞争现象仍然存在，各区在总部企业招引中的"内耗"现象时有发生。武汉市较为成熟的 21 个总部经济集聚区中，有 5 个集聚区以金融业为主导，重点商务区功能相近或同质化现象较为突出。

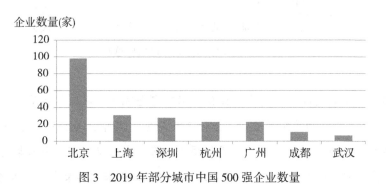

图 3　2019 年部分城市中国 500 强企业数量

二、对推动武汉加快发展总部经济的几点建议

(一)强化招商引资，全方位发展企业总部机构

在对象上，聚焦全球经济、产业前沿，遵循"建链、延链、补链、强链"的原则，围绕光芯屏端网、大健康、航空航天、汽车制造等支柱产业，高水平策划一批总部招商项目，积极引进相关领域头部企业。在层次上，重点招引世界 500 强、中国 500 强、中国民营 500 强、大型央企、行业领军企业在汉设立地区总部及投资中心、运营中心、结算中心、采购中心等功能型机构。在工作方式上，深挖楚商、校友等名人资源潜力，深入实施名人招商、以商招商、校友招商，主动承接转移，把外面的企业总部引进武汉。

(二)加强企业培育，推动本土企业提升能级

一是鼓励本土企业"走出去"。夯实城市的软硬件基础，让武汉优势

企业真正扎根、发展壮大，并鼓励其到全省、全国乃至全球设立分支机构或制造基地，使其逐渐成长为跨区域经营的大企业集团。二是加强总部后备企业培育。遴选储备一批总部后备企业，强化"独角兽""瞪羚"企业、隐形冠军企业、专精特新企业及各类上市企业的跟踪服务，帮助企业尽快成长壮大为总部企业。三是加强跟踪服务争取力度。积极对接在汉总部企业，引导企业加大在汉投资，鼓励在汉区域型总部提升总部能级。同时，瞄准跨国公司、央企、行业龙头企业在汉开设的分公司、办事处，引导"分改子、子升总"，使其逐步成为具有决策、投资、结算、研发、采购等高端职能的综合型总部或功能型总部。

（三）注重协同合作，促进区域发展的良性互动

一是加强总部聚集区建设。强化规划引导，明确区域产业定位，将中心城区及三大国家级开发区作为总部经济发展的重要阵地，推动重大项目与产业布局精准匹配、快速落地见效，实现错位竞争、有序发展，形成总部经济发展强有力的产业依托。二是强化辐射带动作用。充分发挥武汉"一主引领"的作用，引导武汉优势企业率先在省内周边城市设立生产基地、销售中心等，辐射带动武汉城市圈协同发展。三是加强省内企业间合作。结合武汉城市圈各城市发展实际，鼓励武汉优势企业采取并购、重组等方式，与城市圈各城市产业链关联企业合作成立企业集团，进一步提升我省企业的市场竞争力。

（四）提升服务效能，着力营造良好的总部经济发展环境

一是加快政府职能转变。深入推进商事制度改革，推进企业登记注册电子化建设和"一站式"服务，提升政府办事效率，积极建设公共服务型政府。二是推进"法治武汉"建设。加强法规制度环境建设，提供稳定安全的社会大环境，同时进一步规范市场经济秩序，优化社会诚信环境，为跨国公司的入驻营造公平合理的市场环境。三是构建专业化服务体系。加快与国际惯例接轨，积极引进法律、会计、咨询、培训、知识产权等各类国际专业服务机构，提升总部企业商务服务能力和服务水平。

三、打造"南北雁阵"的襄阳、宜荆荆都市圈

省委、省政府提出了"两翼驱动"的理念，省第十二次党代会精神要求我们大力发展襄阳都市圈和宜荆荆都市圈。以襄阳都市圈辐射带动"襄十随神"城市群发展，支持宜昌打造联结长江中上游、辐射江汉平原的省域副中心城市。我省要实现"建成支点、走在前列、谱写新篇"的目标，应以国土空间为载体，以区域协同为主线，加强"南北雁阵"襄阳、宜荆荆都市圈建设，发挥辐射带动作用，由点及面、连线成片，推动"襄十随神"和"宜荆荆恩"城市群"两翼"齐飞，打造"南北雁阵"成为高质量发展的新增长极。

(一)"两翼"基本情况

截至 2022 年年底，以襄阳都市圈、宜荆荆都市圈为核心，辐射"两翼"城市群的区域共包含 7 个地级市、1 个林区，总面积 127970.48 平方公里，占湖北省总面积 185938.66 平方公里的 68.82%；GDP 总值占湖北省 GDP 总值的 40% 左右；常住人口总量 2576.52 万人，占湖北省常住人口总量 5844 万人的 44%。[①]

(二)"两翼"齐飞的现实基础

1. "两翼"都市圈中心城市初步具备辐射引领动能。

襄阳已成为汉江生态经济带首位城市。截至 2019 年年末，襄阳常住总人口 568 万人，占全省常住人口的 9.6%，城镇化率 61.7%；GDP 总量 4813 亿元，为全省第 2，占全省 GDP 总量的 10.5%，同比增长 7.9%，人均 GDP8.5万元。2010 年至 2019 年，襄阳在全国城市的 GDP 排名从第 75 位提升到第 46位，上升了 29 位。宜昌已成为长江中上游区域中心城市。截至 2019 年年末，宜昌常住总人口 414 万人，占全省常住人口的 7%，城镇化率 60.9%；GDP 总

---

① 原始数据来自湖北省统计局报告。

量 4461 亿元，为全省第 3，占全省 GDP 总量的 9.7%，同比增长 8.1%，人均 GDP10.8 万元。2010 年至 2019 年，宜昌在全国城市的 GDP 排名从第 73 位提升到第 51 位，上升了 22 位。[①]

2. "两翼"城市群已初步形成点轴式空间格局。

"两翼"都市圈 40.8% 的建设用地集中分布于中心城市的主城区 40 公里半径范围内，37.2% 的建设用地分布于汉十高速、沪汉蓉高速等重要交通廊道沿线的 20 公里范围内。"两翼"都市圈已初步形成点轴式空间格局，吸引人口、产业向轴线两侧的城镇集聚。

3. "两翼"城市群已初步形成特色产业和产业集聚区。

"两翼"是我省工业的重要承载区，现状产业结构为 11∶44∶45，二产增加值占全省的 42%。"襄十随神"城市群的汽车产业在全省、全国产业格局中的地位举足轻重。其中，襄阳、十堰、随州的汽车制造业产值占全省的 45.8%，神农架旅游产业优势突出。"宜荆荆恩"城市群的主要支柱产业为化工、食品、装备制造、再生资源利用等。其中，宜昌、荆州、荆门的化学原料和化学制品制造业产值占全省的 43.6%，恩施薯类、茶叶等富硒特色农产品产量居全省首位。空间上已初步形成武汉—荆门—襄阳—十堰走廊和环宜昌集聚区。

4. "两翼"城市群已初步显现交通网络化格局。

襄阳和宜昌已成为我国"十横十纵"运输大通道的重要交会点，已分别建成襄阳东津综合换乘中心、宜昌东站物流中心等综合客货运枢纽。高速铁路网已基本覆盖"两翼"所有地区(荆门除外)。高速公路网已基本连通"两翼"所有市县(神农架除外)。内河航运已初具规模，形成长江、汉江、江汉运河八百公里"高等级航道圈"，建有宜昌港云池港区、荆州港盐卡港区等现代化港区。机场群初步形成，包括襄阳刘集机场、宜昌三峡机场、恩施许家坪机场、神农架红坪机场、十堰武当山机场、随州厉山机场、荆门漳河机场、荆州沙市机场。

---

① 原始数据来自襄阳市、宜昌市统计局报告。

5. "两翼"都市圈生态地位凸显、历史文化底蕴深厚。

"两翼"生态保护极重要区面积 3.24 万平方公里，占全省极重要区面积的 78.97%，主要分布在鄂西北秦巴山区、鄂西南武陵山区、三峡库区等。"两翼"共划定生态红线 3.06 万平方公里，占全省红线的 77.9%。"两翼"都市圈的历史文化资源丰富，包括炎帝神农文化、楚国文化、三国文化、长江三峡文化、清江巴土文化等，有利于文化赋能生态空间。

(三)"两翼"齐飞的实现路径

以中心城市为引领，以多向扇面为目标，以产业优化为重点，以高效时空交通网络为支撑，以资源要素空间统筹规划为主线，全面提升驱动力，助推"两翼驱动"战略的实施。

1. 强心育极，提升中心引领的驱动力。

未来，"两翼"应顺应城市群发展规律，促进核心城市极化发展，做大做强襄阳、宜昌两市。

一是做大城市规模，着力打造襄阳和宜昌都市区。打破县域行政壁垒，以区域融合为手段，增强中心城市的集聚力。通过时空距离法(中心城市 1 小时交通圈覆盖区)、企业关联法(经济联系度)、人口流动法(通勤人口)等叠加分析，识别"朋友圈"，科学划定襄阳、宜昌未来一体化发展的都市区范围。其中，以襄阳市区为核心，跨行政边界纳入宜城市、枣阳市、老河口市、谷城县、南漳县的部分乡镇，打造襄阳都市区；以宜昌市区的猇亭区、点军区、夷陵区为核心，跨行政边界纳入当阳市、枝江市、宜都市、秭归县、长阳土家族自治县的部分乡镇，打造宜昌都市区。

二是做强城市功能，提升资源整合和辐射带动能力。推进襄阳由汉江生态经济带首位城市跃升为汉江流域中心城市。依托襄阳市"铁水公空"优势区位，提升多式联运水平，打造全国性综合交通枢纽；加快推进汽车、装备制造业、文化旅游等优势产业发展，提升区域综合服务水平，打造国家重要的先进制造业基地、汉江流域综合服务中心、宜居宜游的国家历史文化名城，辐射带动十堰市、随州市及周边其他城市的发展。推进宜昌由长江中上游中心城市跃升为长江经济带区域中心城市。依托三峡旅游名片，联动武当山、张家界、神农架、恩施等地的生态文化旅游资源，打造宜昌为国际著名的风景名胜旅游及休闲旅游目的地。加快推进产业绿色发展转型、立体交通枢纽建设、综合服务水平提升，把宜昌建设成为长江中上游的区域性经济中心、科教文化中心、交通及流通中心、重要的制造业基地，辐射带动荆州市、荆门市及周边其他城市的发展。

2. 抱团协作，提升多扇面发展的驱动力。

构建"两翼"城市群整体空间格局，加快驱动两翼从点轴式向扇面式发展。以襄阳、宜昌两大都市区为核心，以四大区域发展廊道为骨架，着力打造多向开放扇面的七大块状组团。

一是带状拓展，加强四大区域发展廊道引导。基于区域互联互通、交通廊道对接、经济人口关联等各类要素的叠加，构建四大区域发展廊道。依托襄荆高速、207国道，打造"襄荆宜"两翼联动发展廊道，串联襄阳、荆门、宜昌和沿线城镇，向北联动河南南阳，向南联动湖南常德。依托汉十高速和高铁，打造"襄十随"先进制造业发展廊道，串联襄阳、十堰、随州和沿线城镇，向西联动陕西商洛、安康，向东对接武汉城市圈。依托沪渝高速、沪蓉高速、318国道、长江航道和汉宜铁路，打造沿江创新发展廊道，串联荆州、宜昌、恩施和沿线城镇，向西联动重庆万州，向东对接武汉城市圈。加快推进十宜高速和高铁建设，打造"十宜"生态旅游发展廊道，串联十堰、神农架、宜昌和沿线城镇，向北联动西安，向南联动张家界。

二是块状组团协作，构建多向扇面发展新格局。按照"块状组团、扇面发展"的思路，推进构建七大块状组团。立足荆州、荆门、随州的产业基础，加强与武汉城市圈在制造业、农业、创新产业上的协作，构建向东组团。立足荆州区位，深化与湖南常德、益阳、岳阳合作共建洞庭湖生态经济圈，构建向南组团。立足恩施、神农架，深化与重庆东部的文化旅游合作，构建向西南组团。立足十堰，深化与陕西商洛、安康的文化旅游合作，构建向西北组团。立足襄阳、随州，深化与河南南阳在农产品加工、智能装备、生物医药、文化旅游等产业上的合作，构建向北组团。"两翼"城市群内部，立足襄阳、随州、荆门，加强在汽车零部件制造、装备制造、农产品加工等产业上的合作，构建沿汉江组团。立足宜昌、荆州、荆门，加强在科技研发、化工、装备制造、文化旅游等产业上的协作，构建沿长江组团。

3. 固本培优，提升产业协同的驱动力。

增强城市群发展内生动力，着力引导创新、优势、特色三大产业集群化发展。

一是强化创新产业发展，着力培育高端引领性产业。"两翼"应加强科技教育基础设施建设。积极谋划新建湖北航空学院等省级专业型高校，提升"两翼"区域大学办学水平和影响力。加强区域科研创新平台建设，围绕化工、汽车、信息技术等重点产业，建设若干开放型重大科研设施、科技创新平台，加强与高校、优秀科研院所、企业等合作。

二是强化优势产业发展，加快产业提档升级。立足"两翼"城市群不同的职能特征和产业优势，优化产业布局，强化优势产业集群化发展。着力打造"襄十随神"绿色和制造业高质量发展产业带。推进"襄十随"上下游产业链闭环建设，大力发展汽车制造、高端装备制造、信息技术、有机食品、文化旅游等产业；支持神农架全域生态文化旅游建设。深化襄阳与十堰在智能装备制造方面的合作，襄阳与随州在农副产品加工方面的合作，襄阳、十堰与神农架在文化旅游方面的合作。着力打造"宜荆荆恩"绿色和创新发展产业带。推进"宜荆荆"城市群基础设施、产业布局、区域市场等一体化建设，聚焦发展大制造、大旅游、大数据、大物流四大产业；支持恩施发展清洁能源、硒食品精深加工和生态文化旅游产业。深化宜昌和荆州在酒饮制造，宜昌和荆门在煤炭开采，荆州和荆门在纺织服装、农副食品等方面的合作，取长补短；深化宜昌和恩施在生态文化旅游方面的合作。

三是强化特色文旅产业发展，建设荆楚特色区。探索"两山"理念在"两翼"区域的转化实现路径，不断挖掘金山银山"价值"，变生态要素为生产要素、生态优势为发展优势。坚持文化赋能生态空间和区域文化旅游一体化发展，以"一江两山"为龙头，以长江三峡观光度假旅游区，武当山文化遗产旅游区，神农架原始生态旅游区，清江土苗民俗风情旅游区，纪南城等楚文化和三国文化旅游区，大洪山历史文化旅游区为支撑，建设独具荆楚特色的魅力区域。

4. 内引外联，提升交通支撑的驱动力。

科学规划高效时空交通圈，完善多式联运的集疏运体系，形成辐射中部、沟通各大重要经济区、联通国际的综合交通运输新格局，确保"两翼"城市群"展翼"。

一是依托轨道交通，打造1—2小时高效时空圈。建设"两翼"城际交通网络，实现核心城市襄阳与宜昌之间、核心城市与周边节点城市之间1小时通达的目标；其他城镇化地区实现节点城市与周边城镇1—2小时通达的目标。推进关键节点和重要路段的建设，完善对接南北方向呼南（襄荆宜通道）、蒙华、随岳、十宜及东西方向襄（阳）信（阳）高铁联络线、沿江高铁等综合交通运输大通道，沟通"两翼"与长三角、成渝、中原、关中平原、长株潭等城市群，打通"两翼"区域发展大动脉。

二是依托黄金水道，打造多式联运综合流通体系。打造长江、汉江综合立体交通运输走廊，支撑长江经济带、汉江生态经济带发展。长江走廊方面，重点推进航道的系统整治，统筹港口功能布局，提升过江通道能力，完善集疏运体系。汉江走廊方面，重点推进梯级开发，提升通航能力，提升运输能力和效率。实现襄阳、宜昌建成全国性综合交通枢纽的规划目标。强化襄阳中部地区重要铁路客货中转枢纽、汉江航运中心和鄂西北物流中心等功能，强化宜昌三峡航运中转中心、公铁水跨区域联运中心、三峡物流中心等功能。

5. 差异配置，提升空间高效利用的驱动力。

按照"大保护促进大发展"总体思路，优化空间资源配置，构建"两翼"高质量国土空间开发保护格局。

一是坚持大保护优先，构建区域生态安全格局。构建"四山三江两库"为骨架的绿色生态安全格局。坚持共筑鄂西生态安全屏障，以秦巴山、武陵山、桐柏山、大洪山为重点，恢复和强化区域水源涵养、生物多样性维护、水土保持等生态功能。坚持共保三江流域水生态环境，以长江、汉江、清江为主体，以三峡库区、丹江口库区、长湖地区、洪湖地区和漳河水库为重点，着力改善水环境，修复水生态。提高防洪抗旱能力，推进流域性枢纽工程及河湖治理区、蓄滞洪区、山洪灾害重点区建设。推进海绵城市建设，尽快形成城市防洪保护圈。

二是坚持高质量的大发展，差异化配置国土资源。划定城镇开发边界。按照组团式、跳跃式发展思路，划定城镇开发边界，促进"两翼"城镇空间集约发展；预留"战略留白"空间，构建韧性空间网络。细化产业区控制线，引导企业向产业区集中布局。重点城市的工业用地比例不低于25%—30%，推进产业集约用地，实现产业空间有序集聚和产业链高效协同。探索区域差异化配置机制。落实主体功能战略，以县域为基本单元，根据城市化地区、农产品主产区和重点生态功能区的不同要求，研究生态保护红线、永久基本农田和城镇开发边界的差异化划定方案，实现国土空间高效利用。

6. 错位共起，提升接应"一主"的驱动力。

"两翼"要强化与"一主"武汉城市圈的错位发展、联合发展，全面撑起"一主引领、两翼驱动、全域协同"的全省战略格局。

一是规划对接。强化规划引领，等高对接武汉标准，编制"两翼"城市群区域规划，以洪湖、监利、京山、广水等临界地区为抓手，促进"两翼"在交通、产业、空间、生态等方面的空间规划与武汉城市圈衔接，深化空间一体化发展。

二是交通对接。加快建设宜昌—武汉高速铁路，串联荆州、荆门沿线城市，打造"两翼"中心城市至武汉1—2小时高效交通圈。延伸武汉城市圈西向的汉孝、汉仙城际铁路至随州、荆门、荆州等城市，进一步织密宜昌—武汉、襄阳—武汉高速路网，构建"一主两翼"复合交通网，全面促进汉十、沿江两大核心发展廊道衔接，提升区域交通一体化水平。

三是产业对接。一方面，"两翼"要借助"一主"在区位条件、产业实力、科教优势、市场体系、国际开放方面的巨大优势，主动向武汉靠拢、为自身的发展寻找外力，进一步优化与"一主"的产业分工和空间布局。"襄十随"要主动对接汉孝汽车产业，共建万亿汽车走廊，强化产业对接。"宜荆荆"要主动承接武汉信息技术、生命健康、装备制造等产业，构建高端产业全产业链，实现双向转移。另一方面，"两翼"更要充分发挥自身文化、生态资源的优势，与武汉城市圈共建"灵秀荆楚、人文荆楚、魅力荆楚"的生态旅游体系；统筹优化江汉平原农业发展，深度推进江汉平原区等重点农业区种植业的结构调整，与武汉城市圈共保中部粮食安全。

四是人智对接。主动联系武汉的大学和科研院校，让其在襄阳、宜昌设立校区和分支机构；积极开展多维引才，深化产学研合作，推进智力成果在生产制造上的转化。加强与高校、优秀科研院所、企业等合作。

7. 打造我省首个全国百强县域聚集区"当枝松东宜"，促进宜荆荆都市圈县域融合发展。①

为全面落实省第十二次党代会大力发展宜荆荆都市圈区域发展布局和宜昌市委七届三次全会及荆州市委、荆门市委关于推进宜荆荆都市圈发展的相关会议部署要求，当阳市、枝江市、松滋市、东宝区、宜都市联合成立了"当枝松东宜"区域发展联盟，共同打造县域融合发展示范区。为加快推进"当枝松东宜"县域融合发展，根据《湖北省流域综合治理和统筹发展规划纲要》《宜荆荆都市圈发展规划》及《宜荆荆都市圈建设基本要求》，提出相关发展建议。

（1）推进交通设施互联互通。

一是共建"当枝松东宜"半小时通勤圈。发挥"当枝松东宜"地处宜荆荆都市圈第二圈层通勤圈的重要功能，推进宜荆荆都市圈示范型交通建设，共建"当枝松东宜"半小时通勤圈。高效推进链接"当枝松东宜"的大动脉当枝松高速（含枝江百里洲长江大桥）建设，打通长江百里洲孤岛，推动当枝松高速南延至石门接安慈高速，将当枝松高速打造成呼北高速和二广高速的纵向加密线。启动红花套过江通道及高速公路连接线建设，推动宜都长江大桥非机动车道建设，谋划建设枝城长江公铁两用大桥及其接线、姚家港过江通道，串联松滋临港工业园、姚家港工业园，全面对接宜昌东部未来城。优化区域内高速公路网络，加快武天宜高速东宝至当阳段、武松高速江陵至松滋段（含观音寺长江大桥）、宜来高速、呼北高速宜都至鄂湘界段、沪渝高速瓶颈路段扩容改造

---

① 摘自《宜荆荆都市圈"当枝松东宜"县域融合发展三年行动方案（2023—2025）》。

等项目建设。强化"当枝松东宜"城市及沿线城镇的快速连接，推动跨江、毗邻地区交通成网成环。持续实施干线公路养护品质提升工程，全面提升"当枝松东宜"国省干线公路通行环境。

二是共建宜荆荆都市圈 1 小时交通圈。发挥"当枝松东宜"地处宜荆荆都市圈第二圈层辐射带动的重要功能，推进宜荆荆都市圈畅通型交通建设，共建宜荆荆都市圈 1 小时交通圈。推进"当枝松东宜"干线路网联通，构建一体衔接的城际交通网。谋划推动"当枝松东宜"国省道及绕城绕镇公路等一批跨县市交通项目建设。完善区域公路干线网络，加快打通断头路、畅通瓶颈路工程。加强江城大道通车质量管理，加快 S254 宜都红花套绕镇段、清江三桥及接线段的项目建设，打造宜都主城至宜昌主城 30 分钟快速通道，使其主动融入宜昌主城区；启动 G348 当阳至夷陵区段改造、G318 枝江董市镇至猇亭段改建，畅通区域西向与宜昌主城区的衔接。加快 G348 谢花桥至当阳城区段改造，畅通区域北向与荆门主城区的衔接；完善 G318、S322 改造升级，畅通区域东向与荆州主城区的衔接。高效推进沿江高铁宜昌至涪陵段、当阳至荆门段、荆门至荆州铁路的建设，联合推进宜昌至石门(常德)铁路、荆荆铁路跨江南延项目。统筹谋划宜荆荆都市圈市域(郊)铁路在"当枝松东宜"规划建设，协同推进市域铁路 R1 线(宜昌东—三峡机场—枝江)、市域铁路 R2 线(三峡机场—宜都)、市域铁路 R5 线(宜昌东—宜昌北—当阳)、市域铁路 R6 线(远安—旧县—当阳)建设。

三是共建通江达海大通道。发挥宜荆荆都市圈"当枝松东宜"区域交通枢纽衔接辐射带动作用，推进宜荆荆都市圈开放型交通建设，共建宜荆荆都市圈通江达海大通道。谋划在荆门—宜昌—柳州—北部湾"江铁海"中部陆海新通道、汉江—江汉运河—长江—松西河—湘江南北水运新通道中实现"当枝松东宜"公水、公铁、公航无缝衔接，完善多式联运体系。进一步完善和优化港口功能，新建松滋车阳河危险化学品专用码头和液体危化品储存罐区。启动枝江通用航空机场建设，加快谋划宜都、松滋通用机场建设。推进枝城区域铁路专用线、松滋车阳河港铁路专用线建设。推进焦柳铁路枝城站、枝江站升级改造，推动松宜铁路改造、红花套疏港铁路建设。推进江南翻坝铁路、白洋疏港铁路、七星台疏港铁路直达港区，推动焦柳铁路坝陵化工园区南延至姚家港。优化重载滚装运输、港口船舶调度信息系统，加快港口信息化平台建设，实现多种运输方式无缝衔接，联合申报国家和省级多式联运示范工程。充分发挥焦柳铁路贯通"当枝松东宜"区域的铁路大动脉优势，加快浩吉铁路荆门北公铁水联运物流园、当阳江山贝尔水公铁联运物流园、焦柳铁路枝江站综合物流园、枝城现代仓储物流园、红花套现代物流产业园、松滋市港铁物流园等基础设施建设。实现前港后园、融入"江海铁"中西部新通道体系，大力推进公水铁联运货物出口。

（2）推动重点产业互融共进。

一是打造世界级动力电池产业集群。充分发挥"当枝松东宜"现代磷化工和传统制造优势，加快发展磷系新能源材料，推动新能源电池向动力总成、高端装备制造全面升级进步。加快推进三宁化工磷矿管道输送项目前期工作，尽快实现磷矿资源通过管道从远安采矿区直达化工园区。推进兴发集团—华友钴业磷酸铁锂、天赐材料（宜昌）磷酸铁锂、东阳光低碳高端电池铝箔及相关材料、新宙邦电解液、山东海科新能源电解液溶剂、铜化集团新能源新材料、史丹利新能源材料前驱体磷酸铁及配套、云图磷矿资源综合利用生产新能源材料、宁德时代邦普一体化新能源产业的项目建设，共同打造全球动力电池储能正极材料产能基地。加快推进新成高端石墨负极材料、上海冠毓新材料碳纳米管导电剂、江升新材料锂离子动力电池隔膜的项目建设，联合亿纬锂能、楚能新能源等业内领军企业打造全球动力电池储能负极材料和隔膜材料产能基地。推动锂电产业由材料向电池跃进，共同打造世界级动力电池产业集群，形成宜荆荆都市圈最具比较优势和资源禀赋的产业集群。

二是打造现代化工产业链、供应链高地。推进宜都化工园、枝江姚家港化工园、松滋临港工业园、当阳坝陵化工园、东宝化工循环产业园五园融合，支持创新驱动引领，持续招大引强，不断增强现代化工产业链、供应链的强度和韧性。以五大园区为策源地，以全国精细磷化中心建设为引领，完善现代化工产业链，联合宜荆荆24家化工园区共同构建世界级现代化工产业带。借助浩吉铁路北煤南运大通道，推进三宁化工、楚星化工、华强化工等煤化工领军企业协同发展，打造现代煤化工产业链。加快氯碱氢产品链研发，升级盐化工产业链。依托现有甲基氯硅烷技术力量和市场优势，扩展有机硅产业链。整合五大园区副产氟硅酸的资源，突破性发展以兴发集团为龙头的氟基新材料产业链。依托现有产业基础和资源优势，打造恒友化工、华阳化工等电子级、食品级化工新材料产业集群，聚集一批专精特新"小巨人"企业。合力推进五大园区工业互联网改造升级，推进园区企业数字化转型，确保到 2025 年重点领域化工企业主要生产装置自控率达到 95% 以上。

三是打造国家级大健康产业基地。提升宜都东阳光生物医药、枝江奥美医疗健康制造等领军企业在区域内的辐射带动作用，共同招引更多生物医药企业进驻各大园区。共同搭建区域生物医药企业关键技术供需对接平台，谋划区域生物医药技术创新公共服务中心，开展关键共性技术合作攻关，提升区域内行业技术创新和研发水平，推动生物医药科技成果转化与应用。依托医药龙头企业，加快创新药、仿制药、医用原料药、现代中药开发。推进具有重大临床需求的生物制品产业化，加大医疗器械开发和引进力度，形成若干创新能力较强、产业链较完整的生物医药产业集群。加强宜都东阳光 55 吨生态抚育冬虫夏草产业基地、当阳两河 3 万亩鱼腥草标准化基地、东宝 2 万亩标准化中药材种植基地、松滋卸甲坪"葛根之乡"等的产能建设。推进宜都山城水都医养融合健康城、松滋曲尺河温泉度假区、当阳刀田驿康养度假小镇、枝江金湖生态体验区、东宝圣境山滑翔小镇等区域内的大健康项目建设，推动"当枝松东宜"打造国家级大健康产业基地。

四是融入世界级旅游目的地核心文旅圈。充分发挥区域内三国文化、楚文化、长江文化等重要文化旅游资源优势，优化旅游产品布局，实现人文资源与自然景观互补，共同融入世界级旅游目的地核心文旅圈。加快玉泉山关陵景区、漳河风景区、沮水风景区、金湖湿地公园、青林休闲旅游区 5A 级旅游景区(国家级旅游度假区)的创建，推动"关圣文化史迹"申报世界文化遗产，推进季家湖遗址、关庙山遗址跨区联合申报考古开发，加快城背溪文化遗址开发，推动"288""238""717"等"三线"军工遗址申报国家工业遗产名录，打造区域旅游核心吸引物。加强旅游品牌形象共同推广，成立"当枝松东宜"文化旅游联盟，开展一体化宣传推介活动，实现跨区域合作开发旅游资源和旅游企业跨区域发展。以当阳关公文化旅游节、东宝圣境山飞行艺术节、枝江桃花艺术节、松滋"十大碗"美食文化节、宜都杨守敬文化旅游节等为载体，策划组织"当枝松东宜"旅游文化节、旅游展等大型区域旅游节庆活动。推动旅游宣传资料互换展示，探索实现智慧旅游服务平台的链接互动。设计推出三国文化、楚文化、长江文化跨区域旅游线路，互相组织开展青少年研学活动。兴建天龙湾水上运动赛道、沧水环湖马拉松赛道、百里洲环岛马拉松赛道，共同打造品牌 IP 赛事，形成体育赛事协调发展新格局，以体育赛事撬动旅游经济。加快促进以旅游信息咨询、旅游休闲餐饮购物、旅游投诉管理等为主要功能的旅游集散中心建设。

五是打造宜荆荆都市圈数字经济高地。实施"当枝松东宜"数字经济跃升工程，加快数字经济高地建设。联合谋划"东数西算"项目落地，统筹谋划五地大数据中心建设。推进当阳数字经济产业园、枝江仙女新经济产业园等区域内数字经济园区建设。推进数字化应用场景试点示范，探索数字产业化和产业数字化新模式新业态，促进数字经济与实体经济深度融合。协同推进"当枝松东宜"各大产业园区工业互联网建设，全面推进区域内数字化产业升级。加快数字农业发展，扩大当阳先进数字农机作业队在区域内的服务范围，推动枝江新电商产业带动区域电商产业的整体进步，推进宜都清江鲟鱼谷数字化养殖技术的全面推广。加快数字社会建设，推进"当枝松东宜"智慧城市和数字乡村建设，推动数字技术在公共服务、生活服务和社会治理领域的广泛应用和融合创新。推动"当枝松东宜"政府数字化转型，加强数据资源开放共享，实现科学化决策、精准化治理和高效化服务。加快"当枝松东宜"数据治理体系、云计算中心、城市大脑运营中心和应用系统建设，打破"当枝松东宜"县域信息壁垒，汇聚各方信息，更好服务和改善民生，提升智慧城市建设水平。提升全民数字技能，实现信息服务全覆盖。

（3）推进乡村振兴互助共兴。

一是打造绿色农业融合发展经济带。推动"当枝松东宜"共建种子种苗繁育基地，实施生物种业提升工程。发挥东宝、当阳、枝江沃野千里的优势，在长江以北集中连片推进生态化、标准化生产，建设宜荆荆都市圈优质稻米、优质油菜、淡水产品产业集群，支持"品种+企业+基地"一体化发展，推进特色粮油区域化发展和品牌创建。发挥宜都、松滋山区向平原过渡的地理优势，建设百里高效生态茶叶走廊和全国一流柑橘主产区，在长江以南共同打造柑橘和鄂西南名优茶产业集群。推动"当枝松东宜"联合举办宜荆荆农业博览会，畅通区域农产品产销渠道，共同打造长江中上游绿色农产品加工物流贸易中心，构建区域一体化农产品展销展示平台。加快食品饮料产业便捷化、即食化、成品化、功能化发展，推进白云边产业园、宜都绿色食品加工产业园、宜昌（安福寺）食品工业园、半月绿色食品加工产业园等国家、省级农产品加工园区建设，打造集农产品加工、贸易流通于一体的现代农业绿色农业融合发展经济带。

二是打造美丽乡村融合发展连绵带。统筹推进"当枝松东宜"生产空间集约高效、生活空间宜居适度、生态空间山清水秀的美丽乡村建设，共建"望得见山、看得见水、记得住乡愁"的宜荆荆都市圈美丽乡村融合发展连绵带。统筹考虑土地利用、产业发展、居民点布局、人居环境整治、生态保护和历史文化传承。结合"擦亮小城镇"建设美丽城镇行动，打造美丽宜居乡村"升级版"。统筹加强"当枝松东宜"历史风貌街区、历史文化遗迹及周边传统村落保护。推动枝江市百里洲镇与松滋市老城镇、涴市镇，枝江市问安镇与当阳市半月镇、草埠湖镇，东宝区马河镇与当阳市淯溪镇，宜都市枝城镇、松木坪镇与松滋市陈店镇、刘家场镇等的统规统建、组团发展，建成区域协同发展"桥头堡"。推进高坝洲青林谜镇、半月网红小镇、仙女吉吉网红小镇建设，打造一批区域内引流网红小镇。推动枝江、宜都、松滋依托宜都长江大桥、枝江南河大桥、枝城长江大桥、百里洲长江大桥等跨江通道，共同打造美丽乡村"跨江印象"。推动东宝、当阳、枝江依托沮漳河150公里岸线，共同打造一线串珠美丽乡村"沮漳印象"。推动宜都、松滋依托77公里长江岸线，共同打造宜荆荆都市圈美丽乡村"江南印象"。

三是打造农业及食品饮料产业知名品牌集群。推动"当枝松东宜"在乡村振兴融合发展的实践中共同打造农业及食品饮料产业知名品牌集群，推进区域融合发展的新电商带动区域内农产品及食品饮料产业的全球营销。支持白云边酒业、枝江酒业冲击世界级白酒品牌。支持土老憨、海通等知名品牌充分发挥区域龙头带动作用。支持宜都加快国家柑橘农业公园、中国宜红茶博览园、鲟鱼产业园建设，不断擦亮鲟鱼鱼子酱、冬虫夏草、宜都蜜柑、宜都宜红茶等"鲟草柑茶"特色产品名片。支持松滋擦亮"国家农产品质量安全县"金字招牌，提升"松滋鸡""松滋柑橘""八宝棉""八宝西瓜""洈水刁子鱼""松滋油茶""松滋油菜"等品牌的影响力。支持枝江以特色露地蔬菜为主沿江布局商品蔬菜基地，打造"枝江脐橙""百里洲砂梨""董市甜瓜""七星台蒜薹""枝江玛瑙米""牛味央"等农产品品牌，建立完善以"枝滋有味"县域公共品牌为引领，"公用品牌+行业品牌+自主品牌"矩阵式分布的品牌培育、发展和保护体系。支持当阳实施"长坂坡+、当阳+"双品牌战略，推广当阳大米等品牌"优质稻+绿肥""稻渔共生""一种两收"高产高效生产模式，打响"长坂坡""慈化菜""双莲荸荠""麋城藕"等蔬菜品牌，打造中国鱼腥草之乡和石榴之乡，打造凤凰山国家柑橘生态公园。支持东宝区重点打造"圣境山"区域公用品牌，着力培育"御楚堂"中药材、"七喔"番茄、"山缘"香菇、"天生源"蜂产品、"仙居"麦酱、"楚家珍"小龙虾等一批东宝特色农产品品牌。

(4)推进生态环境联保联治。

一是担当长江大保护典范城市建设主力军。推进宜都、枝江、松滋长江两岸三市实施长江高水平保护十大攻坚提升行动，强化长江生态环境突出问题整改，加快推进长江岸线生态修复。巩固非法码头治理、长江禁采工作成果，严防非法码头、非法堆砂场、非法采砂船"三非"问题反弹。落实船舶污染物"接收、转运、处置、监管"联单机制。实施长江岸线综合整治工程，严控生产岸线，增加生态岸线，稳定生活岸线。推进"当枝松东宜"全域协同抓好长江"十年禁渔"。合力实施山水林田湖草试点工程。强化清江、沮漳河、松滋河等重点支流生态环境治理，确保清水入江。严格推进漳河水库、巩河水库、洈水水库、北河水库等一级水源地生态管理。聚焦流域生态治理与生态恢复，积极争取三峡集团河湖生态修复项目投资。持续推进金湖、季家湖等湖泊生态治理和环境提升。推进区域跨界水域联合执法，全面实施水系联通工程。推动山水城田有机共生，共同担当长江大保护典范城市建设主力军。

二是打造全国磷石膏综合治理示范区。推动"当枝松东宜"磷石膏产业化治理能力全面提升，建立与三峡实验室的紧密联系，合力推动宜都化工园、枝江姚家港化工园、松滋临港工业园、当阳坝陵化工园、东宝化工循环产业园"五园同治"。聚焦技术攻关，推动中端提级。支持推广宜都兴发半水—二水先进磷酸生产工艺，完成湿法磷酸工艺优化升级。推进所有湿法磷酸生产企业配套建设磷石膏无害化处理设施，降低磷石膏中杂质含量。推进磷、硫、钙、氟、镁全元素资源综合利用，大幅降低磷石膏堆存风险。着力协同创新，扩大末端应用。联合国家级建材、固废研究机构和大型环保集团等共同发起成立磷石膏产业利用创新联盟。依托磷石膏综合利用产业协会、各类商会、龙头企业等组建"磷石膏营销联盟"，建立对接长江中下游水泥、石膏建材等产业的营销通道。推进区域内水泥厂开展磷石膏代替碳酸钙作生料的应用研究，探索磷石膏制硫酸联产水泥工艺路径。统筹建设"当枝松东宜"磷石膏信息化平台，实现磷石膏产生、流向、堆存、利用、处置等信息全程监控和可追溯、可查询。严格磷石膏库管理，精准划分区域内磷石膏库环境监管等级，定期开展地下水、下游地表水的环境监测。力争2025年建成全国有影响力的磷石膏综合治理示范区。

三是建立生态环境协同共治机制。整合"当枝松东宜"重点水域水文、水质、入河排污口、岸线、航道等监测信息，统筹建设长江生态保护综合信息平台。落实三级河湖长制，优化长江大保护环保效能110联动工作平台，建立常态化联勤联动、智能化信息互通、多元化执法互助的警务协作机制。签订流域生态环境系统联防联控及突发环境应急处理机制协议，建立跨区域流域治理联动联责体系。强化清江、沮漳河、松东河、松西河等流域水质考核，推进流域横向生态补偿机制全覆盖。制定重污染天气应急联动实施办法，统一预警启动条件、应急响应措施，共享预警预报信息。加大技防能力建设，实施区域大气污染网格化监测，完善大气复合污染综合防治体系。推进区域内PM2.5和O_3协同控制，实施"一地一策"跟踪研究和大气污染源更新及颗粒物源解析。推进"当枝松东宜"各市(区)交界处设置大气污染监测边界站，推动区域内重点管控区乡镇空气质量监测子站全覆盖，实现"精准治污、科学治霾"。

（5）推进资源要素互通共享。

一是推进国土空间规划及生产要素保障区域协同。围绕"当枝松东宜"跨区域自然资源要素保障研究制定合作机制，推进永久基本农田、耕地、林地、矿产等自然资源领域要素合理调配，形成融合发展示范区国土空间规划"一盘棋"。以当阳经济开发区、枝江经济开发区、松滋经济开发区、东宝工业园区、宜都高新技术产业园等为载体，打破行政区划限制，克服地方资源制约、规划限制，探索"飞地经济""伙伴园区"合作模式，共同谋划推进一批"布局集中、产业集聚、资源集约、功能集成"的重大项目，实现跨地区资源互补。

二是推进人力资源区域协同。建立"当枝松东宜"人力资源长效合作机制，强化就业帮扶，推进劳务协作。推动人才交流，实施劳动保障区域联动，实现区域人力资源互通共享。联合开展线上线下招聘活动，加大公共就业服务力度。加强"当枝松东宜"经营性人力资源服务，推进市场化劳务服务。加强人事考试、职业技能鉴定及技能培训的交流协作，适时互派专家参与人事考试、职称评审，实现评审专家资源库共享。发挥各地技能培训资源优势，探索建立"当枝松东宜"培训机构与企业合作机制。推进订单式、定向式培训，提升劳动者就业创业技能水平。畅通跨区域协作互认通道，注重维护新业态等从业人员合法权益，共同构建和谐稳定的劳动关系。建立"当枝松东宜"区域户籍管理协同服务机制，实现五地城区落户"零门槛"。

三是推进公共卫生、教育区域协同。推动"当枝松东宜"优质医疗资源扩容和区域均衡布局。完善综合医院、专科医院和社区卫生服务机构等医疗服务体系，促进区域内医疗卫生资源共享。推动"当枝松东宜"医疗卫生信息化建设，实现区域医疗业务应用系统互联互通和业务协同。共同打造应急医疗救治网络体系，全面提升疾病预防控制和突发公共卫生事件应对能力。支持"当枝松东宜"城市群内教育行政部门、教科研机构、各类学校开展多种形式的合作交流。支持"当枝松东宜"有条件的中小学、幼儿园和乡镇医院推进联合办学办医。统筹实施中小学教师专业能力提升行动。支持"当枝松东宜"组建职教联盟，共建共享职业技能实习实训基地。推动融合发展示范区内率先实现与产业链相配套的中高职学校紧缺专业贯通招生。

四是推动政务服务区域协同。依托省一体化在线政务服务平台，推行"当枝松东宜"跨区域通办政务服务。推动高频政务服务事项"跨域通办""多地联办"。推广普惠养老试点经验，建立统一养老服务设施建设标准和管理规范，促进养老服务资源共享。建立区域住房公积金合作机制，推动"当枝松东宜"住房公积金缴存互认互贷。探索"当枝松东宜"区域内的住房保障资格互认。消除商事主体异地迁址变更登记隐形阻碍，探索"一照多址、一证多址"企业开办经营模式，推动各类审批流程标准化和审批信息互联共享。统筹建设食品药品联动实时监控平台，推进食品安全检验检测结果互认。建立"当枝松东宜"市场监管协调机制，推动执法协作统一监管标准、实现信息共享。加快完善"当枝松东宜"信用体系，实施守信联合激励和失信联合惩戒。

四、推进"老少边"特殊地区振兴发展

(一)加快推进大别山革命老区振兴发展

以黄冈为核心，联动河南信阳、安徽六安等建设大别山革命老区核心增长极。加强大别山革命老区与武汉城市圈、中原城市群、皖江城市带的互动融合，推进开放合作平台建设，有序承接产业转移。支持广水—河南信阳，麻城和红安—河南新县—安徽金寨，随县—河南桐柏等开展旅游合作。支持革命老区县城建设和县域经济发展，促进环境卫生设施、市政公用设施、公共服务设施、产业配套设施提质增效，支持符合条件的县城建设一批产业转型升级示范园区，增强内生发展动力和服务农业农村能力。

(二)协调推进欠发达地区共同发展

支持"四屏"地区重点生态功能区县市开展跨行政区产业园区合作，发展"飞地经济"。进一步巩固拓展脱贫攻坚成果，接续推动脱贫地区发展和乡村全面振兴。支持欠发达地区依托地方历史文化、民族文化和绿色生态资源，加快特色旅游产业发展，推出一批乡村旅游重点村镇和精品线路。探索欠发达地

区生态产品价值实现路径，加快建立健全生态保护补偿机制。

为落实湖北省区域发展布局，实现高质量发展，要贯彻落实省委、省政府精神，按照共同参与、共同规划、共同认定、共同实施的思路，发挥规划统筹协调作用，科学谋划国土空间开发保护总体格局和主体功能分区，增强优势地区人口和经济承载力，统筹协调城镇、产业、公共服务、交通设施、生态保护等空间，形成优势互补、高质量发展的空间布局，充分发挥各地区比较优势，强化区域协作共进，突出核心城市带动辐射功能，强大(都市)育小(欠发达地区)，引导各类要素合理流动和高效集聚，为湖北省发展注入新活力。

典型案例：大别山脚下全面推进乡村振兴的样板
——解锁湖北罗田县燕儿谷振兴的密码①

罗田县是鄂东较早建立中国共产党组织的地区之一，先后有十多万人参军参战，3万罗田英雄儿女为新中国成立献出了宝贵生命。燕窝湾村位于大别山腹地南麓，是罗田县的一个偏远山村，因三面环山、形似燕窝而得名。过去因为穷、乱、差，被戴上了一项"厌人垸"的帽子。经过这些年的发展，燕窝湾村由过去的软弱村、涣散村、贫困村，蜕变成为远近闻名、网络知名、人才慕名的生态花园、幸福家园、梦想乐园，先后获得中国特色旅游名村、国家旅游扶贫示范村、湖北"十大示范农庄"、湖北省宜居村庄、首批省级现代农业产业园创建单位、全省文明村等荣誉称号。更是从十年前村级负债近百万元、人均收入不足1000元的深度贫困村，变成了乡村振兴样板、人均收入超过16300元的富裕村，实现了从"天赐燕窝湾"到"人造燕儿谷"的深刻转变。

一、生动实践：燕窝湾片区实现脱贫攻坚、走向乡村振兴

(一)能人帮乡亲，村民富了

十多年前，燕窝湾土生土长的京城律师事务所高级合伙人徐志新，在

---

① 本案例为笔者《是这个理》湖北省社科基金结项课题相关调研成果，项目号HBSK2022YB214，项目主持人为王皖君。

一次政府招商引资活动中深受鼓舞，经过多次回乡深入调研和思考，认为家乡山水资源丰富，文化底蕴较深，应充分利用资源禀赋，发展休闲农业和乡村旅游，将燕窝湾打造成武汉周边城市的后花园。他的规划也得到了当地政府的大力支持。为了鼓舞大批像他这样的能人回乡，当地政府配套出台了"一派两聘"的人才政策。在扎实的调研和政府的支持下，徐志新把户口迁回燕窝湾村，毅然回村担任"第一书记"，成为家乡脱贫致富带头人。有志者事竟成，破釜沉舟，百二秦关终属楚。徐志新说干就干，不惜耗费半生积蓄，创立燕儿谷生态观光农业有限公司。他拿出在大城市当律师20多年积累的财富，还先后卖掉了西安、深圳两地的5套房产，一家汽车租赁公司。从2011年到2016年，仅在生态治理和复绿增绿方面，徐志新就投入6000余万元。他总是说，"我把赚来的钱奉献给生我养我的土地，我感觉很幸福。即便我失败了，我也不是败家子，我本是一无所有从这里走出去的"。而他的女儿，美国知名大学的双硕士，现在也回到家乡，加入到振兴家乡的事业中。每每谈及最初的艰辛，他的女儿说，"那一年，爸爸的头发全白了，我要回来帮他"。现如今，燕窝湾绿化覆盖率超过90%。在一片穷山恶水之地，有能力有大爱有担当的创业人，在这里"无中生有"建起一个3A级景区。在修复绿水青山的岁月里，村民们也迎来了金山银山。2017年，燕儿谷首次跨过盈亏点，盈利100万元。2021年，燕儿谷旅游、康养及苗木园林三大产业实现总营收超过8000万元，村民年均收入超过1.6万元。"我们想通过三年的滚动发展，让老百姓年均收入突破3万元，全部吃上香喷喷的'生态饭'。"

能人回乡有大爱，思路宽阔天地新。如今的燕窝湾，树绕村庄，水满陂塘。倚东风，豪兴徜徉。小园几许，收尽春光。5000亩山水田林错落有致，260万株花卉草木掩映村中，各地游人如织，欢声笑语一片。沉寂多年的"空心村"，人气终于越来越旺，成为远近闻名的"明星村"，引得各地的市民们纷纷前来。2021年游客接待量超过38万人次，旅游综合收入过亿元。但这眼前的一切来之不易，都源自燕儿谷创业团队的千方百计。十几年来，公司在田园综合体上投入 2 亿多元，形成以休闲农业、园林建设、农副产品加工销售、观光旅游、森林康养、研学培训、非物质文化遗产传承为主体的融合业态，打造了乡愁广场、茶梅小镇、梅岭、工匠学校、森林康养步道等特色景点。现如今，燕窝湾绿化覆盖率超过 90%，真正做到了望山看水念乡愁，绿水青山变金山。村"两委"通过与燕儿谷公司联合开发打造燕儿谷景区，使集体经济有了稳定来源。群众致富有了宽广路子，村集体的腰杆挺起来了，老百姓的腰包鼓起来了。目前，村民每年通过销售竹笋、软萩粑、甜柿、腊肉、油面等特色农副产品增收 300 多万元。十年来，周边群众仅靠土地租金和工资获得收益 3800 多万元。2016 年燕窝湾村在全省率先脱贫出列，2019 年农民人均纯收入 16300 元，2021 年农民人均纯收入达到 20000 元。

经过十多年的发展，燕窝湾已经由过去的深度贫困村，蜕变成为远近闻名、网络知名、人才慕名的生态花园和梦想乐园，先后获得中国特色旅游名村、国家旅游扶贫示范村、湖北"十大示范农庄"、湖北省宜居村庄、首批省级现代农业产业园创建单位、全省文明村等荣誉称号。燕儿谷公司董事长徐志新被中共湖北省委、湖北省人民政府授予"全省脱贫攻坚先进个人"荣誉称号。乡亲们富了，燕窝湾也活了。曾经的"空心村"，处处有生机，处处有故事。

(二)强村带邻村，村村富了

目前，从燕窝湾村起始，贯穿周边郭家河村、叶家圈村、望江垴村、樊家冲村、叶家冲村和骆驼坳村，徐志新在修建一条燕儿谷百里森林康养步道。燕儿谷百里森林康养步道关系到骆驼坳镇七个村 6000 多名群众的就业创业，打造成功后将成为大别山区独具特色的首条百里森林康养步道，将成为城乡旅游者、户外活动爱好者、跑马爱好者及本地群众健康休闲、户外活动的好去处，将带动健康产业、体育产业、旅游产业与特色农业融合发展；新增就业不低于 1000 人，新增社会资本投资在 5000 万元以上。其中，各级政府、鄂旅投的支持力度达到 3000 万元，燕儿谷百里森林康养步道是燕儿谷片区产业兴旺的新引擎。2020年9月3日，燕儿谷联合党委书记徐志新在燕儿谷康养中心主持召开了燕儿谷联合党委会议，研究讨论燕儿谷国家康养基地建设与联农带农专题。七个村的委员经过充分讨论，一致同意项目建设，要齐心协力在燕儿谷的绿水青山里，继续探索金山银山之路；要把燕儿谷百里森林康养步道，建设成全体父老乡亲幸福生活的康庄大道。"经过十多年的发展，燕窝湾村现在已经成功探索出一条文旅康养加电子商务实现乡村振兴的大道。这条路通了，会让周边的村跟燕窝湾村一样，真正融入燕儿谷大康养的生态福利圈。"多年前从深圳回来的设计师李总说道。

"我们是全市的垃圾分类先进村。"郭家河的村支部书记郭仲文一脸自豪地说。时值人间四月天，成片成片的油菜花盛开在村庄的田野上，道路平整宽敞，房屋修葺一新，整个村落干干净净。"我们村是燕儿谷片区田园观光景区，和燕窝湾村一起发展乡村旅游。路宽敞了，房子也漂亮了，这些年看着村里越来越美！通过土地流转获得收入和加入燕儿谷公司务工，村民们的生活水平也提高了，各方面素质也提高了。"

"我们村是全市基层先进村，我们有一个党史博物馆，是在省委组织部驻村干部的指导下完成的，远近闻名，很多支部到我们这来学习参观过。"叶家圈的村支部书记叶新春说道。"我们的村民集中种植的小香薯，在徐总的直播间一下就卖光了，老百姓都笑得合不拢嘴！"现在小香薯在片区的叶家圈村的种植面积扩大至300多亩，使公司有了稳定的货源，农民的收入也增加了。

在燕窝湾第一书记徐志新带领村民们共同勤劳致富的感染下，周边的六个村也深受鼓舞，加入进来，分享着乡村振兴发展的红利。燕儿谷扩大生态观光旅游项目的空间范围，直接将景区西大门开到了隔壁的骆驼坳村，将土地流转、基础设施改造范围扩大到了郭家河村、叶家圈村、望江埫村、樊家冲村、叶家冲村和骆驼坳村，打造新的燕儿谷片区。六个村的村民们通过土地流转、进公司务工、把自己的农产品卖进直播间，极大地提高了家庭收入。据统计,燕儿谷片区带动土地流转面积共计8000多亩,提供固定员工和临时工岗位400多个,鼓励带动6个村新增市场主体145家,其中新建农家旅馆12家,新开农家乐44家,建设旅游观光服务站点10多处。

(三)致富念乡愁,"燕儿"归了

人才振兴是乡村振兴的重要方面。村民安居乐业,是农村地区共同富裕的重要体现。如今,燕儿谷有了旅游公司、园林绿化公司、法治论坛、工匠学校、森林康养公寓、电商助农直播基地,旅游年综合收入过亿。在疫情期间更是大力发展农村电商业务,电商平台四个月破2000万元营业额。"领头雁"徐志新和全体村民十多年来勤劳致富、砥砺前行,使得燕儿谷这些年产业活了,生活富了,生态美了,乡风好了,越来越多的外出村民选择"燕儿归巢"。这十多年来,公司通过技能培训、吸收就业,让曾经的贫困户在公司务工的收入每年人均超过1万元。"我们是做农业的,是做新农业的,即'农旅文养教'融合发展的田园综合体。我们有新农人,现在大学生都回来了,博士生、硕士生、本科生都有。"第一书记徐志新说。十多年来,480多人返乡就业创业,其中大学生28名,退伍军人39名,退休干部和专业技术人员23名。还引来了"金凤凰",7名毕业于清华大学、北京大学、武汉大学、西安交通大学等的"80后"硕士研究生加入村企团队。

发动群众靠党员,村支部书记甘当火车头。叶从格,之前一直在福建创业,为人实在又肯闯,2008年当选为燕窝湾村的村支书。"人的信念很重要,可以说是他(徐志新)改变了我的人生,现在我们一起改变了自己热爱的家乡,我感觉很幸福。"继任的村支书郭海平也是福建打工返乡的,而且是第一拨入股的村民。他说:"徐书记在干我想干没干成的事儿!我们在外打工,总是忘不了家乡的人和事。"这一届届支部党委身上,深刻体现着"火车跑得快,全靠车头带"的精神和动力。支书强则支部强,支部强则干事创业强。樊秋银,五十多岁,燕儿谷电商公司打包队的一员。"以前我们都是出去打工,家里顾不上,孩子也管不了。现在徐总回来了，他一回来我们老百姓都搞得富裕了。我这个年纪，每天在家门口上班，一天一百多块钱，不问儿子媳妇要钱了，还可以给孙子发个红包。孙子在家里的吃喝，都是我们要买的。"

"是的，挣的钱差不多，在家门口打工轻松舒服得多，还没有那么多开销。我儿子才考上大学，这两年都是我照顾他的生活，每个星期一回来就要吃我做的秋糍粑！"郭琴大姐也这样说道。

在燕窝湾村，像樊姐、郭琴这样的打包队妇女还有许多，正如她们自己说的，在外面打工和在家门口打工，待遇差不多，在家里还能更好地照顾家人。邻里之间相互友爱，村容村貌亲切熟悉，是乡亲们回乡的直接动力。在满山的园林里，是忙碌着的村民们；在熙熙攘攘的景区，是开奶茶店、卖豆腐脑的村民们；在康养中心酒店里，是接受过专业培训、彬彬有礼的村民们。他们在这里就业，在这里生活，在这里点起人间烟火。

徐志新的女儿江雨奇，这么年轻，放弃本可以在最好的城市工作、生活的人生来到燕窝湾村。"那一年，爸爸的头发全白了。""我就是想回来陪他、帮他！"因为对父亲的爱，这位西南政法法学专业的高材生、美国南加州大学双硕士学位获得者，毫不犹豫地回到了家乡，但是让她最终选择留下的，却是更大的爱。她看着村民们一个个挑着担子、拎着篮子、牵着牛羊来直播间交易，把家乡的地标优品送去天南海北。乡亲们的生活改变了，她也被深深地触动了。"我这个人，其实家庭的观念比较浓，亲眼见证了他们家庭的一些变化。随着我们这个平台的发展、我们影响力的变大，我们帮助的不是一个两个家庭，我们可以帮助千千万万个这样的家庭。"同时受到鼓舞的，还有许多像江雨奇这样既年轻又有才华的年轻人。覃建，武汉大学硕士毕业生，现任电商公司部门总经理，打造"谷哥"IP的重要团队核心人物；胡建行，燕儿谷"黄冈市北纬三十度乡村电商有限公司"助理主播，说："一开始来的时候，我就觉得自己毕业了得先有一份工作，后来觉得帮老百姓卖卖产品虽说累一点儿苦一点儿，但是觉得很幸福。我是在农村长大的孩子，能体会到老百姓卖出去东西的这种感觉。"

目前，为了让更多的年轻人投身大别山的乡村振兴事业，罗田县政府拿出真金白银支持和鼓励年轻人开展助农直播。同时，投资 3.5 亿元的大别山地标优品智慧物流园也即将投用，电商助农的脚步越来越快。

留不住人的乡村是没有希望的。让人留在农村，激活农村人气，推动农村发展，是新农村建设的需要和关键所在。留住村里的那些匆匆远行的人，培育一批有知识、懂经营、会管理的新型职业农民，让农民无论在精神上还是物质上都有成就感和归属感，才能把农村变成美丽富饶、充满生机和活力的乐土。

（四）党建乡风两手抓，百姓更文明

富裕的最高境界是精神富足。习近平总书记说，不断增强人民群众获得感、幸福感、安全感，让人民群众真真切切感受到共同富裕不仅仅是一个口号，而是看得见、摸得着、真实可感的事实。多年来，在燕窝湾村，互帮互助，共创共富，先富带后富，慈善救济成为一种共富文化。村委会及时掌握村民的就业情况、务工收入，了解群众的需求和困难，针对性调整帮扶方式，创下了十多年来无一例上访、无一例刑事案件的成绩。同时，伴随着燕儿谷景区日新月异的发展，新文明、新风貌也深深影响着村里的人。

贫困户郭险从高中就得到第一书记徐志新每月 800 元生活费的资助，先后考入贵州大学本科和武汉大学研究生；贫困户王晓东成长为工匠学校手艺最好的陶艺师；贫困户张涛当上了燕儿谷公司景区管理部部长，年收入 8 万余元；残疾人贫困户郭天一发挥特长开设纯谷酒酿造坊，现在年收入稳定在 6 万元以上，疫情期间还带头捐赠 2000 元，是远近闻名的自强不息第一人。

湖北省宏泰集团驻村工作队积极响应帮扶号召，采购燕窝湾村消费扶贫物资 13 万元，帮助消费 12 万元，捐赠物资 24 余万元，以脚步丈量民情、以真心纾解民困，为逐步实现共同富裕添砖加瓦。

2022 年 3 月 15 日傍晚，在燕窝湾村 11 组的一株大树下，11 组、12 组几十名村民，围坐在一起，村"两委"成员和工作队队员在路灯下和村民交心谈心，宣讲政策，化解纠纷，部署工作，赢得了村民阵阵掌声，会议在欢声笑语中结束。工作队服务近一年，队员们经常活跃在田间地头，走到群众中去，拉家常式地交流想法、了解困难。工作队队长彭湘辉对全村1000多村民的情况十分熟悉，谁家是脱贫户，谁家有病人需要照顾，谁家在村里打工赚了钱，他都如数家珍，娓娓道来。彭队长说："我们既然来了，就要倾听民声，听纠纷不发火、听困难不推诿！"据统计，宏泰工作队一年以来共计向燕窝湾村直接捐赠帮扶60多万元。

2018年6月，燕儿谷面向黄冈全市招收篾匠、木匠、豆腐匠等"九佬十八匠"，建设燕儿谷乡村工匠学校，传承传统工艺，弘扬工匠精神，打造远近有名的特色荆楚工匠村，使其成为燕儿谷的旅游新亮点。这所建筑面积1500平方米的院落，是燕儿谷乡村工匠学校。2019年7月，该校获得民办学校办学许可证，成为湖北省第一家具备招生资格的工匠学校。燕儿谷寻来的匠人们一共有十几位，他们年龄最小的58岁，最大的81岁。学校免费提供乡村工匠工作室，由其自主经营，或者发底薪3300元加提成，任其自由选择。

"一方水土养一方人。这些老手工艺都是非物质文化遗产，是'指尖上的乡愁'。让游客现场观看、体验传统手工艺制作过程，不仅可以为景区增添一道亮丽风景，而且能让游客感受到文脉和乡愁。我们打造这所工匠学校，就是为了更好地传承乡土文化。"燕儿谷生态观光农业有限公司总经理助理覃建说。工匠学校把原本待业在家的传统手艺人集中起来，既能帮助民间艺术家们增加收入，又可以通过电商平台进行消费扶贫，此外还提升了景区的文化气质。周末或节假日里，一波波来参加研学的孩子们，围绕在画室老人身旁学国画，或聚在陶瓷艺人工作室捏陶具，或看着篾匠师傅巧手编出一个个花篮。中国传统文化和最青春的脸庞交织在一起，构成了一幅幅生动的画面。工匠回归，既让匠人们实现了传承的心愿，也让游客多了互动体验项目，更弘扬了中华传统文明、留下了乡愁。这是燕儿谷农文旅产业的点睛之笔，更是燕窝湾片区人民的新风尚。

2021 年 11 月 20 日，全国精神文明建设表彰大会在京举行，罗田县骆驼坳镇燕窝湾村获评全国文明村。

治国之道，富民为始。习近平总书记曾多次指出，促进共同富裕，最艰巨最繁重的任务仍然在农村。我们要促进农民农村共同富裕，要鼓励勤劳创新致富，要促进人民精神生活共同富裕。燕窝湾在十多年的探索中，富了村民、富了村庄、留住了人才、留下了乡风，走出了自己"先富村民帮助全体村民、先富村庄带动周边村庄"的共同富裕大道，走出了"绿水青山就是金山银山""看得见山望得见水记得住乡愁"的现代乡村振兴之路。

二、经验启示：解锁燕窝湾片区实现脱贫攻坚、全面推进乡村振兴的密码

（一）党建引领：村企共建，改革创新

党的基层组织是党的全部工作和战斗力的基础。农村共同富裕必须依靠组织振兴，必须抓实基层党建。

对燕儿谷来讲，"谷"既是地形特点，也是产业形态，更是创新高地。燕儿谷不断前进的内在动力，在于他们从一开始就坚持抓党建促发展，探索建立了"七个联合"的发展机制，即联合党建、联合决策、联合规划、联合投资、联合办公、联合环保、联合双创。七个联合以党建为引领，以村企共建为核心，激发、整合了政府有形之手、市场无形之手、村民勤劳之手的智慧和力量。为了把握产业发展方向，他们建立"公司＋集体＋群众代表＋专家"的决策机制。重大决策采取现场会议、通讯会议等形式，由组织群众代表和专家共同商讨和决策。养老公寓、马场等项目都是通过集体民主决策定下来的。为了打造乡村旅游的"一站式"服务，由公司出资、村委会出地，联合建设的 1100 平方米办公楼，既是党群服务中心，又是游客接待中心。

在"倾听民声、服务民生，尊重民俗、疏导民怨，推进民主、聚集民心，提升民风、引导民富"的党建理念指引下，燕窝湾村组建全县第一个村级组织和非公有制企业联合党总支——燕儿谷联合党总支，把党组织建在产业上。走进燕儿谷，处处有改革。鼓励和支持村委会、农户以各种方式入股公司，使燕儿谷土地变资产、资金变股金、农民变股东；打造乡村旅游综合体，带动了产业链延伸、价值链提升，促进一二三产业融合发展；建立"公司+集体+群众代表+专家"的决策机制，重大决策采取现场会议、通讯会议等形式，由组织群众代表和专家共同商讨和决策，民主决策了养老公寓、马场等一批项目。村级集体经济进一步发展壮大，市场主体63个，企业15家。村集体在燕儿谷康养中心占股10%，在专业合作社占股40%，在光伏发电站上的收益占40%，在燕儿谷公司扶贫项目上分红95000元/年。村集体收入2019年为24.5万元，2020年为35万元。村"两委"成员4人，主职年收入4.1万元，其余年收入3万元以上。

村企联建党组织，增强了组织战斗力，也让很多老党员焕发了新活力。90岁的老村支部书记毛金元不顾年老体衰，经常拄着拐杖四处巡查，义务当起了村里的环保监督员。参加定点帮扶的宏泰集团驻村工作队，更是直接为燕儿谷联合党支部工作作出了许多贡献。

在2021年中国共产党百年华诞之际，燕窝湾村党支部被中共中央授予"全国先进基层党组织"称号。

（二）激发活力：能人回乡，政策驱动

"离开故乡是为了改变自己，回到故乡是为了改变父老乡亲贫困的生活。村里变美、农民变富，是我最大的成就感！"

乡亲们都说，燕窝湾村的变化、燕儿谷的发展，离不开回乡能人徐志新的扎根乡村、精耕细作。

十多年前，徐志新回乡创立了燕儿谷生态观光农业有限公司。公司成立之初，徐志新耗费半生积蓄修复生态，发展生态产业；自掏腰包，发动群众。满头华发，无怨无悔。他创新村企共建机制，将公司发展和集体建设、村民获益高度融合起来。村委会以荒废的橘子园、村小学荒地入股公司且持股10%。他鼓励村民通过各种形式就业、入股，把市场化的意识和管理带回家乡。他利用一切机会宣传燕儿谷，去澳门参加世界旅游经济论坛，带了篾匠师傅创作的"爱我中华"和"福"字的竹编赠送给参会嘉宾，以此打开燕儿谷生态旅游业的影响力。

2020 年因为疫情，交通不便，燕儿谷景区的游客进不来，农产品也出不去。徐志新和团队拍板，通过云上高速(直播带货)把产品送进城，解决农产品卖不出去和景区就业难的问题。2020 年 5 月，顺丰速递公司"飞"到燕窝湾，在这里设立了全国第一个顺丰村级直营店，将农产品进城物流成本下降了 30% 以上。2021 年 9 月，罗田县委、县政府给地给政策，开通特别审批渠道，让历时 27 天建成的燕儿谷电商助农直播基地正式投入运营。徐志新没日没夜地投入到电商新领域中学习、琢磨，以第一书记身份亲自上阵担任主播，推动助农直播品牌建设。虽然早已年过半百，但徐书记思路清晰，定位精确，十分敬业，一场直播下来，经常熬到半夜三点。在直播间里，徐志新化身燕儿谷"谷哥"，把每一个特色农产品都讲出了各自的故事：罗田板栗寄托着当地村民对童年的回忆，红安苕蕴藏着老区人民的革命精神，蕲艾承载着对"医圣"李时珍文化的传承……在他看来，直播带货的意义远远不是带了几千万元的货，而是带动更多村民分享发展红利，凝聚乡村振兴的力量。

如今，距离燕儿谷仅 6 公里、由罗田县政府投资 3.5 亿元建设的大别山地标优品智慧物流园即将投入使用，其中 5000 平方米的智能仓储中心是为徐志新所在的电商公司所定制的。

(三)生态优先：外树颜值，内提气质

绿水青山就是金山银山。生态是乡村最大的发展优势，也是共同富裕的最大本钱。燕儿谷是一条长 12 公里的山谷，没有工业只有青山绿水，徐志新带领全村走出了一条生态振兴的绿色大道。

围绕建设美丽乡村，燕窝湾村把整治村容村貌作为治理环境、修复生态的"第一仗"。痛下决心关养鸡场、停采石场、拆猪圈，一鼓作气改旱厕、改管网、建沼气，系统推进坑落整治，建成了人工湖、外婆桥、徐家老屋、燕归园等特色人文景点。河道治理、湿地改造、安全饮水等一批工程筑牢了生态环保基础，污水横流、垃圾乱倒的现象不见了。这一仗打开了燕窝湾村的贫困"枷锁"，也打出了乡村振兴、共同富裕的新天地，让"绿水青山"加速变成"金山银山"。

燕窝湾村坚持不规划不建设，编制《罗田县燕窝湾村旅游扶贫规划》，把景区规划、村庄规划与产业规划相结合，通过连点成线、串珠成链，整合本村和片区六村特色景点。投资 8000 多万元建成占地 600 多亩的桂花冲、500 余亩的采摘园、650 余亩的茶梅园、100 余亩的盆景园，让 1200 亩坡地退耕还林，在所有通村通组的路旁种上行道树，实现了村在景中、景在身边。

绿化景观化、景观特色化、特色产业化。燕窝湾村还因地制宜，沿着将军寨下的"一河两岸"种树植绿、栽花铺草，改造出了燕儿谷 3A 级景区。2020 年开工建设的 15 公里森林康养步道、42 公里山地马拉松赛道等项目，让农户成为景区的一部分并从中获益，吸引大批村民积极参与建设，成为燕窝湾村新业态、新名片。

十几年来，公司在田园综合体上投入 2 亿多元，形成以休闲农业、园林建设、农副产品加工销售、观光旅游、森林康养、研学培训、非物质文化遗产传承为主体的融合业态，打造了乡愁广场、茶梅小镇、梅岭、工匠学校、森林康养步道等特色景点。年游客接待量超过 38 万人次，旅游综合收入过亿元。

在燕窝湾村党员干部看来，环境美人人美、生态好事事好，搞环境治理好比打扫干净屋子再请客，是一个外树颜值、内提气质的好办法，利于实现美丽乡村向共富乡村迭代升级。

(四)产业支撑：三产融合，电商腾飞

产业兴旺是乡村振兴的重要基础，也是农村共同富裕的前提保障。习近平总书记强调，在高质量发展中促进共同富裕。发展仍是解决问题的基础和关键，发展的质量决定了共同富裕的成色。

"两山夹一沟，十种九难收。"十多年前，燕窝湾村负债近百万元、人均收入不足 1000 元。依靠传统农业难以翻身，怎么办？湖北燕儿谷生态观光农业有限公司成立后，村委会与其联建，确定旅游扶贫目标，以此作为改变贫困落后面貌转型发展的引擎。公司以山区自然沟域为单元，以旅游为纽带，以股权为联结，连片挖掘整合沟域范围内的自然人文资源，着力打造"旅游+"产业平台，壮大特色共富产业，形成了"公司+集体+农户"的利益共同体，引导部分村民以承包经营权作价入股。从农民变为员工、再从员工变为股东，实现了身份转换和就业增收方式转变。不少村民自称是拥有租金、薪金、售金、股金的"四金"农民，人均纯收入达到20000 元。

经过多年的发展，燕儿谷片区形成了以一产休闲农业、二产农副产品加工及园林建设、三产乡村旅游与森林康养为主体的特色产业，以小香薯等专业合作社、特色种养专业户、农家乐等为依托推进多层次市场主体的融合发展。通过一二三产融合发展，观光旅游风生水起，以休闲、民宿、康养、观光、培训、研学为方向的全产业链逐步形成，"农旅""农文""农养""农教"等多种业态深度融合，全面开花。2019 年公司营业收入 3575万元；2020 年营业收入 3351 万元，资产总额达到 18154 万元。

2020 年 5 月，顺丰速递公司在燕窝湾设立了全国第一个顺丰村级直营店，将农产品进城物流成本下降了 30%以上。2021 年 9 月，燕儿谷电商助农直播基地正式投入运营。在一场秭归脐橙直播里，徐书记 3 小时卖出脐橙 20 吨，将厂家的橙子直接卖到脱销。目前，"谷哥"成为抖音上拥有千万级粉丝的大 IP，农产品销售额已经破亿元大关。在徐志新的带领下，燕儿谷电商直播创下了四个月营业额破两千万的直播业绩，其中带动销售罗田板栗 120 吨、红安苕 7 万斤、英山小黄姜 10 万斤、罗田天麻 6万多斤、麻城菊花 2 万多件。2022 年 2 月，徐志新所在的团队，将电商公司升级为黄冈市北纬三十度乡村电商有限公司，投资打造 2.0 版直播间，增加主播培训等新业态，培训一批"三农"主播，叫响黄冈乡村第一书记助农直播品牌。省市县的各级领导亲临直播间，为谷哥直播间和当地土特产打 Call。罗田县县长周黎、副县长张卫兵、副县长卫松等领导相继走进谷哥直播间，为黄冈地标优品、国家地理标志产品等农特优产品代言，其中周黎县长带货 30 分钟，就卖出罗田板栗和新鲜天麻各 1 万斤，影响、带动了全国各地第一书记助农直播的发展。

第三节　加快建成中部地区崛起重要战略支点的湖北担当

一、构建湖北高质量发展的支撑体系，保障战略布局的有效实施

(一) 构建现代综合交通运输体系

贯彻落实"一主引领、两翼驱动、全域协同"的发展布局，担当"建成支点、走在前列、谱写新篇"的历史使命，要求湖北必须统筹保障对全局发展具有重要影响的交通、水利、能源、信息通信等基础设施建设空间，强化灾害防御与应急保障，构筑系统完备、高效实用、智能绿色、安全可靠的现代化基础设施体系，全面提升基础设施服务保障能力。不断完善"三枢纽、两走廊、三区域、九通道"综合交通运输布局，强化交通"硬联通"，以"增密、互通、提质"为目标，构建"铁水公空"设施互联、信息互享、标准互通、装备互换、便捷高效的集疏运体系，支撑服务"一主两翼"开发格局，加快构建引领中部、辐射全国、通达世界的现代化综合交通运输体系。

三枢纽是指武汉国际性综合交通枢纽城市、襄阳全国性综合交通枢纽城市和宜昌全国性综合交通枢纽城市。定位：①武汉要重点提升全球直达能力，支持黄冈、鄂州、黄石整合资源融入武汉枢纽布局，加快建成中部地区国际门户，重点打造长江中游航运中心、全国铁路网和高速公路网区域中心、中部国际航空门户枢纽。②襄阳要重点打造中部地区重要铁路客货中转枢纽、汉江航

运中心、国家生产服务型物流枢纽。③宜昌要重点打造三峡航运中转中心、铁水公空跨区域联运中心、国家港口型物流枢纽。

两走廊是长江综合立体交通运输走廊和汉江综合立体交通运输走廊。定位：①长江综合立体交通运输走廊要重点推进长江航道系统整治，统筹沿江港口功能布局，推进快速通道建设，提升过江通道能力。②汉江综合立体交通运输走廊要重点推进汉江梯级开发和系统整治，推动沿江港口干支联动，完善各交通方式网络。

三区域是鄂西综合交通发展区、鄂中综合交通发展区和鄂东综合交通发展区。定位：①鄂西综合交通发展区要侧重路网构建，重点完善骨架通道布局，提高网络覆盖广度和深度，提升路网韧性。②鄂中综合交通发展区要侧重路网加密，重点完善城际通道布局，推进城市间的快速连通，完善城乡交通网络。③鄂东综合交通发展区要加速同城化进程，重点完善区域快速交通体系，推进多网融合，率先实现交通现代化。

九通道是指纵横我省主要的高铁、铁路、高速公路及航道。定位：①京九通道，含京九高铁、京九铁路等铁路和大广高速、麻阳高速、六安至黄梅高速等高速公路；是国家京津冀至粤港澳主轴的组成部分，对外连接京津冀、中原、环鄱阳湖、珠三角等城市群。②京广通道，含京广高铁、京广铁路等铁路和京港澳高速、武深高速、武大高速等高速公路；是国家京津冀至粤港澳主轴的组成部分，对外连接京津冀、中原、长株潭、珠三角等城市群。③随岳通道，包含小厉铁路、江汉平原货运铁路等铁路和随岳高速等高速公路；是省级运输通道，对外连接中原、长株潭等周边城市群。④襄荆宜通道，包含呼南高铁、荆荆铁路及南延线、焦柳铁路、浩吉铁路等铁路，二广高速、枣石高速、平顶山至宜昌高速等高速公路，以及汉江襄阳至兴隆段、江汉运河、唐白河、松虎航线等航道；是国家二湛通道的组成部分，对外连接呼包鄂榆、中原、北部湾城市群。⑤十恩通道，包含安康至恩施至张家界铁路等铁路，以及呼北高速、十巫高速、房县至五峰高速、巴东至鹤峰高速等高速公路；是省级运输通道，对外连接豫西、陕南、湘西。⑥福银通道，包含武九高铁、武西高铁、武九铁路、汉丹铁路、襄渝铁路等铁路，福银高速、麻安高速、武阳高速等高速公路，以及汉江等航道；是国家福银通道的组成部分，对外连接粤闽浙沿海、环鄱阳湖、关中平原、宁夏沿黄城市群。⑦沪汉蓉通道，包含沪汉蓉铁路武汉以东段、沪渝蓉高铁、长荆铁路等铁路，沪蓉高速、武汉至重庆高速等高速公路，以及汉北河等航道；是国家长三角至成渝主轴的组成部分，对外连接长三角、成渝城市群。⑧沪汉渝通道，包含沪汉蓉铁路武汉以西段、武杭高铁等铁路，沪渝高速、武汉至松滋高速、蕲太高速等高速公路，以及长江、汉江兴隆以下航段等航道；是国家长三角至成渝主轴的组成部分，对外连接长三角、成渝城市群。⑨杭瑞通道，包含黔张常铁路、常德至岳阳至九江(南昌)高铁等铁路，以及杭瑞高速、岳宜高速、宜来高速等高速公路；是省级运输通道，贯穿长江中游城市群的腹地。

"三枢纽、两走廊、三区域、九通道"交通布局的重点任务：

一是强化省域中心城市交通枢纽功能。充分发挥武汉国际性综合交通枢纽优势，提升武汉的全球直达能力，支持黄冈、鄂州、黄石整合资源融入武汉枢纽布局，加快建成中部地区国际门户，打造长江中游航运中心、全国铁路网和高速公路网区域中心、中部国际航空门户枢纽。加快建设襄阳全国性综合交通枢纽，打造中部地区重要铁路客货中转枢纽、汉江航运中心、国家生产服务型物流枢纽。大力建设宜昌全国性综合交通枢纽，打造三峡航运中转中心、铁水公空跨区域联运中心、国家港口型物流枢纽。区域中心城市发挥比较优势，打造一批区域性综合交通枢纽。全省形成"一核两心多点"枢纽布局。

二是完善"一主两翼"交通网络。重点建设武汉城市圈大通道，加密武汉城市圈环形通道网，加速同城化进程，重点完善区域快速交通体系，推进多网融合，率先实现交通现代化。完善骨架通道布局和城际通道布局，推进城市间的快速连通；积极推进连接"襄十随神""宜荆荆恩"城市群的襄荆宜、十恩、随岳通道建设，鄂中侧重路网加密，鄂西侧重路网构建；优先建设十恩间高速公路(包括房五高速、巴张高速、武汉至重庆高速等)和襄宜高速公路，促进两翼联通互动，解决鄂西南北联通不畅不快问题。不断完善三大城市群(圈)高速公路网络，加快推进国省干线达标提质，积极发展市域(郊)铁路，加快货运支线建设，积极推进农村公路补短提升，重点实施乡镇对外双通道、行政村通双车道工程。在县县通高速基础上，提高交通网络覆盖广度和深度。建设内畅外联的高等级水运主通道，优化区域水运网络布局。构建全省1—2小时高效时空圈，武汉、襄阳、宜昌中心城市之间1小时通达，地市中心城市之间及与周边城市1—2小时通达。

三是提高与国家级及区域性城市群通达能效。围绕服务和融入国家重大战略，强化京广、京九、沪汉蓉、沪汉渝、杭瑞、福银等通道功能，提高湖北与京津冀、长三角、珠三角、成渝等国家级城市群及中原、关中等区域性城市群的通达能效。加快沿江高铁建设，推进沿江货运铁路体系发展，解决长江中游"肠梗阻"，畅通长江大动脉。加快建成三峡综合交通运输体系，推动建设水运新通道。大力实施汉江航运能力提升工程，消除通航瓶颈，推动形成中部水运南北大通道。建设武汉至南昌、贵阳等高速铁路，加快构建武汉通达10个方向的高铁网络，推动形成以襄阳、宜昌为中心的高铁多向放射格局，促进湖北成为国内大循环的重要节点和国内国际双循环的战略链接。

四是提升长江黄金水道综合服务能力。立足湖北省长江通航里程最长优势，完善江汉平原骨干航道网，破解长江黄金水道中游段"梗阻"，打破汉江航道瓶颈制约，推进以清江等支流为主要支撑的骨干航道建设，支持荆州到武汉长江航运能力提升工程建设，形成内畅外联、干支直达的长江中游高等级航道网络体系，实现长江、汉江进入大船时代。结合河道治理和河势控制工程，有序推进荆江航道等主要碍航水道的航道整治工程，提升长江通航能力；打通汉江下游通航瓶颈，启动汉江2000吨级航道提升工程、汉江枢纽通航设施改造工程。建立主要港口、区域性重要港口和一般港口的三级航运枢纽体系，完善长江、汉江沿线港区与重点开发区、大型工矿企业和物流园区的联运配套设施，打通多式联运"最后一公里"，实现水陆有机衔接。充分发挥武汉作为长江中游航运中心的优势，强化江海联运服务功能，继续开辟武汉、黄石至国内沿海及东亚、东南亚近洋航线。拓展襄阳、钟祥、沙洋、仙桃等汉江沿线港口至武汉港、黄石港的集装箱喂给航线，进一步强化江海联运服务功能。合理布局过江通道，使其与航运安全、防洪安全和生态环境保护协调发展；做好过江交通线性通道预留，促进过江通道复合利用；充分利用江上和水下空间，统筹考虑铁路、公路、城市道路、城市轨道等不同功能的过江需求，发展多种运输方式共用过江通道和双层式公路过江通道，节约集约土地利用和岸线资源，提高可持续发展能力。到2035年，长江干流过江通道总量控制在69个。①

五是完善机场体系。大力建设武汉天河机场国际门户枢纽，加快建成湖北国际物流核心枢纽，打造民航客货运门户"双枢纽"，形成"双枢纽、多支线"机场布局。合理新建支线机场及蔡甸、麻城等通用机场，适时推进其他容量不足机场的改扩建工程。推动机场与城市协调发展，加强与轨道交通等城市公共交通的衔接。

六是强化铁路枢纽。大力实施武汉铁路枢纽改造升级工程，全面提升枢纽功能，巩固全国铁路枢纽地位。重点建设襄阳、宜昌铁路枢纽，加快形成荆州、荆门、黄冈、十堰、咸宁、麻城等区域性铁路枢纽。推动铁路枢纽站场与城市融合发展，加强与轨道交通等城市公共交通衔接，提升铁路枢纽整体能力。

七是建设现代港口。以建设武汉长江中游航运中心为重点，推动港口资源整合和功能错位发展，打造以武汉港、宜昌港、黄石港、荆州港、襄阳港为核心的现代化港口体系，将武汉新港打造成中部地区枢纽港。继续推进"一港双园"模式发展，提升港口运营效率，进一步完善港口配套服务。到2025年，将武汉长江中游航运中心建成流域性航运中心；到2035年，将武汉长江中游航运中心建成国际性航运中心。

(二)提升水资源保障能力，加强流域综合治理

水是生命的源泉，它滋润了万物，哺育了生命。我们赖以生存的地球，百分之七十被水覆盖着，而其中百分之九十七为海水。与我们生活关系最为密切的淡水，只有百分之三，而淡水中又有百分之七十八为冰川淡水，很难利用。因此，我们能利用的淡水资源是十分有限的，并且受到污染的威胁。农业、工

① 国家发展改革委. 关于印发《长江干线过江通道布局规划(2020—2035年)》的通知. 2020-04-08.

业和城市供水需求量不断提高导致了有限的淡水资源更为紧张。我们必须保护水资源并不断提升水资源的保障能力。

1. 实行水资源消耗总量和强度双控，推进差异化节水策略。

坚持量水而行、适水发展，实行用水总量和强度双控，提高用水效率。到2035年，全省年用水总量控制在 368.91 亿立方米以内，形成水资源利用与发展规模、产业结构和空间布局等协调发展的新格局。① 加强用水定额和计划管理，统筹协调好生活、生产、生态用水，完善水资源供给结构，推进水资源合理开发、高效利用和有效保护。推动工业节水减排、城镇节水减损和农业节水增效。充分运用市场机制优化配置水资源，提高水资源的利用效率和效益，实现水资源可持续利用。

2. 优化水资源区域空间配置。

加快实施一批骨干性、基础性重大水利工程补短板项目，统筹推进区域性水资源配置工程。进一步缓解南水北调中线工程对湖北的影响，提升汉江中下游区域水资源承载力，保障鄂北及江汉平原北部地区城乡空间开发用水需求，加快推进鄂北地区水资源配置二期工程、南水北调中线工程二期引江补汉工程、一江三河水系连通工程、荆南四河地区引水工程、四湖流域水系连通工程、汉江生态经济带引隆补水工程等。充分利用长江客水资源和湖泊调蓄能力，保障鄂东南城乡供水安全，积极落实鄂东南水资源配置工程。

调水工程包括南水北调中线工程二期引江补汉工程、鄂北地区水资源配置二期工程、一江三河水系连通工程、荆南四河地区引水工程、四湖流域水系连通工程、引江补汉输水沿线受水区水资源配置工程。

引水工程包括汉江生态经济带引隆补水工程、大别山南麓平原区水资源配置工程(临空经济区)、竹溪县南北水系连通(鄂坪调水)工程、天门石家河地区水资源配置工程、鄂东南水资源配置工程、黄冈市梅济水系整治连通工程、秭归县九畹溪至茅坪河水系连通工程、襄阳市汉江新集引水工程、荆门市汉东水资源配置工程、荆门市汉江水系连通工程、罗田县五河七库引水工程(新义

---

① 湖北日报. 湖北省实施五大重点节水行动. 2019-10-16.

引水工程）、随州市随南大洪山北麓区域水资源配置工程。

提升水资源开发利用水平。加强系统谋划，统筹防汛抗旱减灾、农田水利设施、农村饮水安全和生态文明建设，统筹推进水库及大型灌区建设。湖北省将全力推动 48 个重点项目落地实施，加快鄂北二期、姚家平、蕲水和浮桥河灌区等 24 个续建重大项目建设，争取引江补汉沿线补水、郧阳箩筐岩水库、黄梅引江灌区等 8 个重大项目开工建设，推进鄂中丘陵区水资源配置、枣阳草木湾水库、漳河灌区等 16 个重大项目前期工作取得突破性进展，持续谋划团风牛车河灌区、长寿灌区等"两重"支持领域项目，争取更多纳入国家支持方案并实施建设。①

3. 加强水生态环境保护。

一是加强湖库湿地自然生态系统保护。有序恢复并扩大洪湖等天然湖泊水域空间，积极推进大冶湖、梁子湖等湖泊与长江干流联通，加强坑塘、小水体等末梢水系恢复。加大三峡库区、丹江口库区、清江库区及洪湖、梁子湖、东湖、涨渡湖、长湖、保安湖、沉湖、龙感湖、网湖等湖库水污染整治。

二是严格保护重要水源涵养区。加强长江、汉江、清江、丹江口库区、秦巴山、三峡库区、武陵山、大洪山、桐柏山、大别山、幕阜山重要水源涵养区水土流失防治，合理调控流域的水文生态过程，全面提升生态系统水源涵养功能。强化饮用水水源地保护，恢复水源地周边缓冲带，减少入库污染物负荷。保障集中式饮用水水源地供水安全。

三是强化水污染整治。对沿河湖垃圾填埋场、加油站、矿山、尾矿库、危险废物处置场、化工园区等地下水重点污染源区域，加强风险防范与整治；以江汉平原为重点，划定地下水污染保护区、防控区及治理区，实施分类防治策略。优化入河排污口空间布局。对于自然保护地、饮用水水源保护区等重点保护水域，禁止新建、改建、扩大入河排污口，加强污水量及污水水质全面监测。

四是严格保护沿江重点生态功能区。以修复生态环境为重点，统筹山水林

---

① 极目新闻. 湖北力争今年初步形成"荆楚安澜"骨干工程架构. 2025-02-17.

田湖草一体化保护和修复，强化江河湖库生态保护治理，加强水源地保护。

五是适度发展沿江农产品主产区。引导江汉平原地区农业生产生态化发展，在汉江中下游平原区域加快农业产业结构调整，加快农业生产转型；推进工业污染与农业农村环境污染治理，有效引导开发建设。

六是优化沿江产业布局。全面提高长江、汉江、清江干流岸线的开发建设准入门槛，提升岸线开发的投资强度、利用水平和综合利用效益。有序推进沿江化工产业空间减量和提质入园；盘活沿江闲置、低效土地，发展嵌入式创新空间，为创新企业提供低成本的办公居住条件；持续推进沿江化工企业关改搬转后遗留地块的生态修复。加强沿江尾矿库管控，禁止在长江干流岸线 3 公里范围内和重要支流岸线 1 公里范围内新建、改建、扩建尾矿库，以提升安全、生态环境保护水平为目的的改建除外。

典型案例：推动建立南水北调中线水源区横向生态保护补偿机制

——以十堰市水源生态保护为例①

一、十堰市水源区生态保护基本情况

南水北调中线一期工程于 2014 年 12 月 12 日正式通水运行，至 2021 年 12 月 12 日通水 7 周年，累计向北方调水超 441 亿立方米，持续为京津冀豫 4 省(市)的北京、天津、郑州、石家庄等 24 个大中城市、190 多个县(市、区)供水，直接受益人口达 7900 万人；工程还向北方 50 多条河流进行生态补水约 70 亿 m^3，全面助力华北地区地下水超采综合治理和河湖生态环境复苏。南水北调中线工程发挥出巨大的政治、经济和生态效益。

十堰市中线水源区生态保护有以下主要特点：

一是责任大。中线工程核心水源区丹江口水库在十堰市境内的水域面积为 560.31 km^2，占水库水域总面积 1058.16 km^2 的 52.95%；水库在十堰

---

① 本案例为笔者指导的课题组调研报告，作者刘家君，指导老师王皖君，写于 2022 年。

市境内的库岸线长度为 3216.43km，占水库库岸线总长 4269.18km 的 75.34%；汉江流经十堰市 5 个县(市、区)，过境长度为 216km，年均汇入水库水量为 350 亿 m³，占全库年均汇入总量 388 亿 m³ 的 90%；水库枢纽大坝建设及加高两期工程共淹没土地 55.2 万亩，占库区总淹没面积的 57.7%；两次移民 46.9 万人，占库区移民总数的 58.6%；库区有一级支流 16 条，12 条在十堰市境内，支流治理任务重。丹江口水库在十堰市境内的水域范围最广，汇入水量最多，库岸线最长，淹没损失最大，移民安置和水质保护任务最重。

二是付出大。十堰市在省委、省政府坚强领导下，坚决扛牢政治责任，落实最严格的生态环保和库岸管控措施，先后关闭转产规模以上工业企业 561 家，叫停培育 20 多年的黄姜支柱产业，拒绝不符合环保政策的项目 145 个，永久性每年减少税收 22 亿元；投入 223 亿元实施截污、清污、减污、控污、治污"五大工程"，建成城镇生活污水处理厂 116 座，治理小流域 385 条；持续推进农村面源污染防治，对库区 1578 个村实施环境综合整治，整治覆盖率达 83.7%；全面落实"十年禁渔"要求，拆除库区网箱 18.2 万只、围网 21.9 万亩，拆解处置渔船 8300 余只，帮助 5 万渔民弃渔转产，确保了丹江口库区水质长期保持在 Ⅱ 类标准以上。

三是存在的问题和困难多。目前十堰市库区覆盖城乡的污水处理设施老旧破损严重、分类处置设施不足、管网不配套、运行不稳定，主城区污水处理能力不足；农业面源污染治理难度大，水库总氮指标常年偏高；水土流失面积大，有 512 条小流域、3268km² 的水土流失面积亟待治理；地质灾害点多面广，已查明隐患点 4887 处，直接受威胁人口 22.22 万人、资产 157.34 亿元；移民后期扶持不够，基础设施滞后，增收渠道变窄，移民矛盾问题较多。库区保护要求高，同时库区发展积极性也高，保护与发展的矛盾突出，涉水违法行为时有发生。2014 年通水以来水利部门组织查处筑坝拦汉、填占库岸等水事违法问题 177 个，2021 年年底以来水利部组织开展丹江口"守好一库碧水"专项整治行动，湖北区域共排查出侵占破坏水域岸线问题 427 个。协调处理好库区保护与发展的矛盾任重道远。

中央财政自 2008 年以来通过一般性转移支付方式对水源区实施纵向生态补偿,至 2020 年十堰市累计到位资金 93.38 亿元,北京市累计投入协作资金 17.5 亿元,促进了水源区生态建设和民生改善,有效缓解了水源区地方财政压力。但从长远看,应在争取稳定增加纵向生态补偿、深入开展对口协作的基础上,协调建立调水区与受水区横向生态保护补偿机制,促进制度化、长效化生态保护补偿制度建设,增强水源区生态环境保护合力。

二、现阶段横向生态补偿有关政策规定及实践

为推进生态保护补偿制度建设,2016 年 4 月,国务院办公厅印发的《关于健全生态保护补偿机制的意见》(国办发〔2016〕31 号),要求"研究制定以地方补偿为主、中央财政给予支持的横向生态保护补偿机制办法";2016 年 12 月,财政部、环境保护部、发展改革委、水利部联合印发《关于加快建立流域上下游横向生态保护补偿机制的指导意见》(财建〔2016〕928 号);2021 年 9 月,中共中央办公厅、国务院办公厅印发的《关于深化生态保护补偿制度改革的意见》,要求"加快健全有效市场和有为政府更好结合、分类补偿与综合补偿统筹兼顾、纵向补偿与横向补偿协调推进、强化激励与硬化约束协同发力的生态保护补偿制度"。习近平总书记在《推动形成优势互补高质量发展的区域经济布局》(《求是》杂志 2019 年第 24 期)中要求"全面建立生态补偿制度。要健全区际利益补偿机制,形成受益者付费、保护者得到合理补偿的良性局面"。

横向生态保护补偿机制是指流域区域地方政府之间通过协商谈判,协调平衡生态保护地区和生态受益地区之间的利益关系,充分调动生态保护各地各方积极性,形成责任共担、利益共享、发展互助、形成合力的生态保护补偿机制。截至 2022 年 1 月,全国已有 18 个省(市)之间签订了 13 个跨省流域横向生态保护补偿协议,中央财政还根据签订的协议给予双方阶段性奖补资金。新安江流域是全国首个跨省流域生态保护补偿机制试点，自 2012 年起，安徽、浙江两省先后签订三轮新安江流域横向生态补偿协议，成功开展三轮试点工作。中央财政每年拨付 3 亿元(第三轮中央财政资金退出)，两省各出资 1 亿元(第二轮开始增加为 2 亿元)设立补偿基金，三轮补偿基金总计 48 亿元，其中中央财政奖补 18 亿元，全部拨付上游安徽省黄山等市(县)。新安江流域横向生态补偿试点成功实现了两省共护一江一湖水，2015 年被中央改革办选入全国十大改革案例。习近平总书记要求"要推广新安江水环境补偿试点经验"。广西、广东九洲江流域上下游横向生态补偿协议已进入第三轮；两省每年各出资 1 亿元，共同设立九洲江流域上下游横向生态补偿资金；中央财政每年奖励资金 2 亿元，支持上游广西用于九洲江流域水污染防治工作。福建省与广东省签订的汀江—韩江流域横向生态补偿协议实行"双向补偿"，若上游水质达标，则下游补偿上游；若上游水质恶化，则上游赔偿下游。两省每年各出资 1 亿元，中央财政每年奖励 2 亿元，由上游福建用于汀江—韩江流域水污染防治工作。省内武汉市和仙桃市近期签署了《通顺河流域跨市断面水质考核生态补偿协议》，按照"谁超标、谁赔付，谁受益、谁补偿"的原则，施行通顺河流域上下游"双向生态补偿协议"，每年补偿金额上限为 1000 万元。

十堰市政府 2021 年 8 月就库区生态环境保护面临的支出压力组织人员到财政部进行了汇报沟通，提出推动建立南水北调中线水源区横向生态保护补偿机制的迫切需求。2022 年全国两会期间，南阳市领导立足南阳，提出加快建立长期合理的南水北调中线工程水源地生态保护补偿机制的建议。建立南水北调中线水源区生态保护补偿机制有国家政策依据和相关要求，有省内外成功的实践经验，有水源区保护和发展的迫切要求，应顺势而为，加快推动建立。

三、关于推进我省南水北调中线水源区横向生态保护补偿机制的建议

国务院办公厅《关于健全生态保护补偿机制的意见》提出"鼓励受益地区与保护生态地区、流域下游与上游通过资金补偿、对口协作、产业转移、人才培训、共建园区等方式建立横向补偿关系"。为深入贯彻习近平生态文明思想，落实国家深化生态保护补偿制度改革要求，针对我省南水北调中线水源区实际，笔者建议着重从以下几个方面推进我省南水北调中线水源区生态保护补偿机制建设。

（一）推动建立南水北调中线水源区横向生态保护补偿机制

鉴于湖北丹江口库区特殊的水情和重要地位，湖北率先主动推动中线水源区横向生态保护补偿机制建设义不容辞、责无旁贷。积极推动湖北省、河南省、陕西省、北京市、天津市、河北省6省（市）政府达成南水北调中线水源区横向生态保护补偿共识，签订实施横向生态保护补偿协议——补偿方式含资金、产业、人才等多种方式，建立生态保护补偿与产业结构优化、生态环境保护与区域可持续发展统筹协同推进的长效机制，同时争取中央财政奖补资金。湖北的横向生态保护补偿资金和中央财政奖补资金用于十堰市丹江口库区生态环境保护工作。工作层面建议由省发展改革委牵头，省财政厅、省生态环境厅、省自然资源厅、省水利厅等部门参与，各部门根据职能对口衔接国家相关部委和其他5省（市）相关部门。充分借助国家发展改革委牵头的丹江口库区及上游水污染防治和水土保持部际联席会议平台，协调拟定6省（市）南水北调中线水源区横向生态保护补偿协议，报6省（市）政府审定后签订实施。

（二）继续争取中央财政纵向生态保护补偿资金更大支持

国务院《关于推进中央与地方财政事权和支出责任划分改革的指导意见》（国发〔2016〕49号）提出"在条件成熟时，将全国范围内环境质量监测和对全国生态具有基础性、战略性作用的生态环境保护等基本公共服务，逐步上划为中央的财政事权"。国务院办公厅《关于印发生态环境领域中央与地方财政事权和支出责任划分改革方案的通知》（国办发〔2020〕13号）明确"适当加强中央在跨区域生态环境保护等方面事权"。鉴于我省在南水北调中线水源区生态保护方面的艰巨任务，我省应努力争取中央财政一般性转移支付更大支持，积极争取将南水北调中线水源区水质保护纳入中央事权；地方政府应负责依法依规落实生态保护工作责任，建立以中央财政生态转移支付为骨干、地区间横向生态保护补偿为手段、对口协作为纽带、市场补偿为辅助的多元化生态保护补偿机制。

(三)建立健全生态保护补偿相关政策法规

建议启动我省南水北调饮用水水源保护相关立法工作，制定《湖北省南水北调饮用水水源保护条例》，为南水北调中线水源区生态保护、生态补偿及南水北调后续工程高质量发展等提供法制保障。《河南省南水北调饮用水水源保护条例》已于2022年1月8日通过并于3月1日起施行。建议争取国家比照"黄河流域生态保护和高质量发展"战略，把建设中线水源区绿色发展和生态保护协作示范区作为国家战略，由国家发展改革委牵头启动编制实施《国家南水北调中线水源区绿色发展示范区规划》，以规划推动示范区建设落到实处。

(三)健全绿色低碳的能源支撑体系

绿色能源包含两层含义，一是利用现代技术开发干净、无污染新能源，如太阳能、风能、潮汐能等；二是化害为利，同改善环境相结合，充分利用城市垃圾、淤泥等废物中所蕴藏的能源。建立绿色低碳的能源支撑体系，就是大力推进绿色能源的使用，以及减少普通能源的使用、降低使用普通能源的碳排放。

1. 优化电力设施布局。

统筹协调光伏发电、风力发电、水力发电等新能源项目与传统煤电项目建设，完善省域电网，优化特高压廊道，持续优化湖北省电力网架结构；完善多方向受电通道布局，全面优化特高压电网。2024年，国网湖北省电力有限公司积极推进基建"六精四化"巩固精进，确保电网建设提速增效，全年开工110千伏—500千伏输变电工程88项，线路长度2043千米、变电容量1108万千伏安；投产110千伏—500千伏输变电工程96项，线路长度1470千米、变电容量977万千伏安。2024年，国网湖北电力全面布局三年网架优化工程，努力提升湖北电网大电网安全水平、风险控制能力、新能源消纳能力，在加快特高压"三线两站"建设的同时，攻坚500千伏大冶、东新、江北等10项输变电工程及20项网架优化工程，建设规模处于近年来最高峰。在1000千伏黄石变电站配套500千伏送出工程建设中，国网湖北电力累计投入1500余名施工及管理人员，历经229天施工建设，其中连续11天开展跨越铁路二级风险夜间施工，保证了工程按期送电，进一步优化了华中主网架结构。①

2. 构建绿色安全能源体系。

优化能源结构，加大煤炭清洁高效利用，最大限度降低高碳能源消费，提升非化石能源在总能源消费量中的占比；加快推进风能、太阳能、生物质能开发利用，提高可再生能源比重。

3. 开展全国能源通道汇集中心建设。

建设仪征—长岭原油管道复线，积极支持建设省内荆门—襄阳、襄阳—十堰、潜江—监利、宜都—秭归及武汉—重庆等成品油管道，推进原油储配库建设。

4. 开展油气储备和应急调峰体系建设。

推进川气东送扩能改造、川气东送二线、西气东输三线湖北段、新粤浙等国家天然气主干管道湖北省段及武汉—宜昌、十堰—竹山—竹溪等省内支线建设，实施"县县通""气化乡镇"工程，推进潜江地下储气库和云应地下储气库建设。

5. 开展煤炭储备、物流配送、加工增值等建设。

开展荆州江陵、武汉阳逻、襄阳余家湖、宜昌枝城等煤炭物流储配基地建设。

6. 开展区域碳交易中心建设。

在湖北武汉或荆州，建立区域碳排放交易中心，开展碳排放指标的交易。

---

① 国家电网报. 国网湖北电力：电网建设提质加速　网架结构显著优化. 2025-01-20.

(四) 加强矿产资源分类管控

1. 优化矿产资源分区布局。

贯彻落实生态文明建设总要求, 以全省区域发展布局为引领, 结合矿产资源重点成矿带分布特点, 优化资源勘查开发空间格局, 划定矿产资源保障区、补给区、优化区、缓冲区、匮乏区五大功能区, 促进资源开发与区域经济协调发展, 保障矿产资源可持续发展。优化资源安全保障布局。以战略性矿产资源为重点, 分层次规划资源安全保障布局, 落实规划中的国家能源资源基地、国家规划矿区、战略性矿产资源保护区和矿产资源储备区, 划定省级能源基地、省级规划矿区, 保障矿产资源安全。优化矿产资源勘查分区。在落实国家重点勘查区的基础上, 围绕成矿条件有利、找矿前景良好、大中型矿山深部和外围、有望实现找矿突破等区域, 合理设置省级重点勘查区。优化矿产资源开采分区。在落实国家重点开采区的基础上, 围绕大中型矿产地、重要矿产集中开采区等区域, 合理调控开发利用强度, 优化省级重点开采区设置, 完善清洁能源及铁铜金矿、磷矿等矿产资源开采布局。

2. 加强矿产资源分类管控。

调整矿产资源勘查方向。按照国家战略性矿产资源规划要求, 落实新一轮找矿突破战略行动, 重点推进石油、天然气(页岩气)、铀、铁(富)、锰、铜、铅锌(富)、钴、锑、金(岩金)、银(热液型)、锂、钾盐(卤水型)、晶质石墨、萤石、"三稀"等矿产勘查, 限制煤、高磷赤铁矿、超贫磁铁矿、钛(金红石)、硫铁矿等矿产勘查。调整矿产资源开采方向。坚持生态优先、绿色发展, 实施开采矿种分类管控, 重点支持石油、天然气(页岩气)、铁(富)、锰、铜、铅锌(富)、金(砂金除外)、银(热液型)等矿产开采, 限制煤、高磷赤铁矿、超贫磁铁矿、钛(金红石)、硫铁矿、磷矿、晶质石墨、萤石等矿产开采, 保护性开采绿松石、菊花石、百鹤玉等地方特色矿产, 禁止开采汞、砂金、蓝石棉等矿产。

3. 提升矿产资源利用效率。

调整矿产资源开发利用结构。优化矿产资源供给结构, 合理制定矿山最低开采规模，延长矿山最低服务年限，培育和发展有市场竞争力的矿业企业，延伸产业链，提升矿产品附加值，提高矿业集中度和规模效益。不断提高大中型矿山比例，逐步形成以大型矿业集团为主体，大中小型矿山协调发展的矿产开发新格局。推进矿产资源节约集约利用。加强矿产资源综合开采与利用，优化矿山开采方式，提高采选技术和生产工艺，促进低品位矿石、共伴生矿产及尾矿综合利用，提高矿山"三率"水平，最大限度开采利用矿产资源。

(五) 加快新型信息基础设施建设

加快新型信息基础设施建设，有利于发展以数字经济为代表的经济新动能，使其成为拉动经济发展的重要动力。传统基础设施建设的边际效用快速下降，亟须新的经济增长点。而能支撑产业向网络化、数字化、智能化方向发展的信息基础设施正是我国新一轮基础设施建设的重点所在。

1. 加快省域信息高速通道网络建设。

增强基础网络通信能力，推进光网建设，建设超大容量、智能、高速高效骨干传送网，提升光网络的智能调度能力和容灾抗毁能力。提升移动宽带通信水平，推进 5G 建设，合理安排新建通信铁塔(含基站机房)选址，满足电信企业需求，提高站址共享率。

2. 加快省域中心城市数据中心建设。

推进大数据中心、人工智能、云计算建设，提高云网协同能力，优化数据中心资源布局。在武汉、襄阳、宜昌等市新建和扩容省级数据中心园区和数据中心机房，打造中部大数据中心集群。推动全省数据中心形成布局合理、绿色集约的基础设施一体化格局。

(六) 加强国土空间灾害防御能力

灾害评估与防治是国土空间规划中重要的内容之一。《省级国土空间规划编制指南(试行)》、《市级国土空间总体规划编制指南(试行)》、"十四五"规划纲要等文件都明确要求重视灾害风险评估。《省级国土空间规划编制指南(试行)》中提出，"在生态保护、资源利用、自然灾害、国土安全等方面识别可能面临的风险,并开展情景模拟分析";"考虑气候变化可能造成的环境风险,提出防洪排涝、抗震、防潮、人防、地质灾害防治等防治标准和规划要求,明确应对措施"。① 加强国土空间灾害防御能力,有效防范灾害带来的人民生命财产的损失,是保障社会稳定、经济高质量发展的重要一环。

1. 提高国土空间安全性。

重点加强江汉平原江河洪水灾害防御,鄂西、鄂东山区地质灾害及山洪的防治。加大自然灾害高风险区的生态修复力度,优先安排生态保护修复重大项目,统筹生态移民和自然灾害、高险区搬迁避让措施,从源头上减轻灾害风险。

2. 提升洪水防御能力。

推进宜昌、荆州、黄冈、黄石、鄂州等长江干堤防洪工程建设和生态化改造,全面提升长江干流堤段防洪能力。推进襄阳、荆门等汉江干流岸线保护与堤防加固工程,提高汉江干流整体防洪能力。持续推进重要支流和中小河流治理,加强以流域和区域为单元的山洪灾害防治,加强江汉平原湖区防洪治涝工程建设,加强武汉、荆州、黄石等重点城市防洪排涝基础设施建设,全面推进海绵城市建设,增强城市水安全保障能力。

典型案例:湖北仙桃迎战汉江秋汛的经验启示②

仙桃市地处江汉平原腹地,三面环水,特殊的水文地理环境使其在全省防汛抗洪大局中的地位凸显。2021 年,我省气候反常,极端天气频发,汉江流域多地遭遇局部特大暴雨山洪灾害,汉江出现历史罕见的秋汛,其中仙桃站超警 9 天。面对汉江秋汛发生时间早、历时长、汛情重,汉江中下游干流反复长时超警戒、超设防水位的严峻复杂形势,仙桃市坚决贯彻落实中央要求和省委、省政府部署,始终坚持应勇书记提出的"生命至上、防字在先、敬畏自然、避险为要"16 字防汛救灾原则,提前预警、

---

① 自然资源部办公厅关于印发《省级国土空间规划编制指南》(试行)的通知,自然资办发(2020)5 号.

② 本案例系笔者调研报告,作者王皖君、雷荡,写于 2021 年。

精准预判，靠前指挥、科学调度，提高防汛抗洪工作水平，构筑"铜墙铁壁"迎战汉江秋汛，确保人民生命财产安全，为全省各地完成目标任务、交出"全年精彩"答卷提供了重要经验启示。

一、固化责任链条，一盘棋指挥

一是健全包联责任体系。健全完善各级防汛责任制，准确把握气象形势的严峻性、风险隐患的复杂性、安全度汛的重要性，坚持大员要员上阵、全面严防死守。市委主要领导高度重视、亲自部署，市政府主要领导坐镇市防汛抗旱指挥部调度指挥，市"四大家"其他领导分别进驻各流域防汛指挥部现场督导指挥。建立"三包三有"包联责任体系，即县包乡(县级领导、县直部门包联乡镇)、乡包村(乡镇班子成员及其办站包联村)、村包组(村干部包联村民小组或重点片区)，做到有责任领导、有责任干部、有工作专班，层层压实责任、个个包保到位。二是健全指挥运行体系。以设在水利局和湖泊局的防汛抗旱指挥部为中心，主管部门到指挥部集中常态化办公，其他成员部门战时联动，建立起便于分时分类灵活切换作战的指挥运行体系。本次两轮秋汛期间，由市领导督导、主管部门调度，应急、消防、交通、住建等部门共成立8支1100人的突击队伍，各乡镇分别组织100人应急队伍，常态化备勤备战，确保"召之即来、来之能战"。三是健全群测群防体系。为做好防汛技术支撑，组织60名专业防汛抢险技术人员下沉一线，成功处置险情21处。6名经验丰富的退休老水利干部主动请缨，闻险而动，奔赴一线技术指导。全市党员干部发扬连续作战精神，放弃休假，全员坚守。5400名党员冲在一线，13678名群众上堤巡查防守，为夺取防汛工作全面胜利提供了坚实保障。

二、强化信息共享，一张网覆盖

根据多年防汛抗洪经验，强化资源整合，建立起了完善的部门信息共享机制，打破部门之间的"数据壁垒"，持续保障信息共建共享。向上，对接国家应急指挥综合业务系统、湖北省应急管理综合应用平台等；市内，对接气象、自然资源和规划、水利和湖泊部门的自然灾害监测预警系统和监管平台；基层，对接到乡镇、村的广电综合互联网视频会议系统。通过"一张网"动态监测全市水雨情的发展态势，实时更新水、雨、汛情信息和防守情况，当好"千里眼"和"顺风耳"；实现应急会商、视频会议、远程可视指挥调度、应急资源信息管理、风险隐患监控和统计、自然灾害预测预警等信息"一张网"覆盖，逐步完善信息保障体系。

三、细化气象服务，一体化预警

夯实预警体系，推广应用"31631"气象服务模式，即在暴雨、雷电、大雪等重大天气来临前，市气象局提前3天主动与省气象局开展加密会商，进行风雨预测、风险预估，发布《重大信息专报》；提前1天加密与应急、水利等部门联合会商，发布《气象服务快报》，预报降雨落区的具体量级、重点影响时段；提前6小时发布《天气快报》，进入临灾精细化气象预警状态，精准研判确定高风险区；提前3小时发布预警信息，滚动更新落区、过程累计雨量、最大雨强、最大风速等天气预报信息；提前1小时发布预警信息，精细到乡镇、街道区域进行预警预报；提前3天发布重大气象服务专报，给出过程预测、风险预估及防御建议；提前1天预报重大天气过程落区、量级、主要时段；提前6小时发布气象灾害预警信号；提前3小时更新精细化分区气象预警；每过1个小时更新过程落区、累计雨量、最大雨强、后期发展趋势。通过加强与长江委、省防办、省水利厅及上游兄弟县(市)沟通联系，密切关注上游雨情水情变化，适时运用大数据手段制作水情汛情变化分析图表，做到科学防汛、实时防汛、精准防汛。

四、优化会商调度，一条龙响应

一是健全"面对面"会商研判机制。指挥长根据气象预警和当前防汛形势，及时召集气象、水利、自然资源和规划、应急管理等部门集中进行会商，研判雨情、水情、汛情、灾情，并作出应急响应决定。仙桃市今年超警戒水位时启动Ⅲ级防汛应急响应20天，超设防水位时启动Ⅳ级应急响应4天。根据应急响应等级，市领导进驻市防汛指挥部，每日两次会商研判，拟定一份汛情分析，形成一份工作清单，落实一套巡查交接表，完成一份督查通报，确保全市防汛指挥体系政令畅通、流程优化、运转高效。二是建立"点对点"精准调度推进机制。8月31日全省视频调度会后，仙桃市第一时间启动全市III级防汛应急响应，进行点对点调度，查险排险精准到位，分洪运用科学精准。在原有市汉江防汛指挥部和东荆河防汛指挥部基础上，及时启动东荆河民垸防汛指挥部、杜家台分蓄洪区防汛指挥部并升级防汛等级标准，为后续防汛工作争取了应对时间。按照"一个点位、一名专家、一份预案、一套专班"工作模式，对汉江、东荆河27处穿堤建筑物和25处险工险段安排专人24小时坐哨防守，开展不间断拉网式排查、逐一体检过关，做到隐患风险"零放过"。加强江河水面巡查，避免大型漂浮物脱落对沿堤建筑物及堤防造成损害。及时修订杜家台分蓄洪区分流运用准备方案及预案，组建分流运用组、交通管制组、人员疏散组等9个工作专班，认真深入开展分流政策宣传、人员财产转移、堤垸涵闸防守、应急医疗保障及信访维稳处突等准备工作。三是建立"实打实"应急督导通报机制。市级组建4个督导专班，分片包干负责对全市防汛工作开展全天候全方位随机督查，及时通报督查结果并督促整改到位；各乡镇(街道)组织小分队，不间断开展防汛工作巡查指导，以严督查倒逼真落实。

3. 强化地质灾害防御能力。

划分地质灾害重点防治区。全面提升地质灾害防灾减灾救灾能力，形成地质灾害综合防治格局。对确认危险性大、危害严重的地质灾害隐患点应采取搬迁避让或工程治理措施，彻底消除地质灾害隐患。

4. 优化地震及人防安全保障能力。

完成全省地震灾害调查和重点隐患排查、地震易发区城乡房屋设施抗震鉴定，严格按照《中国地震动参数区划图》分区烈度标准进行抗震设防。县级以上人民政府应加强人民防空防护工程体系和人防疏散体系及区域备灾中心建设；加强对易燃、易爆物品及剧毒品的管制；依照《人防法》和人防专业部门的规定比例同步修建防空地下室，注重平战结合、优化地下空间利用。

5. 提升公共卫生安全保障能力。

加强各级疾控中心建设，建设突发公共卫生事件应急指挥中心、检测检验中心和公共卫生服务中心；加强医疗服务体系与医疗救治体系建设。高标准建设国家重大公共卫生事件医学中心和省级重大疫情救治基地，全面布局市级重大疫情救治基地及县级可转化病区。

二、明确生态保护边界，打造灵秀湖北

以提高资源环境承载能力为前提，维护重要生态屏障持续稳定，严守水资源、生态、粮食等方面的底线，提高国土安全韧性，形成"三江四屏千湖一平原"国土空间保护格局。

"三江"：统筹长江、汉江和清江空间利用，以水系、水网、运河为廊道串联江汉湖群，建设生态涵养带，实现"以廊串珠"的水生态保护网。保育三江是指以水体保护和污染防治为重点保护长江、汉江、清江及两岸水土保持带。长江流域重点加强长江防护林体系及沿江绿色生态廊道建设，以沿江湿地保护恢复完善江河湖泊湿地连通体系。汉江流域上游丹江口库区段以防风固沙、减轻自然灾害为建设重点，加强防沙治沙和生态治理，积极营造汉江防护林、鄂北生态防护林、农田防护林；下游江汉平原段重点防治水体污染、保护水质水源。清江流域重点加强水库调洪能力，解决清江下游防洪问题。

"四屏"：提升"四屏"生态服务能力，推进鄂西北秦巴山生物多样性维护、鄂西南武陵山生物多样性维护和水土保持、鄂东北大别山水土保持、鄂东南幕阜山水源涵养生态功能区建设，筑牢生态安全屏障。保护四屏是指筑牢鄂西北秦巴山、鄂西南武陵山、鄂东北大别山、鄂东南幕阜山为主体的生态屏障。

"千湖"：加强湖泊、库区生态保护，构建以三峡库区、丹江口库区、洪湖、梁子湖为核心的水生态保护链，强化洪水调蓄、气候调节、水源涵养功能。维护千湖是指以保护湿地生态系统为重点修复湖库、湿地水生态环境。加

强湖库、湿地的生态保护和建设，着力改善水环境，修复水生态，节约水资源，协调推进江湖连通，维护江湖水域生态系统的生物完整性，建设一批人水和谐、经济发展与生态保护双赢的"两型"湖区，做强"千湖之省"生态品牌。

"一平原"：保护江汉平原、鄂北岗地优质耕地，提高耕地质量和数量，落实藏粮于地、藏粮于技，打造国家级高品质粮仓。维育江汉平原是指统筹江汉平原生态保护与农业生产，营造农田防护林，实施湖泊湿地保护，构建山水林田湖有机系统，着力解决湖北人口最密集地区的生态保护、污染治理、洪水调蓄等突出问题，增强生态系统对经济可持续发展的支撑作用，充分发挥"鱼米之乡"的农业生态优势，建设"气蒸云梦泽"的美丽家园。

(一) 坚持生态优先，保护自然

划定并严守生态保护红线，构建以国家公园为主体的自然保护地体系，加强沿江近域空间管控，强化水生态保护与水污染防治，推进国土绿化，提升森林碳汇，构建生物多样性保护网络，建设人与自然和谐共生的美丽湖北。

(二) 优化自然保护地空间结构与布局，构建以国家公园为主体的自然保护地体系

按照自然生态系统完整性、物种栖息地联通、保护管理统一的原则推进各类自然保护地整合归并优化，形成以国家公园为主体、自然保护区为基础、各类自然公园为补充的自然保护地体系。

(三) 划定并严守生态保护红线

整合优化后的自然保护地全部划入生态保护红线，实施严格保护。化解与永久基本农田、城镇开发边界和已有国土空间开发利用活动的矛盾冲突。严格实施分区管控，生态保护红线内实行核心区与一般控制区两个等级管控。自然保护地核心保护区原则上禁止人为活动，逐步推进核心区内的耕地退出，恢复生态系统功能；一般控制区内禁止开发性、生产性建设活动，除国家重大战略项目外，仅允许原住居民基本生产生活、适度参观旅游的必要公共设施建设及

符合县级以上国土空间规划的线性基础设施建设等不破坏生态功能的有限人为活动。

(四)提高生态系统碳汇

以现有林地、湿地为基础,将森林、湿地生态系统作为主要自然碳库。对于陡坡耕地及其他生态条件脆弱的耕地,稳步安排退耕还林;推进保护性耕作,增加农业碳汇。引导新增高碳产业向适宜区集聚,实施碳捕集利用与封存示范工程。

(五)聚焦长江大保护,加强沿江近域管控

科学引导沿江城市化发展区的建设。围绕经济提质增效和绿色发展,依托交通枢纽、重要港口及高新产业园等重要资源,加速布局战略性新兴产业,推进沿江产业转型升级,推进港城融合。在清江沿线生态环境影响较小、城镇化发展较好的区域适度进行开发利用,加快建立生态产品价值实现机制。

典型案例:以打造水美乡村为抓手　促进我省流域综合治理

——以荆门市东宝区子陵铺镇为例①

《湖北省流域综合治理和统筹发展规划纲要》(后简称《规划纲要》)是我省先行区建设总体设计和行动纲领,其中明确提出以流域综合治理为基础推进四化同步发展、加快推进先行区建设。这要求我们深刻认识和理解流域综合治理与推进四化同步的内在逻辑联系。中国式现代化离不开农村的现代化,农村的现代化离不开农村的城镇化和农业的现代化。理解流域综合治理如何推动实现农村城镇化和农业现代化是理解以流域综合治理为基础推进四化同步发展、加快推进先行区建设的关键。

---

① 本案例系笔者调研报告,曾发表在湖北日报(《以小单元守住大流域》,2023 年 7 月 14 日)上,作者王皖君、程华。

对于农村问题，过去的理念是通过城镇化来解决城乡差异，农村借助城市发展的红利，通过城镇化来实现城乡融合发展。根据刘易斯二元经济发展理论，工业化使农村劳动力不断向城市工业部门转移，随着农村劳动力供给出现短缺，经济到达刘易斯拐点，促使农村劳动力工资提高，最终实现工业和农业部门的均衡发展。经过40多年经济的快速发展，中国的城镇化率已突破65%。在后城镇化时期，以城带乡的重点将不再是农村人口向城市工业部门的转移，而更多的是如何提高农村的要素生产率。

子陵铺镇的发展过程准确反映了这两个不同的发展阶段，第一阶段是近郊村通过城区工业化项目落地，实现了人口、土地等要素的就地自然转移，成功实现以城带乡的城镇化发展的阶段。而随着乡村振兴战略的开始，远郊村因为没有经历城镇化过程，其土地、环境等自然资源要素及人文生态原貌得以保留且变得相对稀缺，从而使其获得了第二阶段的发展机会。推进以水资源、水安全、水环境、水生态治理为基础的江河湖库生态保护发展有助于进一步推高这些稀缺要素的价格。子陵铺镇正是借助了这一要素价格均等化过程，依托远郊村自身自然资源，以流域治理水系项目建设为契机，大力发展农村旅游消费经济，提高了农村综合要素价格，进而推动了城乡融合发展的新型城镇化进程。

一、东宝区子陵铺镇统筹流域治理、打造水美乡村的积极探索

（一）依据资源禀赋合理规划管控单元，部门联动守牢安全与发展底线

子陵铺镇位于荆门市东宝区北部，东与钟祥市冷水镇毗邻，主要涉及汉江中游片区的浰河片区下的四级流域九渡港河片区。东宝区在全省及荆门市划定的一、二、三级流域基础上，综合考虑主要支流、主导功能和行政边界等因素，将全区细分为8个四级流域片区；并在以乡镇（街道）为单位的四级流域基础上划分了6个优先保护类、6个一般管控类、8个重点管控类共20个管控子单元，以"小单元"守住"大流域"。子陵铺镇作为九渡港河片区的管控单元，科学合理设置子单元，从新型工业化与新型城

镇化融合、农业现代化及生态保护三个方面进行功能引导划分，将辖区30个村分为三类设置子单元，明确相关村功能目标。将7个功能定位为新型工业化与城镇化融合的村设置为重点管控村，将目标定位为乡村振兴发展带的周边21个村设置为一般管控村，将另外2个拥有水源备用水库的生态保护村设置为优先保护村。通过科学合理定位、分层分类分级划分管控单元，明确村级功能定位和发展目标，将管控区域责任单元细分到村，在满足水生态安全保护要求的同时兼顾了未来乡村振兴的发展需要。

(二)推进水系项目建设，以特色文旅开拓镇村闲置资源

依托2020年水利部在子陵铺境内开展的水系连通流域治理试点项目，子陵铺镇打造了一条"水美乡村"一日旅游环线。该项目全长34公里，贯通子陵铺镇11个村落，将子陵铺域内河流全线连通。以恢复农村河湖基本功能、修复河道空间形态、提升水环境质量和修复水生态为四大重点任务，通过河流沿线道路基础设施提档升级，通过新建及改造桥、闸、泵站、拦河坝等建筑物65处，初步形成了一片水美、路美和村美的水美乡村景观。

在保障农业生产灌溉用水的前提下，围绕这条"水美乡村"路线，子陵铺镇积极拓展沿线周边乡村旅游资源，先后打造了一系列富有乡村特色和历史文化内涵的旅游景点。华阳村周家老宅的一面"红军墙"，见证了我国土地革命和抗日战争、解放战争时期的历史，是子陵铺镇重要的红色教育资源。依托"红军墙"这一红色遗迹，子陵铺镇充分挖掘华阳、八角两村的红色文化资源，结合水系连通项目，精心打造了"红色八角"教育基地。基地总占地面积约20亩。基地以本地"红色文化"为主题，以建设美丽宜居乡村为导向，按照中国古典园林手法进行布景，打造水文化广场、景观桥、六角亭、红色文化雕塑、五星长廊史展等一系列红色景观。

随着中心集镇改造升级完成，子陵铺镇形成了一条从观赏农村水系连通流域治理成果的"水美乡村"出发，到体验子八路、万南路沿线上丰富的历史文化景点，最后回到中心集镇享受具有乡镇特色农旅消费服务的

"一日游"环线。子陵铺镇依托流域治理推动项目建设的契机，充分打造和利用辖区特色、红色资源及当地闲置乡村旅游景观，把握了生态保护与文旅同步协调发展要求，探索出了以农村水美文化为基础的农旅发展新方向。

(三)"水乡"联动优化空间布局，"水旅"融合推进新型城镇化

子陵铺镇下辖的 30 个自然村，主要分布在荆门主城区以北。近年来东宝区工业经济迅猛发展，靠近主城区的城郊村依靠承接产业工业园项目入驻获得了较快的发展，一批落地快、成效好的工业项目带动了基础设施项目建设的投入，城郊村实力大大增强，乡村面貌随之焕然一新，城镇化率也大幅提升。这也导致城郊村和远郊村的发展差距拉大，出现了镇域局部发展不平衡的问题。因此在美丽乡村项目的谋划和建设上，子陵铺镇因地制宜合理规划，将"一日游"流域环线上的几个远郊村率先纳入美丽乡村示范村进行重点打造，对流域环线上的八角、华阳、新庙、万家坪、四坪、南桥村进行统一规划设计，把美丽乡村项目建设同促进流域环线协同发展目标相结合。

随着通村公路基础设施更新、农村环境卫生整治、沿道路房屋立面改造等美丽乡村项目建设完成，子陵铺九渡港河水系连通的沿线村庄面貌焕然一新，形成水系连通与美丽乡村交相辉映的"水美乡村"靓丽风景线。这种"水"与"乡"的联动，使得美丽乡村建设不是简单的陆地面基础设施投入，而是涵盖了农村水系、河流生态等更多方位的人居生态环境改善。子陵铺镇通过早谋划，发挥了水美乡村和美丽乡村的融合效应，并最大化利用农村人文景观，形成一条独具乡村特色的水系景观旅游线路，为远郊村的发展注入了新活力。子陵铺镇抓住了水美乡村建设的流域综合治理契机，合理规划美丽乡村建设，优化了镇域发展布局，解决了远郊村因工业化不足而带来的城镇化率偏低问题，通过水美乡村和美丽乡村的融合建设探索出了以流域综合治理为契机推进镇域新型城镇化的道路。

(四)补齐交通路网设施短板，提振农旅经济效益

子陵铺镇的交通一直存在短板。其西南面被新 207 国道及荆门北三环

环绕，交通较为便利；东北侧则主要与钟祥市接壤，路网基础设施相对薄弱。为改变这一交通发展不均衡局面，子陵铺镇在大力实施乡村振兴战略、推进美丽乡村建设中，统筹水系岸线交通规划，重点考虑了位于东北侧的主要通村干道万南路和水系岸线子八路。通过对这两条道路的扩宽硬化改造，处于该线路上的十多个村的交通问题得到极大的改善。交通是农村发展的前提，线路是发展旅游经济的基础。子八路与万南路的升级改造，打通了子陵铺镇域内的交通堵点，改善了东北侧交通相对落后的局面，使得贯穿子陵铺镇的流域环线实现全线连通。

"一日游"环线流域经济的打造，为子陵铺带来了不少人气。每逢节假日，"水美乡村"子陵铺成了不少市民出游的一大热门目的地。得益于旅游环线所带来的人流效应，子陵铺农副产品的产销得到了快速发展。旅游环线附近的村先后发展起草莓、火龙果、果冻橙、蓝莓、香椿、菌菇种植采摘基地。其中拾井村因地制宜，争取财政资金 20 万元、流转土地 14 亩，用于发展羊肚菌种植基地 7 亩、新建大棚 7 个。每亩产量 300 斤，预期可增加集体收入 30 万元。环线各村共计流转土地 456 亩，参农户有 158 户，其中贫困户 102 户，集体收入增加近 360 万元。农副产品的种植采摘成为壮大集体经济，带动村民就业、贫困户增收的重要渠道。产业发展是实现乡村振兴的重要路径，子陵铺镇在推进流域治理的过程中，系统推进水系项目建设、特色文旅景观打造和美丽乡村示范布局，做活了以水旅为基础的流域经济，成功形成了以流域综合治理推进乡村振兴的统筹发展格局。

二、推进我省基层流域综合治理的相关启示与建议

(一)做好小流域治理与乡村振兴结合的文章

实施流域综合治理是加快建设全国构建新发展格局先行区的重要抓手，也是实现新一轮城镇化推动乡村振兴的重要机遇。城镇流域综合治理要结合自身实际、立足当地资源禀赋条件因地制宜、因河施策找准切入点，做好小流域综合治理与乡村振兴结合的文章。以小流域为单元，以村

庄和水域周边为重点，统筹农村生产、生活、生态要素，统一规划山水林田路村，将治山、治水、治污与致富相结合，协同推进流域水系整治、污水垃圾处理、人居环境改善、生态产业发展，合力打造山青水净、村美民富、人水和谐的美丽乡村。

一方面是做好小流域综合治理与美丽乡村建设的结合。在美丽乡村打造和项目选址规划上要注重与流域相融合，要对山水林田湖、路、污水、垃圾、厕所等进行同步治理，通过沟道治理、石坎梯田、护岸护坡、拦泥蓄水、生态沟渠等微工程建设，提升美丽乡村中的水生态保护意识，从保护、优化农村水生态入手来规划美丽乡村项目建设，注重小流域生态与乡村的融合协调，提高水美乡村建设意识，涵养农村水文化。

另一方面是做好流域治理与文农旅产业的结合。乡村振兴离不开产业的振兴，流域治理要结合实际，与地方特色资源结合，充分挖掘历史文化资源、红色资源等特色要素，通过水生态、水环境优化进一步提升地方特色资源价值。推动农村文化、农村特色文旅、原生态种植采摘等产业融合发展，通过构建山、水、林、文、旅、产一体的生态发展模式推动乡村产业振兴发展。

(二)做好流域综合治理中单元管控与发展空间的统筹

《规划纲要》明确提出了我省的发展目标、思路和举措，构建了理想空间形态，确定了统筹发展和安全的正面清单、负面清单，对湖北加快先行区建设、加快建成中部地区崛起的重要战略支点作出了全局性、综合性、长期性的战略谋划。各地要把握并用好统筹规划和规划统筹的方法论，通过瞄准目标细化举措、聚焦任务狠抓落实的有力行动，推动以流域综合治理为基础的四化同步发展"一张蓝图"绘到底、干到底。对于基层来说首先是要正确理解统筹规划与规划统筹的正确要义，统筹规划是构建蓝图，规划统筹就是实施方案。要立足统筹兼顾、协调发展，节约利用土地资源，强化政府空间管控效力，有效地解决"规"出多门、各自为政、相互打架等突出问题，建立统一衔接、功能互补、相互协调的空间规划体系，实现"一张蓝图"管到底。其次就是要做好管控单元与发展空间的统筹。规划统筹要立足当地实际，切忌出现"上下一般粗"现象，导致规划流于形式，也要防止"一管就死""一刀切"等粗暴简单工作方式的出现。科学合理设置管控单元，分区域、分类、突出重点、差异化管理，并根据环境功能定位、地方资源禀赋，制定差异化的管理目标。落实底线管控要求，细化发展指引，完善支撑体系。要建立科学完善的考核机制，细化安全管控的负面清单。基层规划要对管控单元细化目标任务，明确管控责任单位，同时明确相关部门主导和指导实施的责任义务，建立流域地管控与部门指导协调的多层管理体系，实现单元管控与发展空间的协调统筹，促进以流域综合治理为基础的四化同步发展扎实推进。

（六）推进国土绿化

以三江沿线四大屏障为重点区域推进国土绿化。加强长江、汉江、清江防护林体系建设，建设长江、汉江、清江流域水土保持带，加强秦巴山、武陵山、大别山、幕阜山天然林保护，积极推进生态公益林、水源涵养林、水土保持林建设，有序推进退耕还林，稳步提高森林覆盖率。

落实林地保护任务。严守林地保护总量，合理调整林地数量与结构，优化林地资源配置，发挥林地多功能作用。

落实林地分级分区管理，提升森林质量和功能效益。坚持全面保护与突出重点相结合，对不同的主体功能区实行林地差别化管理。

（七）构建具有国际意义的生物多样性保护网络

保护生物多样性关键地区。以国家生物多样性保护优先区域为指导，在全省划定生物多样性保护优先区域，实施生物多样性重点保护。加强对优先保护区内城乡建设、基础设施建设等对生物多样性主要威胁因素的管控，保护野生动植物群落生境。加强秦巴山、大别山等药用植物种质资源库和长江中上游野生动植物基因库建设。

增强重要栖息地之间的连通性，建立生境廊道。系统保护江汉湖群国际候鸟东部迁徙廊道，保护中华鲟、长江鲟、鳡鱼、胭脂鱼、江豚与刀鲚等水生生物洄游通道，提升生态系统连接度。

典型案例：增绿增景增颜值、富脑富村富口袋的美丽乡村建设之路
——"两山"理论在我省远安县的生动实践①

习近平总书记在浙江调研期间强调，要深化"千村示范、万村整治"工程和美丽乡村、美丽城镇建设。美丽乡村建设，是贯彻落实习近平生态文明思想的生动实践，是践行以人民为中心发展理念的充分体现，是实现乡村振兴战略的重要抓手。湖北省远安县深入贯彻落实"绿水青山就是金山银山"的理念，按照省委、省政府的部署，学习全国各地经验，做足山水文章，重塑乡土韵味，发展绿色产业，强化党建引领，将生态优势转化为经济优势，探索出了既增绿增景增颜值、又富脑富村富口袋的美丽乡村建设之路，着力打造美丽家园、绿色田园、幸福乐园，先后荣获全国生态建设示范区、全国绿色小康县、全国休闲农业与乡村旅游示范县等荣誉称号。

一、以"两山"理论为遵循，谋定而后动

一是将"两山"理论贯彻到战略规划的优化中。坚持以思想高地引领发展高地，以"两山"理论为指引，制定了国民经济和社会发展规划、全域旅游规划、城乡总体规划、土地利用规划、生态环境保护规划等"多规合一"的发展战略；依据客观县情，遵循经济发展周期及人口转移客观规律，科学研判未来20年至30年经济社会发展趋势走向，在全省率先开展全域景区化建设，发展全域旅游，逐步明确"新型工业强县、全域旅游富民、绿色城镇筑基、乡村振兴惠农"四大战略任务，加快推动全县高质

① 本案例是笔者负责的课题组的调研报告，刊发在省委党校《研究报告》2021年第7期上。作者王皖君、敬顺平。

量绿色发展。

二是将"两山"理论落实到考核体系的设计中。充分发挥考核的指挥棒作用，把绿色发展作为干部政绩考核的重要指标，建立健全科学的考评体系。既考"显绩"，更考"潜绩"，通过增加经济高质量发展、生态环境保护、乡村振兴等"绿色指标"的权重，为推动高质量绿色发展凝聚更多共识、更大合力。在全县各级共同努力，发动、依靠群众的基础上，远安县连续两年位列宜昌市绿色发展指数考核第一名。

二、以融合发展为路径，实现绿色富民

一是与现代农业融合。以"专精特优"为方向，以标准化基地和"一村一品"专业村镇为重点，突出优质米、食用菌和黄茶三大优质特色产业，分别启动瓦仓米业农业产业园、鹿苑黄茶生态产业园两个重点现代农业产业园及茅坪场镇蘑菇小镇产业强镇建设。截至 2019 年 8 月，全县已建成农业产业标准化基地 22 个、乡村庄园 20 个及农耕博物馆 3 个，打造全国"一村一品"示范村镇 2 个、省市级休闲农业示范点 7 个。

二是与新型工业融合。在做大做强磷化工、新型建材和矿山开发利用等主导产业的同时，大力发展新能源、节能环保等战略性新兴产业。严格执行磷矿资源开发总量调控制度，建立落后产能退出机制。远安县依据生态管理相关法规，有序关闭 4 家化工企业、沮河沿线 25 家砂场及 200 多家煤矿，另支持、引导、监督 21 家重点企业完成节能改造项目 20 余个。

三是与文旅产业融合。坚持用 A 级景区标准建设全域，开启"全县是景区、处处是景观、村村是景点、人人是导游"的全域旅游模式。将远安呜音、远安花鼓戏等非物质文化遗产和远安皮影戏等地方特色文化引进景区、景点，精致打造 30 多个生态休闲景区；加大古树名木、田园风光、乡土文化保护力度，评选出 20 个"最美乡愁"村落并予以专款保护；充分利用本地山水资源，发展 500 余家精品民宿、农家乐；积极挖掘嫘祖文化，不断扩大旅游营销活动影响力。

三、以保护生态为主线，打造美丽乡村

一是以小切口开展环境整治。以群众最关心、对环境影响最突出的问题为优先解决事项，明确了"两拆、两改、两种、两添"八项重点任务，扎实开展人居环境整治；注重"多做减法，慎做加法"，开展小切口整治，通过微设计、微施工、微管理，尽力守护原生态；制定《远安县农村人居环境整治相关技术标准（试行）》，常年保持全域不见白色垃圾，做到"扫干净、码整齐、收通豁"。

二是全方位守护生态本底。着眼个人守护、企业责任、政府引导三个层次，守好绿色生态本底。印发《远安县生态公民通识读本》2.4万册，使公民生态守护意识、生态导读能力和价值发现水平显著提升；扎实推进山体生态修复、水生生态保护、清洁能源替代和秸秆综合利用等工程，使全县森林覆盖率达到75.6%、城区空气质量优良天数占有效监测天数的93.6%。

三是全地域完善硬件支撑。以宜旅设施配套建设带动城乡基础设施全面提升。远安县累计投入资金13.8亿元，改造升级乡村旅游环线，形成风景廊道、自驾游环道、马拉松赛道、产业发展通道四线合一的旅游路线；新建或改造旅游厕所50座，建成3个旅游信息咨询中心和1个旅游集散中心。其中，重点景区免费Wi-Fi全覆盖，旅游自助咨询服务网络体系遍布各类节点，以实现全程全域无障碍游。

四是高标准建设诗画村庄。探索"坡顶林、坡上居、坡下田、坡谷溪"人居模式，打造"双顶两坡四出檐、脊翘梁挑本土色"的远安特色民居。积极推广《远安县特色农房建设图集》，选聘"三微"（微设计、微建设、微管理）乡土建设顾问和服务团队服务特色农房建设。全县已建成12个省级美丽宜居村庄和双路、马渡河等乡土特色居民点，在省道沿线打造了3处特色农房提标示范区，在深入研判人口梯次转移规律的基础上，启动了8个居民点建设。

在习近平总书记"两山"理论的指引下，远安县探索出了一条增绿、增

景、增颜值的秀美之路；在大力促进现代农业、新型工业和文旅融合的产业发展战略下，远安县探索出了一条富脑、富村、富口袋的康庄大道；在以生态保护为主线的乡村建设中，远安县探索出了一条绿色高质量发展的长远路径。建设美丽乡村，远安县已然走在全省前列，为全省县域经济实现巩固拓展脱贫攻坚成果、持续推进乡村振兴、补齐弱项短板，提供了宝贵的经验。

三、加快推动经济高质量发展

（一）引导现代产业集聚高效发展

1. 优化现代产业空间布局。

以"一主引领、两翼驱动、全域协同"为指导，优化全省现代产业空间布局，以水定产，有效保障产业用地，加快形成以战略性新兴产业为引领、先进制造业为主导，现代服务业快速发展的现代产业体系，支撑产业集聚高效发展。

武汉城市圈省域发展核心为增强产业区域辐射带动能力，重点发展"光芯屏端网"、汽车制造和服务、大健康和生物技术、高端装备和先进基础材料、航空航天、网络安全、空天信息、人工智能和数字创意等产业。打造存储器、商业航天、网络安全人才与创新、新能源和智能网联汽车四大国家级产业新基地。武汉联合鄂州、黄石、黄冈、咸宁打造光谷科技创新大走廊，重点发展光电子信息、大健康等产业；推进建设车谷产业创新大走廊，以武汉经济技术开发区为核心，加强与仙桃、天门、潜江等地区的协调联动，打造汽车装备制造产业集群；依托航空港经济综合实验区，以武汉天河国际机场和鄂州花湖国际机场为核心，支持武汉、孝感、鄂州、黄石、黄冈联合打造临空临港枢纽经济带，重点发展航空物流、保税物流、临空制造、跨境电商、网络安全等产业。

襄阳都市圈联合武汉打造"汉孝随襄十"万亿级汽车产业走廊和国家先进

制造业产业集群,建设全国有重要影响力的绿色食品生产基地。

宜荆荆都市圈协同推进精细化工、航空航天、高端装备制造、生物医药、新能源与新材料等产业的发展,打造国家级现代化工产业集群。

2. 积极培育创新产业空间。

支持武汉建设国家科技创新中心。高标准建设以东湖科学城为核心的光谷科技创新大走廊,支持武汉创建东湖综合性国家科学中心,打造具有全国影响力的国家科技创新中心。以重大创新平台为支撑,加快建设湖北实验室,提高体系化科技创新支撑能力,加快构建融通协作的区域创新共同体,建设科创强省。支持建设重大科技基础设施群,加快布局建设大科学装置,积极争创国家实验室,建设高水平实验室。支持建设国家信息光电子创新中心、国家先进存储产业创新中心、国家数字化设计与制造创新中心等。

支持建设襄阳、宜昌等区域创新中心。推动襄阳、宜昌市打造区域性创新高地,加快建设汉江流域创新中心、长江中上游区域创新中心。支持襄阳、宜昌结合各自优势和产业需求,加强谋划建设高水平创新平台,培育发展高新技术企业,增强综合科技创新实力,打造区域创新驱动新引擎。推动区域创新产业提档升级。重点支持襄十随神城市群发展新能源汽车、先进装备制造等创新型产业集群,重点支持宜荆荆恩城市群发展生物医药、新材料等创新型产业集群。

推进创新型城市、县(市、区)、园区建设。积极培育更多创新型城市、创新型县(市、区),全面提升县(市、区)综合科技创新水平。推动各地根据主体功能区定位,依托区域资源禀赋、产业特征、区位优势,因地制宜地探索各具特色的创新驱动发展路径,实施科技支撑乡村振兴行动。加快农业科技园区提质升级,构建完善国家、省级农业高新技术产业示范区建设体系。结合历史文化城区和街区、工业遗产、景区的活化利用,建设文化产业集聚区、文化创意园区等创新空间。

武汉市江夏区发挥中国科学院武汉病毒所、国药中生武生所、病毒所湖北江夏实验室等的龙头效应,加快建设国家疫苗研发和生产基地,做强疫苗产业链,推动光谷南大健康产业园建设发展,打造大健康产业基地,实现创新驱动。

3. 打造一批国家级创新产业集群。

支持集成电路、新型显示器件、下一代信息网络、生物医药四大国家级战略性新兴产业集群提升创新能力，助力国家存储器、国家航天产业、国家网络安全人才与创新、国家新能源和智能网联汽车四大产业基地创新发展。加快武汉新一代人工智能创新发展试验区建设。

4. 促进数字经济发展。

布局建设一批科学数据中心，积极推进国家超算中心武汉中心建设，推进区块链、人工智能、云计算等领域的重大创新，培育一批数字科技型企业，建设一批数字科技创新示范园区。

5. 完善产业发展用地策略。

强化产业空间供给和保障。制定灵活的用地供给政策，划定产业用地控制线，全面保障产业用地数量、质量，落实实体经济发展的产业空间。

简化、优化工业项目供地程序。推进工业用地"标准地"出让，提高土地供应效率。鼓励多种出让方式供地，积极推行先租后让、租让结合、弹性年期等方式供应产业用地，保证产业用地充分利用，避免土地闲置与浪费。

推进产业用地集约高效利用。实施"亩产论英雄"政策，提高产业用地容积率，推动产业升级和土地高效利用。以发展水平高的省级以上高新区、开发区为主体，推进"一区多园"建设。强化空间资源配置，提升产业园区发展能级、完善产业用地配套设施。加强开发区用地功能改造，合理调整用地结构和布局，推动单一生产功能向城市综合功能转型，提高土地利用经济、社会、生态综合效益。坚持以业建城，以城兴业，推动人、城、产、交通一体化发展，促进产业园区与城市服务功能的融合，在确保环境安全的基础上引导建设功能复合的产业社区，实现职住平衡和产城融合。

（二）加快推动县域经济高质量发展

2021 年 4 月 2 日，湖北召开全省区域发展布局暨县域经济工作推进会，解读了省委、省政府印发的《关于加快全省县域经济高质量发展的意见》，其中针对我省县域经济高质量发展，指出：到 2025 年，全省县域现代产业体系、新型城镇体系、科技创新体系、城乡公共服务体系、生态环境治理体系建设全面进步。综合实力明显提高。县域生产总值达到 3.5 万亿元，其中过 500 亿元的县(市、区)达到 25 个、过 1000 亿元的 5 个。全国百强县(市)数量中部领先、位次前移，五十强县(市)实现零的突破。发展质效明显改善。块状产业集群、县级财力、农业产业化水平显著提升。建成省级以上创新型县(市、区)40 个。一般公共预算收入过 20 亿元的县(市、区)达到 20 个、过 50 亿元的 5 个。城乡发展差距明显缩小。2025 年县域城镇化率达到 58%；城乡居民收入差距持续缩小，人居环境、基础设施、基本公共服务水平明显改善。生态环境明显改观。单位 GDP 能耗和主要污染物排放量逐渐下降，空气和水环境质量逐步改善，美丽乡村建设取得新成效。

1. 着力解决用钱难、用地难和用人难的三难问题，进一步激发县域要素活力，将要素资源转化为经济动力。

用好财政支持政策。自 2021 年起，省财政连续三年对实行省管县财政体制的县(市)当年税收增长超出全省平均水平的上划省级增量部分给予全额奖励。省财政根据县域经济发展年度考核评价、"三百"(百强进位、百强冲刺、百强储备)战略实施等情况，给予专项奖励。争取国家制造业转型升级基金，发挥省政府投资引导基金作用。规范推进政府和社会资本合作(PPP)，用好政府债券资金，加快补齐县域公共服务短板。

用活金融支持政策。加强对金融机构存贷款的指导和考核，改善县域贷存比，落实普惠型小微企业贷款政策。各金融机构要提升县域金融服务水平，下放信贷审批权限，适当下调贷款利率，压缩办贷时限，增加信用贷款和中长期贷款。鼓励商业银行在县域设立分支机构，支持农商行发展。开发和创新为县域量体裁衣式的金融产品和服务新模式，对金融创新项目优先审批支持。

实施碳汇经济发展计划。利用"双碳"目标带来的机遇，以湖北省碳排放权交易中心为支撑，以"大山区"为重点，大力发展碳汇林业。提升规划、打包、计量、认证等方面的技术水平，建立稳定高效交易渠道，将生态优势转化为经济优势。

盘活农村金融资源。浙江丽水市云和县的村级金融服务机构，在浙江省首创的金融产品包括生态公益林收益权贷款、农房流转使用权贷款、农村股权质押贷款等。同时，针对云和县本地特色电商聚集和民宿发展潜力较大的特点，开发特色产业贷、农村电商贷和民宿贷。这些创新，既合理配置了乡村金融要素，更有效盘活了乡村的沉睡资源，值得借鉴。

争取土地支持政策。建立以"亩产效益"为导向的土地指标差别化配置机制，推动县(市)城乡建设用地增减挂钩指标和占补平衡指标参与省内交易。省级以上开发区(园区)、产业开发区(园区)、特色小镇等全面推行新增工业用地"标准地"出让。建立节约集约高效用地激励机制，对土地集约水平高的县(市、区)，给予新增建设用地计划指标奖励。建立产业用地审批绿色通道，保障县域重点项目用地需求。盘活闲置用地，加快农村土地流转试点推进。推行土地流转与农业社会化服务一体建设试点。顺应农业现代化趋势，支持村集体组建土地、生产工具、劳动力等领域的股份合作社，提高生产要素集约化利用水平，扩大村集体与市场主体的谈判权、议价权，助力农民增收。

实施农村闲置房屋综合开发利用计划。瞄准城市市民向往乡村田园生活和城市资本寻求投资新渠道的发展趋势，大力开发农村空闲农房，发展民宿、农家乐、电商等新产业新业态，以租赁、代理、合作经营等方式，变现农村闲置资源，促进乡村经济多元化。

落实人才支持政策。加强企业家队伍建设，弘扬企业家精神，持续开展"123"企业家培训计划。完善"科技副总"选派机制，从省内外高校院所选派科技人才，对口担任中小微企业"科技副总"，每年不低于200人规模。加强职业教育和职业技能培训，鼓励各类职业院校、技工院校和职业培训机构与企业开展对口合作，组织各类技能竞赛，支持企业开展技能等级认定，打造数量充足的高中端技能人才队伍。完善吸引人才的政策、条件，落实市民化普惠政策留住人，创新"人才飞地"模式用好人。

2. 以信息化赋能农业产业化、县域工业化、新型城镇化，提升县域经济总量。

(1)全力推进农业产业化与农业互联网+。

推动重点产业链建设工程，重点产业生产、加工、流通一体化发展。聚焦优势种养区域、重点企业、特色品牌，着力发展我省优质稻米、生猪、特色淡水食品(小龙虾)、蔬菜(食用菌、莲)、家禽及蛋制品、茶叶、现代种业、菜籽油、柑橘、道地药材十大重点农业产业链。每个重点产业链均由省领导衔接、分工负责主抓。

注重农业科技创新，聚焦关键品种、关键技术、关键设备，孵化培育农业科创企业。依托互联网+，加快数字农业信息化工程建设。将大数据、人工智能、物联网和5G技术运用到农业产业化发展中，加快发展订单直销、连锁配送、电子商务等新型流通业态，加大县域电商产业园建设力度。郧西县涧地乡下营村被称为湖北淘宝第一村，截至2020年8月，全村有139户近700人从事电商，开设网店500余家。①

注重品牌培育，整合资源、集中力量、集中渠道、集中宣传，推动优势农产品产业带有效衔接县域资源，以县为单位抓好"一县(镇)一业、一村一品"建设，打造主导产业突出的专业村，鼓励龙头企业与其他农业经营主体共创"土字号""乡字号"特色品牌，推进农业生产和产品质量标准建设。开展品牌跨域优化整合行动。探索十大农业产业链品牌塑造有效途径。总结推广茶叶品牌整合经验，加快开展优质稻米、家禽及蛋制品、柑橘等其他产业品牌跨区域优化整合工作。加大重点区域性公共品牌宣传力度，扩大湖北品牌影响力。

(2)全力推动县域工业化与数字经济发展。

一是推进县城产业优化升级。支持各县(市、区)依托资源禀赋和产业基础，重点打造1—2个特色优势产业。推进传统产业"有中生新"，以新一轮企业技术改造为抓手，以高端化、智能化、绿色化为方向，促进县域传统产业改造升级、提质增效。推进新兴产业"无中生有"，聚焦电子信息、高端装备、新能源汽车、新材料、生物医药、节能环保等细分领域，培育发展具有县域特色的新兴产业增长极。推进融合赋能，支持县域企业"上网入云"，大力培育服务型制造业，加快发展生产性服务业。

二是推进县域工业集群化发展。培育壮大"一县一品"块状产业集群。加

---

① 光明日报. 电商红火　山乡巨变——湖北省郧西县下营村的脱贫之路. 2020-08-09.

快提升专业市场功能，促进专业市场与块状经济、特色产业集群联动发展。统筹县域产业集群发展，培育一批特色鲜明、规模优势明显、关联度高、平台支撑能力强的重点产业集群，形成一批有竞争力和影响力的特色板块产业、网状经济，带动形成"一县一品""一业一品"发展格局。促进工业园区(开发区)提档升级。加快园区基础设施提档升级和循环化改造，强化综合承载功能。支持有条件的县(市、区)产业园区争创国家级经济开发区和高新区。引进、培育、壮大一批头部企业、终端成品企业，引进与之配套的企业和产业，不断延长产业链、促进产业集聚。

三是推进县域工业高端化发展，增强县域创新驱动能力。每年选择100家自主创新能力较强的县域企业重点培育。统筹建设一批省级以上工程研究中心、技术创新中心、制造业创新中心，支持有条件的工业企业建设技术研发中心、院士工作站。支持县(市、区)、企业加强与高校院所对接，促进产学研合作和科技成果转移转化。大力推进"技改提能、制造焕新"，加大工业投入、技改投入，大力实施产业基础再造、产业链提升、数字经济跃升等工程。继续优化高新技术企业认定机制，持续增强企业内生动力。

四是推进县域工业特色化发展。要瞄准自身优势和市场方向，把认准的产业做精做强、做到极致，走专精特新之路，培育、扶持、壮大更多专业细分领域和产业链供应链中的隐形冠军和"小巨人"。大企业都是由小企业成长起来的，要特别关注成长性企业，见苗浇水、精心培育、扶持壮大。

(3)全力提升县域新型城镇化水平，加强数字政府建设。

我国"十四五"规划中明确提出，"推进以人为核心的新型城镇化""推进以县城为重要载体的城镇化建设"。在有条件的地区(县城及县级市)推进公共服务设施、环境卫生设施、市政公用设施、产业配套设施提级扩能，加快补齐公共卫生防控救治、垃圾无害化资源化处理、污水收集处理、排水管网建设、老旧小区改造等17个领域短板，增强县城综合承载能力和治理能力，引导劳动密集型产业、县域特色经济及农村二三产业在县城集聚发展，完善城镇体系重要环节。按照区位禀赋和发展基础的差异，分类促进小城镇健康发展。

我省的具体措施包括：实施县城品质提升三年行动，支持一批常住人口

20万人以上的县城实施智慧化示范改造；在完善新型基础设施的基础上，大力发展数字经济，打造信息共享、快速反应的城市指挥体系；扩大互联网技术在社会管理中的应用，建设一网统管的城市监测体系。"一屏观天下，一网管全城。"浙江丽水是最早试点"最多跑一次"的城市之一，先进经验已经在全国各地推广开来。黄冈市人民政府落实《弘扬"店小二"精神"十必须十不准"》举措，聚焦"一门全办一网通办，一次联办一次办好"。2020年年底实现市县两级政务服务中心一窗综合受理率在80%以上。2020年年底实现300个以上高频事项最多跑一次。①

支持中心城市金融、教育、卫生、文化、体育等优质资源向县域延伸，提高县城和城镇社会公共服务水平，引导农村人口有序向城镇转移。尤其提高县乡医院诊疗水平，推动人口过百万县(市)或经济百强县(市)至少建设一所三甲医院；统筹推进城乡义务教育一体化改革，培育有鲜明文化特色的县城小镇。

聚焦生态建设，聚力污染防治，改善城乡人居环境，守住绿水青山。促进生态系统修复，推进绿色低碳发展，推进环境卫生设施提级扩能，健全污水集中处理设施，改造县城公共厕所等。

高水平促进城乡融合发展，建设荆楚美丽乡村。推动城乡要素双向自由流动，推进城乡公共资源均衡配置，打造一批特色小镇，持续推进乡村振兴。

3. 大力发展县域民营经济。

(1)大力培育县域市场主体。

统筹"育大"和"强小"，在加大行业龙头企业招引力度、培育一批大中型企业集团的同时，实施中小企业成长工程，县域每年新增600家规模以上工业企业。鼓励有条件的民营企业建立现代企业制度。推荐优质企业进入省"金种子""科创板种子"上市企业后备资源库，支持符合条件的高成长性企业上市。

(2)持续优化营商环境。

持续深化"放管服"改革，持续推进营商环境革命，围绕高效办成一件事，

---

① 楚天都市报. 黄冈：今年底实现300个以上高频事项最多跑一次. 2020-07-08.

打造一流政务环境、市场环境、法治环境、开放环境。弘扬"店小二"精神，构建"亲""清"新型政商关系。

（3）释放政策红利。

抓紧抓实"支持民营企业18条""助力中小微企业15条"等政策落地见效，营造敬商、亲商、护商氛围，打造一流法治化、国际化、便利化营商环境。2022年，黄石市市科技局、市融资担保集团创新推出"再担科创贷"产品，以风险补偿资金为科技型中小企业增信，已联合建行黄石分行、黄石农商银行为全市128家科技型企业发放纯信用贷款3.04亿元，有效缓解了科技型企业贷款难问题，得到广泛好评。2023年前三季度，黄石市科技金融入库企业达1195家，530家企业获得科技贷款余额119亿元、同比增长40.6%；科技型企业贷款覆盖率达44.4%，同比提高12.8个百分点。科技金融为黄石市产业高质量发展注入了强大动力。①

典型案例：湖北通城县：打造中药制造强县　助力百亿健康产业②

党的十八大以来，以习近平同志为核心的党中央把中医药工作摆在更加重要的位置。第一部《中医药法》颁布实施，中医药政策法规体系不断完善。近年来，中医药特色优势进一步彰显，服务能力不断提升，中医药在加快推进健康中国建设和服务群众健康方面发挥了重要作用。通城县委、县政府提出了"加快构建以电子信息、新材料、大健康三大优势特色产业为主导的现代化产业体系"的目标，中药产业是大健康产业重要领域之一。

一、具备三大优势，积淀做强中药产业底蕴

中药产业是通城的传统产业，是通城的"老三篇"产业之一。近年来，通城县委、县政府抢抓机遇，主动作为，高起点谋划推动中医药产业振兴发展，形成了"天然+后发"相互叠加的三大优势。

（一）资源优势

通城独特的气候条件和地理环境，造就了各类天然中草药生长的优良

---

① 黄石日报. 10家企业将获超2亿元科技贷款. 2024-01-12.
② 本案例系笔者指导的调研报告，作者陈志明，指导老师王皖君，写于2023年。

环境。通城县中药资源蕴藏十分丰富，境内的药姑山是全国仅有的两座以药字命名的山之一，被李时珍誉为"江南天然药库"。《本草纲目》记载：礞石，通城县一山产之，工人以为器物。这里，天然野生中草药品种多达166科、1313种，占全省药用植物总数的46.59%；总蕴藏量1000多万千克；盛产黄精、白芨、七叶一枝花、钩藤等名贵中药材。

（二）产业优势

通城县的中药产业基本形成中药全产业链。

一是种植有规模。通城素有中药材种植传统，1993年被评为"全国中药材生产收购先进集体"。通城县人工种植草本中药材品种30余种，药农在长期人工种植过程中积累了丰富的栽培经验和技术。截至2022年年底，通城县中药材种植面积为12.18万亩、产量为7.21万吨、产值为19.5亿元。"隽六味"逐步成为主导发展品种，中药材种植面积大幅增加。中药材品牌形成。"通城紫苏"获批中国地理标志证明商标，金刚藤为湖北省道地药材"一县一品"优势品种，并入选十大楚药之五大特色药材之一。

二是生产有能力。截至2019年2月，通城县拥有国家级中药产业化生产基地1个，中成药和中药保健品工业企业8家，年产值超过7亿元。通城县已具备糖浆、胶囊、颗粒等6个剂型的生产能力，生产品种涉及妇科、心脑血管科和儿科用药。湖北福人药业作为中药龙头企业，可生产金刚藤胶囊、益心颗粒、健脾糖浆等20余个品种。

三是研发有基础。湖北福人药业与湖北中医药大学、中国药科大学等一批中药科研院校建立了深度合作关系，构建起技术引进、联合研发、人才培养等产学研合作模式。通城县已建立起一批博士后产业基地、技术中心等，为通城县中药产品研发提供了技术支撑。

四是市场有网络。截至2021年5月，通城有近3万人的药品营销队伍，营销网络遍布全国30多个省市区所有市级以上城市，代理的药品达100多类、几千个品种。通城药品营销大军成为一支举足轻重的医药营销队伍，使医药经济成为通城的一张闪亮的名片，正越来越成为通城发展的一股重要的推动力量和引领力量。

（三）政策优势

各级党委和政府在中医药健康产业上发力，形成了上下联动的政策合力。

国家层面：国务院办公厅《关于印发中医药振兴发展重大工程实施方案的通知》《中医药发展战略规划纲要（2016—2030年）》《"健康中国2030"规划纲要》等先后出台。

省级层面：《湖北省中药材产业链实施方案》等系列文件持续释放政策红利，为推动中医药产业快速健康发展提供了重要支撑。

市级层面：咸宁市确定"大文化、大健康、大旅游"三大发展战略。

县级层面：通城县委、县政府先后制定出台《中国·湖北药姑山（通城）中医药健康产业发展规划（2017—2026）》《关于大力推进中医药产业发展的意见》《湖北药姑山中医药健康科技产业园总体规划》等一系列中医药产业发展的政策，为通城县打造全国中医药产业大县提供了强有力的支撑。在组织上，成立县中药产业办，统筹推进相关工作。组建的中药材科研机构有药姑山中医药研发中心（加挂通城县道地药材研究所）、通城县林下经济研究所、通城紫苏研究所。

二、增进三产融合，激发做强中药产业动能

中药产业是通城县支柱产业中具有三产融合功能的产业，产业链条长，带动力强，在联农带农增收致富中成效显著。增进中药三产融合发展，可以提升中药产业的比较效益和核心竞争力，最大限度创造中药产业的经济、社会和生态综合效益。将从以下五个方面发力：

1. 做大营销，昂扬龙头，让中药产业"活"。

市场始终是中药产业的龙头，龙头活满盘皆活。

一是大力安商优商引商。要着力发展医药协会经济，给通城3万多药商安家，让他们变"游击队"为"正规军"。在总结以往经验的基础上，完善通城医药协会平台建设，提供优惠政策，吸引广大药商回归落户。通过凝聚各地通城商会及企业等多方面的力量，实现资源整合、抱团发展，使通城中医药品牌立足湘鄂赣、辐射全国、走向全球。

二是探索完善营销模式。构建通城县中药材生产供给和市场需求信息数据系统，优化通城县中药材生产布局，形成"一镇一业，一村一品"特色中药种植模式，逐步形成"生产在户、销售在社"的格局。

三是创新互联网交易平台。利用"互联网+"、新媒体等营销手段服务中药材供应商、采购商，建立多元化营销平台。

2. 研发品种，积蓄后劲，让中药产业"强"。

通城医药产业发展的一个重大短板，是品种的短缺。只有不断丰富中药品种，中药产业持续发展才能有源源不竭的动力和后劲。

一是进行技术攻关。在继续深化与湖北中医药大学、省农科院合作的基础上，进一步扩大合作范围，积极与华中农业大学、中南民族大学等高等院校、科研院所开展产学研合作，借脑发展。支持中医药企业、县内医院建设研发中心，争取承担国家和省、市重大科研项目，鼓励和引导中医药企业联合组建产业联盟或研发联盟。

二是开展产品研发。通城可以充分利用药商多、信息渠道广、市场嗅觉灵敏的优势，大力引进具有市场竞争力的品种，形成品种收集—品种反馈—品种改进提升—品种制造—品种上市营销的完整经营链条。力争到2025年，培育3—5个年销售额突破5亿的单品，为通城医药产业快速发展注入强势后劲，打造"通城良药"品牌。

三是推进智能制造。针对中医药产业在制造工程方法、生产工艺、制造装备、在线控制技术等方面的技术瓶颈，通过引进智力支持、开展科研攻关，改造提升中医药传统制造方法，实现以"数字化、智能化、集成化"为特征的中药智能制造车间及技术体系的构建，为通城医药制造业提质增效提供技术支撑。

3. 发展种植，提升水准，让中药产业"稳"。

一是建设示范基地。抢抓省农业农村厅打造全省特色农产品(中药材)

优势区政策支持,建设中药材优质高效样板基地(如五里艾叶)。结合油茶产业、生态公益林建设等,研发林药套种新技术,创新林药经济发展新格局,推广林下种植模式,建立林药套种示范园区(如金山天麻)。

二是培育新型主体。进一步引导种植养殖大户和中药材经纪人领衔组建中药材专业合作社(如骆兵黄精种植合作社),支持专业合作社建立完善的中药材种植标准和技术推广体系,抓好道地药材技术引进、试验和示范工作,提高科学生产管理能力。

三是做优道地药材。道地药材,是优质纯真药材的专用名词。它是指历史悠久、产地适宜、品种优良、疗效突出、带有地域特点的药材。需推进"通城紫苏""通城黄精""通城金刚藤"规范化种植及深加工产业建设项目,倾力打造一二三产业紧密融合的新型联合体,以"隽药"的产业化发展赋能乡村振兴,全方位提升企业和当地中药材在市场上的竞争力。我们要厚植"隽药"底蕴,涵养"隽药"文化,叫响"隽药"品牌,营造浓厚的氛围。

4. 产业集群,提质增效,让中药产业"壮"。

一是打造产业集群。实施"集群工程",把招商引资作为中药产业打基础、增后劲的源头活水,将企业实现规模扩张作为首要、关键任务,积极推动"个转企""小进规",促进企业聚集,努力打造中药特色产业集群。

整合资源招商引资。通城县医药行业协会联合保鹤堂及3万多通城籍药商,构建信息互通、资源互补等融合平台,旨在筑巢引凤。对内培育小型加工企业,让其发展壮大;对外招商引资,引进企业,共同促进通城县中药材产业发展形成集群效应。

加快健康产业园建设。力争将园区打造成华中药膳养生综合体验区、湖北中药产业重要构成区及通城县域经济发展引擎区,全方位地展示通城大健康产业发展的技术、新产品和新模式。

着力优化营商服务。厚植"亲商爱商扶商"理念,坚决落实中医药产业发展奖补政策,积极提供保姆式、精细化服务,着力营造公平、诚信、依法、清廉的发展环境，让投资者把项目做成、把企业做强、把产业做大，切实把中医药产业培育成通城的战略性新兴支柱产业。

二是壮大龙头企业。以湖北福人药业等骨干企业为重点，着力推动产业"倍增工程"，培育发展一批主业优势明显、核心竞争力强、产业链条长、能带动中医药产业快速发展的龙头企业。

5. 拓展领域，搭建平台，让中药产业"优"。

一是唱响药旅品牌。充分挖掘、整理和保护药文化资源，发挥药文化的"裂变效应"，做深中医药产业立体经营文章，把"活药变成活钱"。依托药姑山、黄龙山、黄袍山打造以中医健康养生服务为核心，融中药材种植、中医医疗服务、中医药健康养老服务为一体的国家级中医药健康养生旅游示范区，打造"药"旅游生态品牌。

二是竖起药膳招牌。通过开发药食同源产品、功能性食品等中药材衍生产品等措施来延长中药材产业链，提升产业附加值。以现有的酒店、农家乐、特色餐饮店为主导，扶持发展一批以药膳养生为特色的餐饮美食街。

三是做实药养名牌。我们要充分利用通城县优良的生态环境，厚重的中药文化，发挥好通城县"天然森林氧吧"名片效应，招引、建设一批康养项目，把通城建设成为康养示范城市。

四是搭建服务平台。搭建中医药交易物流中心、中医药电子商务平台等发展平台。建设集初加工、包装、仓储、信息发布、质量检验、追溯管理、电子商务、现代物流配送于一体的中药材仓储物流中心、中药材商品交易市场。

中药产业是我国最具资源优势和知识优势的传统产业，也是最具原始创新潜力的产业，具有较强的比较效益。加快中药产业高质量发展，通城县具备天时地利人和。"山山飘药香、人人身体好、户户发药财"必将成为通城县乡村振兴征程中一道壮丽的风景！

(三) 全面推进乡村振兴

依据发达国家乡村振兴的经验，中国全面推进乡村振兴应牢牢把握五个要点：一是加强顶层设计。乡村振兴是一项系统工程，必须在法律规范、发展规划、建设目标等方面做好顶层设计，并在推进过程中动态优化、稳步推进，实现对乡村振兴战略的前瞻谋划和宏观引领。二是强化基础建设。乡村振兴是一项民生工程，应持续加大基础设施和公共服务体系的建设力度，最大程度惠及所有农民，筑牢乡村振兴的民生基础，并优化生产要素由城到乡流动的基础环境。三是优先产业发展。乡村振兴是一项富民工程，应以提高农民收入为主要切入点，因地制宜发展特色产业，着力推进农村一二三产业融合发展，贯通乡村振兴的富民道路。四是坚持分类施策。乡村振兴是一项复杂工程，应当充分考虑不同类型村庄的实际情况，并分类型建立相应激励机制，实现乡村振兴的精准施策。五是突出农民主体。乡村振兴是一项强农工程，应当充分发挥农民的自主性和创造性，将广大农民纳入乡村振兴全过程全领域，谱写以人民为中心的乡村振兴新篇章。结合湖北省省情分析，有以下五个切入点。

1. 筑牢"粮食安全"底线。

推进耕地"三位一体"保护，落实最严格的耕地保护制度，坚决守住粮食安全底线。加大江汉平原等水土条件优良地区的优质耕地保护，提升耕地质量及生态功能。坚持循序渐进、因地制宜和城乡统筹，推进乡村建设，努力提升农业产业化水平，让农业强起来、农村美起来、农民富起来，以农业农村现代化抬高全域高质量发展底板。

严守粮食安全底线。深入实施藏粮于地、藏粮于技战略，严格落实耕地保护和永久基本农田保护任务，遏制耕地"非农化""非粮化"，确保永久基本农田数量、质量稳定，使长期稳定利用的耕地总量不再减少。重点保护江汉平原、鄂北岗地、城市群和都市圈周边的永久基本农田及优质耕地。

严格落实耕地占补平衡制度。严格落实"占一补一、先补后占、占优补优、占水田补水田"的耕地占补平衡制度，以县域自行平衡为主、省域内调剂为补充，争取国家适度统筹，落实补充耕地任务。严格控制非农建设占用耕地。建设项目选址应尽量不占或少占耕地，避让永久基本农田。2024 年，在省委、省政府的坚强领导下，全省各级自然资源主管部门始终把耕地保护摆在首要位置，坚决扛起耕地保护政治责任，全力打好严守底线的"阵地战"，持续巩固深化治理成效，使耕地面积量增质优，为牢牢守住6925.25万亩耕地和5950万亩永久基本农田保护红线奠定坚实基础，为加快建成中部地区崛起的重要战略支点作出突出贡献。①

加强耕地后备资源储备。划定耕地资源战略储备区，提供后备资源。有序推动可恢复耕地变为稳定耕地，确保实有耕地基本稳定。

大力推进高标准农田建设。重点在农产品主产区推进高标准农田建设，重点保护优质耕地，推进小块并大块，促进现代农业规模化发展，提升农业生产能力。

开展耕地污染防治。有序开展土壤污染治理与修复。加强污染源头治理，引导重金属超标地区的严格管控类耕地休耕修复，综合采用工程、化学、生物学等措施实施污染耕地治理。

防治农业面源污染。优化水产养殖空间布局，严格落实禁养区、限养区、适养区管制要求，全面取缔江河湖库天然水域围网、围栏及网箱养殖，开展"湖边塘""河边塘"治理。优化畜禽养殖布局，引导生猪生产向粮食主产区和环境容量大的地区转移，鼓励畜禽规模养殖场通过土地承包、流转等方式，落实消纳用地。

2. 优化现代化农业产业布局。

基于湖北农业资源本底和产业基础，优化形成"三区多基地"的现代化农业产业布局，即江汉平原、鄂北岗地现代农业示范区，都市农业发展示范区，四大山区绿色发展引领区；优化特色粮油、特色蔬菜、特色水果、特色茶叶、特色渔业、特色中药材、特色畜牧业七类现代特色农业产业基地布局。

(1)江汉平原、鄂北岗地现代农业示范区。

以江汉平原及两江沿线的县(市、区)为载体，以现代科学技术和物质装备为支撑，采用现代经营管理方式，进一步优化产业布局、调整品种结构，重

---

① 湖北省自然资源厅. 守耕有责 守耕负责 守耕尽责——湖北省自然资源厅通报2024年耕地保护成效突出地区. 2025-02-06.

点发展粮食、油料、蔬菜、畜禽、水产等大宗优势农产品，加快发展农产品加工业，打造大宗农产品产业集群，全面提升农产品品质和综合效益。转变农业发展方式，探索推广多种综合种养模式、资源循环利用方式。加强农业面源污染治理，统筹推进水资源保护与修复，构筑江汉平原水生态屏障。持续加大基础设施投入，补齐交通、水利、民生等基础设施短板。

(2)都市农业发展示范区。

以武汉、宜昌、襄阳、黄石等大中城市近郊县(市、区)为主体，依托便利的交通和巨大的消费者人群，积极发展现代都市农业，力争在全省率先实现农村现代化。大力发展蔬菜、水果等都市"菜篮子"产业及园艺化、设施化、工厂化高效农业产业，全面布局高品质休闲农业、乡村旅游、生态康养等新兴产业，促进农村一二三产业融合发展。突出改革创新，在农村土地制度改革、农村集体产权制度改革、涉农投融资创新、特色小镇建设等方面加强探索。加快推动城市基础设施、公共服务向农村延伸，促进城乡融合发展。

(3)四大山区绿色发展引领区。

以秦巴山、武陵山、大别山、幕阜山四大片区的县(市、区)为主体，挖掘、利用本土特色农林产品和生态资源优势，构建绿色生态产业体系，变"绿水青山"为"金山银山"。强化对历史文化名村、传统村落、少数民族特色村寨等自然历史文化资源的保护和有序利用。支持发展特色农业和生态旅游业，逐步扩大绿色农业、有机农业比重，做好电商和旅游等产业服务平台支撑，打造引领全省农业农村绿色发展的标杆和示范。做好精准扶贫与乡村振兴的有效衔接，增强扶持政策的延续性，持续增加农民收入。

(4)七类现代特色农业产业基地。

一是特色粮油基地。以江汉平原为核心，发展特色功能稻，建设一批"水稻+"绿色优质高效种养模式示范区；以鄂北岗地为核心，建设优质小麦精深加工原料供应基地；以恩施为核心，发展特色"恩施硒土豆"；以襄州区、随县、宜城市等县(市、区)为核心，建设富硒、鲜食、加工等多样化的红薯种植基地；以鄂西南、鄂西北为核心，发展青贮玉米和鲜食玉米产业；以长江流域及汉江流域为核心，发展油料产业。二是特色蔬菜基地。在巩固建设大中城市郊区蔬菜基地、推进蔬菜集约化育苗、推进设施蔬菜提档升级的基础上，因地制宜发展水生蔬菜、季节性外调蔬菜、食用菌等特色蔬菜生产。以江汉平原为核心，建设冬春蔬菜规模化生产基地及水生蔬菜优势产业基地；以鄂西山区为核心，建设高山蔬菜基地；以大洪山、鄂西北、武汉市周边等地区为核心，建设菌类优势产业基地。三是特色水果基地。以长江中游、清江流域、丹江口库区等为核心，建设特色柑橘产业基地；以汉江流域及武陵山区为核心，建设特色砂梨产业基地；在316国道和107沿线建设优质桃产业带；以幕阜山及武陵山区为核心，建设特色猕猴桃产业优势区，辐射带动建设猕猴桃特色小镇。四是特色茶叶基地。以鄂东大别山、鄂西武陵山和宜昌三峡、鄂西北秦巴山、鄂南幕阜山、鄂中大洪山五大优势产区为主，打造一批地方特色鲜明、核心竞争力强的生态茶园基地。五是特色渔业基地。以江汉平原、鄂东养殖区及鄂西养殖区为核心，继续做强小龙虾、河蟹、鳝鳅、鳜鲈、龟鳖特色产业。六是特色中药材基地。以大别山、武陵山、秦巴山等传统中药主产区为核心，打造恩施、神农架、武当山、随州、蕲春等10个国内知名的中医药健康旅游区。七是特色畜牧业基地。重点建设江汉平原及鄂中商品猪板块、鄂西南生态猪板块、鄂东生猪板块，打造鄂中、鄂东、江汉平原蛋鸭养殖板块，以鄂北、鄂南及武汉城市圈为核心，打造肉禽产业板块；建设汉江流域、大别山—幕阜山和武陵山—秦巴山肉牛产业板块。

3. 以县域为节点，促进城乡融合。

优化农村建设用地空间资源配置。合理安排农村生产、生活、生态用地，统筹安排新增和存量建设用地，鼓励农村土地复合利用，优先满足农村公共服务设施、新产业新业态用地需求。充分发挥全域国土综合整治的平台作用，控制村庄建设用地规模。

以村庄规划分类引导乡村特色发展。充分发挥村庄规划对农村地区建设活动的引导和管控作用，科学划定集聚提升、城郊融合、特色保护、搬迁撤并"四类"村庄，编制"多规合一"的实用性村庄规划。

引导农村产业在县域范围统筹布局。推进规模较大、工业化程度高、分散布局、配套设施成本高的产业项目进入产业园区。具有一定规模的农产品加工业向县城或有条件的乡镇城镇开发边界内集聚。农产品初加工、休闲观光旅游等必备配套设施建设，在不突破底线的前提下合理安排。

促进城乡公共服务均等化。把县域作为城乡融合发展的重要切入点，以一小时县域城镇生活圈为空间载体，均衡配置城乡教育、文化、医疗卫生、养老等设施，推动形成以县域统筹、县乡村功能链接互补的公共服务体系。根据乡村居民需求构建特色的乡村生活圈，提高基础教育、基础医疗、文化体育等设施配置的效率，加强乡村生活圈与县域城镇生活圈的对接。

打造秀美宜居的农村人居环境。推动县城交通物流、水利、能源、信息基础设施向乡村延伸，提高农村公共基础设施规划建设标准，健全完善管护机制，加快补齐农村设施短板。开展农业绿色生产行动，推动农业清洁生产，加强农业废弃物资源化利用，积极发展生态循环农业。扎实推进农村人居环境整治，推进农村垃圾、污水、厕所"三大革命"，重点推进水源保护区、黑臭水体集中区域、乡镇政府所在地、中心村、城乡接合部、旅游风景区等区域内的村庄生活污水治理。鼓励有条件的县镇全域建设美丽乡村，完善人居环境整治长效机制。

塑造独具荆楚魅力的乡村风貌。依托农村绿水青山、田园风光、乡土文化资源，进行村庄整体风貌设计，坚持"原真性保护、原特色利用、原居式开发、原村庄提升"，致力保护乡村风貌、传承乡村文脉、凸显乡村风情、留住乡村记忆。加强村庄风貌指引，引导建设与村庄整体环境相协调的"荆楚派"特色民居建筑。

典型案例：满目锦绣气象新
——湖北省宜昌市夷陵区许家冲村的生态富民之路①

滚滚长江，旖旎东流。站在三峡大坝坝顶向左岸眺望，许家冲村就"挂"在不远处的半山腰上。这个坐落在大坝"延长线"上的"坝头库首第一

① 此案例来自《光明日报》（2023年12月29日05版），作者为光明日报调研组，成员为光明日报记者邓海云、王建宏、殷泽昊、张锐，湖北省委党校经济学与经济管理教研部主任、教授郝华勇，副教授王皖君。

村"，因三峡工程的建设，由原许家冲村、西湾村、覃家沱村搬迁组合而成。

2018 年 4 月，习近平总书记在湖北省宜昌市夷陵区太平溪镇许家冲村考察时强调，乡村振兴不是坐享其成，等不来、也送不来，要靠广大农民奋斗。村党支部要成为帮助农民致富、维护农村稳定、推进乡村振兴的坚强战斗堡垒。

近年来，许家冲村牢记习近平总书记的殷殷嘱托，党员干部群众不等不靠，心往一处想、劲往一处使，共同缔造美好环境与幸福生活，决策共谋、发展共建、建设共管、效果共评、成果共享，取得积极成效。如今，电商、旅游、民宿等产业蓬勃发展。这个搬迁之初村民人均不到三分地的移民村跻身全国乡村旅游重点村，还荣获"全国先进基层党组织""全国乡村治理示范村"等荣誉称号。2022 年，许家冲村全村经济总收入 1.25 亿元，农民人均纯收入 28480 元，移民就业率 95% 以上。

近日，光明日报调研组走进许家冲村的茶场车间、手工作坊、村居民宿，通过蹲点调研、解剖麻雀，以期探寻生态富民的许家冲密码。

一、党建引领，激活党员群众齐心奋斗"内驱力"

伴着徐徐江风，调研组一行来到许家冲村的广场，篮球场上折冲跳跃的身影、共享洗烘房里设备运转的声音、幸福食堂中家常饭菜的余香，处处氤氲着峡江乡村的人间烟火。

"在'推动长江大保护，许家冲村打造和美乡村'建设中，我认领乡村振兴民宿岗位，履行打造美丽庭院、推动民宿发展的责任。"10 月 27 日，就是在这个广场上，许家冲村党支部全体党员、企业及社会组织代表和村民代表，共同参加了开放式主题党日活动。作为一名民宿老板，党员家属周云桂在活动中主动认领乡村振兴民宿发展岗并作出承诺。

活动伊始，参会党员群众参观了村里新建的篮球场、幸福食堂、共享洗烘房，感受到许家冲村开展主题教育的成效。

"许家冲为我们老年人考虑，提供免费的午餐，好得很呢。"87 岁的村民望宏金知道有幸福食堂后，经常来用餐。为解决部分留守老人吃饭难的问题，村"两委"通过工作会、集中议事会、屋场会、线上微信群等方式广泛征求意见、反复研究，敲定了许家冲幸福食堂方案。

10月20日，食堂正式营业，提供早、中、晚餐，80岁以上的村民午餐食免费，其他餐食根据市场菜价收取就餐成本价格。有的村民还将自家种的蔬菜，摆到食堂里售卖，卖家省了人力，买家得了方便。

作为90%是三峡移民的移民村，如何把党员群众组织起来、凝聚起来？如何让村民"搬得出、稳得住、逐步能致富"？这些都是摆在许家冲村党支部面前需要解答的问题。

"坝头库首许家冲，沐浴党的好春风，党员公约记心中，践行承诺当先锋……"许家冲村党支部书记谢蓉介绍，用三峡渔鼓调填词创作的《许家冲村2023年党员公约》，生动展现了许家冲的一个优良传统：要求群众做到的事情，党员首先做到；要求党员做到的事情，村干部先做到。

村看村，户看户，群众看的是干部。许家冲村坚持党建引领，拓展深化"三约三引"等支部工作法，践行"党员公约""村规民约"和"共富合约"，推进协同治理、目标治理、全程治理、智慧治理，探索实践决策共谋、发展共建、建设共管、效果共评、成果共享，创新形成了"三约四治五共"的党建引领共同缔造美丽乡村理念，充分发挥群众主体作用，携手建设天蓝、地绿、水清、民富的魅力许家冲。

"我是个直巴子，说话不拐弯。我们一组这边一到下大雨就又脏又臭，污水管网必须修好！""不仅要修复，还要把流出来的污水排出去，不能影响生态环境。"2022年的一场群众大会，村委会了解到许家冲村一组污水管道堵塞，并因年久失修，导致雨水内涝、蚊虫滋生。大家伙儿围坐在一组村民覃世新家中，你一言、我一语讨论解决方案。

最终，大家敲定了村集体出资、村民出力的办法。开挖、疏通、修复、回填……四位熟悉管网修复工程的村民积极上阵，早上七点便开始忙活起来，老党员屈克清跑前忙后主动照看现场。在大家共同努力下，120多米的堵塞管网仅用了 12 天便完全修复，解决了周边 22 家农户出现的雨水内涝、异味滋生的问题。

"村里鼓励村民积极参与村级事务建设和管理。参与了劳动，就会更加珍惜劳动成果。"许家冲村党支部副书记朱崇军介绍，在党建引领下，大家共同缔造美丽乡村的意愿越发强烈，村内基础设施、公共服务和生态环境得到全面改善，群众的获得感、幸福感和自豪感显著提升。

二、生态打底，提升长江岸畔美丽乡村"含绿率"

截断巫山云雨，高峡出平湖。

"还记得读高中时的一天晚上，我们正在上晚自习。忽然，周围响起噼里啪啦的鞭炮声。大家敲锣打鼓，奔走相告，三峡工程要上马了。后来，我们家作为坝区第一批移民，迁到了许家冲。"行走在村庄的巷陌间，谢蓉忆起过往，"从一开始的窝棚，到后来盖起漂亮的房子，虽然居住条件有了大的改善，但村民的收入还是不高。这里有着靠近三峡大坝的独特禀赋，我一直都觉得，我们不能端着'金碗'要饭。"

在上海对口支援三峡移民的一次培训中，谢蓉萌生了在家门口创业的想法。她在村里一片荒芜的土地上，建起了四季见绿、花香满园的民宿——"三峡·艾"主题民宿酒店。作为村里第一家民宿，开业当天人气爆满。

开窗放入大江来。许家冲无须"制造风景"，保护好一江碧水、一岸青山，就是保护最核心的旅游资源。

在村党支部带领和"三峡·艾"的带动下，许家冲村民宿发展到了 38 家。一家家别致的乡村民宿，装点了这片山坡。

"房前屋后种花和种草，美好环境共同来缔造……"一曲《村规民约》唱出了许家冲人守护一泓碧水、打造生态宜居美好环境的心声。

近年来，许家冲村投入各类资金 2800 余万元，大力开展环境综合整治，实施雨污分流，增添垃圾清运车等环卫设施，优化完善垃圾清运、卫生保洁长效机制，实现垃圾分类、日清日洁；完成 95% 的农户改厕，改造升级污水处理厂，坐落于此的太平溪镇污水处理厂设计日处理能力 1.1 万吨，年处理污水 90.2 万吨；实施增绿复绿工程和庭院改造，修建观景平台，森林覆盖率达 85% 以上。

当前，一项生活垃圾无害化处理设施正在建设，待完工后，全村生活垃圾能实现就地 100% 处理。许家冲还计划投入 26 万元，打造 200 户美丽庭院。

"作为生长在长江岸边的村民，我们从洗衣洗碗使用无磷产品等身边小事做起，保护长江。"刘正清是 1994 年的第一批移民，她感慨道，"我们守护长江，长江也回馈了我们。"

"想当年，我们背着瓦片搬家，如今住上了三层小楼，一楼开餐馆、二楼自家住、三楼开民宿，守着三峡'卖风景'。和 30 年前比，简直是一个天上，一个地上。"刘正清说，"以前出门泥浆都能没到膝盖上，如今鞋都不沾泥了。"

在村里人看来，良好的生态环境是这座三峡移民村最大的优势和宝贵财富。他们把生态环保理念融入发展的方方面面，在绿水青山向金山银山的转化中，探寻着乡村振兴的许家冲答案。

如今的许家冲村，田地如井字，道路相交织，峡江风情民居依山而立，一幅大江作伴、云月为俦的画卷悠然铺展。

三、三产融合，念活乡村振兴产业发展"致富经"

一张茶台、几杯清茶，在双狮岭茶叶专业合作社，许家冲村原党支部书记兼村委会主任李文洪，给调研组讲起了一段往事。

"那是十几年前，村里发现望运平在城区有个茶叶摊，不符合低保条件，于是取消了他家的低保。但他不依不饶，我到村委会他就跟到村委会，我回家他就跟到家里来。后来，我跟他建议，你有做茶的手艺，为什么不开个茶厂？"李文洪说。

"我家只有一百平方米的宅基地，难道把茶厂办到天上？"望运平当即反问道。

"就这样，村里把村委会旧址房屋租给了望运平，还协调银行给他贷了款。于是就有了现在的双狮岭茶叶专业合作社。"李文洪呷了口茶说，"现在合作社都是他'80后'的女儿在负责了。"

"晒得黑不溜秋、手指缝积满茶垢，当时每天都觉得好累好累。我就暗暗发誓，长大以后一定不碰茶叶这个产业。"望运平的女儿望华鑫从小就是父母收茶路上的小跟班。大学毕业后，她在成都从事护理工作。

假期回村看到村里蓬勃向上的生机，望华鑫还是违背了儿时的"誓言"。2018年6月，她一回来，就一改过去主要销售中低端精制茶的定位，转而发展高端名优茶、巩固批发销售中低端毛茶。

她带领合作社加入当地公共品牌，抱团发展太平溪早市茶"宜昌毛尖·峡州早"。同时，精心策划打造"茶姑娘"文化IP，开设"三峡茶姑娘"视频号、抖音号，将茶园里的农活、生产线上的烘炒技艺等场景搬到直播间，展示三峡茶谷的特有好茶，展现茶文化，还主动帮助村民销售农副产品。

一系列举措，带来看得见的成效。通过推广"公司+基地+农民"模式，合作社带领600多户农民创新发展方式和经营业态，线上日均成交量上千单，产值从原来的1000多万元提高到3000多万元。2022年，合作社又建起1000平方米的手工制茶体验馆，研学旅游前景可期。

如今，双狮岭茶叶专业合作社的年加工量已达到200万斤。村里还建起了年育苗5000万株的茶树良种智能化繁育基地。许家冲的茶产业，正实现育苗、种植、加工、销售一体化。

许家冲村也借势提供电商直播平台，销售当地特色农产品。4家本土企业不断壮大，带动周边移民就业112人。

在文旅产业发展上，许家冲村党支部通过实行"党支部+合作社+社员"模式，构建村集体、产业协会、社员三者利益共享、风险共担的共同体，推出大国重器游、高峡平湖游、三峡茶谷游等精品旅游线路，加大领办旅游专业合作社力度，发展"绿色茶旅"，让移民在家门口就业增收。

许家冲依托沿江依坝优势发展特色民俗产业，以特色产业带动创业就业。宜昌沁邑民俗文化产业发展有限公司副总经理朱雪梅告诉调研组，公司注册"峡江绣女"商标、发展手工刺绣产品、建立牵花绣传习所，培养出非遗传承人6名，培训具有合格牵花绣技艺的坝区移民妇女近800人，使本地传统民间手工艺牵花绣得到传承。

"我是从云南嫁过来的，最开始确实很迷茫。"牵花绣第六代传承人徐兴敏一边用针线勾勒作品一边说道，"是刺绣改变了我的生活，不仅给了我一份收入，也让我这个异乡人融入了这片土地。"

"一人致富不算富，共同富裕是出路。"谢蓉介绍，许家冲村2013年人均纯收入只有11162元，2018年增加到18063元，2022年达到28480元。2013年，许家冲村集体经济收入只有20万元，2018年增加到47.8万元。2022年，更是达到了65万元的新高。

传统产业生机勃勃，新兴产业方兴未艾。新时代，许家冲村正奋力跑出产业振兴的"加速度"。

四、经验与启示

滔滔峡江，千古风流；坝头库首，满眼锦绣。许家冲村牢记习近平总书记殷殷嘱托，坚持人民至上，坚持走绿色发展之路，在党建引领下，充分发挥自身峡江条件，深挖乡村生态文化资源，积累了乡村发展的宝贵经验。

（一）发挥党建引领作用，凝聚乡村发展合力

许家冲村党组织将农村基层党员和群众的思想、行动、力量和智慧凝聚起来，齐心协力投身乡村振兴。许家冲村党支部探索开展亮身份、亮承诺、亮作为"三亮"行动，引导党员主动承诺、公开践诺、接受评诺，激励全村党员走在前、干在先，就近就便贴近群众、深入群众。以共同缔造的理念和方法，激发村民参与乡村建设、促进绿色发展的积极性，形成了"三约四治五共"的党建引领共同缔造美丽乡村理念。涉及生态保护、绿色发展的设施建设和管理，组织群众献计献策、投工投劳、认领认管。在

村民的齐心共建下，乡村基础设施日渐完善促进了人居环境改善，公共服务普及普惠提高了村民幸福指数，生态治理增强了村民生态文明意识，汇聚起乡村振兴的强大合力。

(二)文化赋能乡村振兴，提升乡村发展品质

通过手工艺挖掘提升乡村人文价值，增强乡村审美韵味，焕发乡村文明新气象，培育乡村发展新动能。许家冲村通过发展手工刺绣、注册"峡江绣女"商标、培养刺绣非遗传承人，推动手工艺特色化、品牌化发展，形成具有地域特色的传统工艺产品和品牌，不仅拓宽了乡村产业发展类型，就近就地创造了就业岗位，把"指尖技艺"转化为"指尖经济"，也让外来人口通过刺绣文化融入当地、增强对本地文化的认同感和归属感。以刺绣为载体的非遗传承和文创产业的蓬勃发展，为许家冲村增添了浓郁的文化氛围，吸引了各具特色的非遗文化馆落户，涵养了乡村文化品位，提升了乡村发展品质。

(三)乡村旅游驱动产业融合发展，促进生态效益转化为经济效益

许家冲村背依巫山山脉，面向长江，拥有峡江风情的独特生态优势，在践行"两山"理念过程中，凭借乡村旅游促进产业融合发展，推出大国重器游、高峡平湖游、三峡茶谷游等精品旅游线路，带火山水旅游，壮大民宿产业。同时，讲好移民文化、三峡文化、土家文化等文化故事，以非遗手工基地为依托，积极申报许家冲研学基地，促进文旅融合，先后接待省内外党建和研学团队90余批次6000余人。五年内村里先后建成培训中心、移民馆、村史馆、初心馆、"双创"示范街、民宿一条街等核心项目，以特色文化旅游引领产业融合发展，将绿水青山转化为金山银山，奋力跑出乡村振兴"加速度"。

(四)培育生态品牌、孕育新型业态，带领农民拓宽增收路

许家冲村依托峡江优势发展茶产业，村党支部领办合作社，搭建发展平台、培育生态品牌，激发村民创业动力，支持能人大户做大做强，培养茶叶、非遗手工等绿色产业带头人15名，提供就业岗位412个，实现移

民在家门口就业增收。依托三峡移民旅游服务电商平台，带领更多农户将许家冲的特色农产品在网络平台上销售。激发乡亲们干事创业劲头，先富带后富。年轻党员返乡创业，带领合作社600多户农民创新发展方式和经营业态，开通视频号积极宣传茶文化。凭借品牌优势、业态创新，拓展了茶产业的多种功能，带领农民实现多渠道增收、多环节受益。

4. 完善县镇村三级服务体系，突出功能互补，走城乡融合之路。

以县城为支撑，以乡镇和村庄为两级节点，聚焦功能定位和协同作用，加强县镇村服务乡村振兴能力建设，推进县域内基础设施和公共服务一体化，大力缩小城乡之间硬环境和软服务的差距。针对当前瓶颈制约，可考虑重点从三个方面发力。

(1) 实施农村寄递物流体系建设补短板计划。

统筹优化县镇村三级物流基础设施建设与网点布局，重点支持建设"多站合一""一点多能"的村级综合服务网点，加快实现末端网点全覆盖，打通农产品出村进城"最先一公里"和消费品下乡进村"最后一公里"。

(2) 广泛开展美好环境与幸福生活共同缔造行动。

通过补助资金、补助原材料等方式，引导农民对直接受益的公共设施建设投工投劳。总结推广美好环境与幸福生活共同缔造活动试点经验，突出抓好生活垃圾处理、生活污水治理和村容村貌整治。针对偏远山区县域垃圾收集处理距离远、成本高的问题，探索建设分布式、小型化的无害化垃圾焚烧设施。

(3) 开展公共服务联合体建设行动。

以县域为单元，统筹建设"教育联合体""医疗联合体""文体服务联合体"等一体化公共服务供给平台。制定实施公共服务均等化技术标准，推进教育资源、医疗资源在县城和乡镇合理布局，探索服务下沉的有效供给模式，让农民就近享受均等化的基本公共服务。

5. 发挥科教优势，建立健全创新驱动机制，走科教兴农之路。

充分发挥我省科教大省的优势，畅通智力、技术下乡渠道，增强科技教育创新驱动力,为乡村振兴插上科技的翅膀。针对当前现状、不足,可考虑重点从四个方向发力。

(1)启动科技助力农业产业化"领航工程"。

结合十大农业产业链建设,选择一批有条件的县(市、区),实施产学研用一体化建设试点示范工程。鼓励科研院所领办企业、提供技术服务,推进科企联合、科农融合,推动县域创新链与产业链的融合发展。

(2)实施高校服务乡村"双百计划"。

完善高等院校和县(市、区)结对帮扶机制,实施一校一县"双百计划"。每所高校每年为对口帮扶县培养乡村振兴所需专业人才100名,同时每校每年以滚动方式向对口帮扶县安排各类专业人才100名。

(3)探索实施离退休专家服务乡村"千银计划"。

按照"自愿优先、双向选择、专业匹配、有序退出"的原则,每年引导支持1000名离退休专家(农业技术人员、教师、医生等)下乡服务,助力乡村振兴。

(4)实施智库机构服务乡村振兴行动。

鼓励相关高校、科研院所组建乡村振兴研究机构,加强湖北乡村振兴理论和实践研究。支持组建乡村振兴智库联盟,聚合跨机构跨学科力量,建立健全咨政服务机制,为湖北乡村振兴规划设计、政策研究、绩效评估、经验总结提供智力支持。

6. 以党建为引领,构建政府、社会、村民共建共治共享的治理体系,走乡村善治之路。

完善党委领导下的政府、社会、村民协同的乡村治理体系,创新治理机制,构建自治、法治、德治、智治"四治融合"治理格局。针对当前薄弱环节,可考虑重点从三个层面发力。

(1)实施党建引领联合联动工程。

针对部分基层党组织涣散、集体经济薄弱村,发挥党建引领政治优势,打破村级行政边界,建设联合党委、功能型党组织,实现统筹发展、优势互补,促进县域基层组织建设整体提升。

（2）实施"党员中心户+乡贤+农户"联结计划。

挑选一批基层党组织建设条件较好的村庄，动员村庄党员和在村乡贤发挥核心作用，实施"1个党员中心户+N个乡贤+N个农户"结对帮扶模式，提高基层党组织联系群众、凝聚群众、服务群众的能力。

（3）实施基层矛盾就地化解行动。

建立健全基层协商治理机制，最大限度地减少乡村社会矛盾。创新人民调解制度，拓展调解方式，建立分布式调解平台，用好民间调解能人，把矛盾化解在基层，实现纠纷双方和解，消除基层社会治理隐患。

典型案例：梁子湖的"巧巧工作室"①

鄂州市梁子湖区东沟镇有个"巧巧工作室"。东沟镇总面积36.4平方千米，户籍人口5359户16216人，常住人口8380人，下辖8个村、90个村民小组。东沟镇是有名的桩基之乡，半数青壮年在外务工，从事桩基产业，在家人员多数在周边务工，人口老龄化、"三留守"现象较为突出。"巧巧工作室"起源于茅圻村党员余巧的贴心之举。从帮助"三留守"人员做些力所能及的小事，到后来为更好地发挥党员的示范带头作用，余巧成立了"巧巧工作室"并在全镇推广。工作室成立以来，坚持为群众办小事、解小忧、帮小忙、惠小利，精准对接群众的多样化需求，实现村民诉求办理"一站式"服务。"巧巧工作室"作为服务群众的最前沿，有效解决了群众日常生活中急难愁盼问题和烦心事、揪心事、操心事，密切了党群关系，实现了"民有所呼，我有所应，民有所需，我有所为"。"巧巧工作室"被评为湖北省学雷锋活动示范点，获得湖北青年五四奖章集体、湖北省新时代文明实践志愿服务项目大赛铜奖。

一、畅通联系、服务群众渠道

一是实现服务群众有场地。工作室除设立1个固定服务工作站点外，

---

① 案例来源于笔者指导的调研报告，作者刘志刚，指导老师王皖君，写于2023年。

以村民小组为单位，利用党建阵地、集体用房或居民闲置房屋，在群众身边设立临时工作站，并以该村组的党员志愿者为联络员，方便群众联系。二是组建"巧巧联系群"。通过平时走访，把每家每户都包含进来，对有特殊需求的群众作重点标注，深入联系群众、全方位收集群众需求。实现"线下+线上"全覆盖、服务群众零距离。

二、整合多方力量开展个性化服务

把志愿者按照个人技能和特长进行分组。一是推行"四巧"服务模式。即巧"代"、巧"修"、巧"言"、巧"调"，"代"是帮助行动不便村民代办各种业务，"修"是定期组织人员检修老人家中线路、修理电器等，"言"是婚姻介绍、政策宣传等，"调"是调解各种矛盾纠纷。二是形成"四单"服务流程。形成群众点单、"巧巧工作室"派单、党员志愿者接单、群众评单的"四单"全链条服务流程。着力解决信息时代的代沟问题、"三留守"帮扶问题、民生方面应急问题和化解矛盾纠纷问题。工作室成立4年来，为群众帮办、代办事项3000余件，上门服务2000余人次。

三、创新拓展工作室服务内容

一是提供数字化服务。依托乡村振兴数字化平台，搭建"智慧服务乡村"服务平台，为农村独居老人配备SOS应急救援手环，有效解决老年人出现紧急情况无法呼救的问题。二是拓展服务功能。以"巧巧工作室"为依托，开设"幸福食堂"、农村电商点、儿童活动室等，积极争取各种服务平台向基层下移，为群众提供更加便捷、快速的政务服务。联合民政、妇联、团委等部门开展各种惠民活动。三是实行积分兑换制。通过本村乡贤、驻村工作队及社会各界爱心人士的捐款捐物，实行志愿服务积分兑换制，对在志愿服务中表现优秀的志愿者及在各类评选中获得表彰的群众给予积分奖励——积分可兑换各类生活物资，以此吸引更多群众加入志愿服务工作中来。

四、"巧巧工作室"全面完善的相关建议

一是建强基层党支部，壮大基层党组织力量。做好基层治理工作，要

牢牢抓住基层党支部这个根本和关键，真正把基层党支部建成农村各项事业的坚强领导核心。"巧巧工作室"要做大做强，需要靠党员的示范带动作用，更需要基层党支部的大力支持。下一步要坚持党建引领，筑牢战斗堡垒，增强基层党支部的活力，把党员组织起来、把人才凝聚起来、把群众动员起来，不断推进党建引领基层治理现代化。

二是优化机制建设，为基层治理提供人才保障。首先加大财政支持力度。在财政保障情况下，按照志愿者参与服务次数的多少给予相应的物资、资金奖励，保证基层志愿服务的可持续性。其次畅通上升渠道。把志愿服务作为村级各类评优评先的重要条件，比如十星级文明户评选、村干部后备人选储备、网格员评选等。加大网格员考核结果的运用，充分发挥正向激励作用，按照一定比例选拔优秀网格员进村领导班子，打通上升通道，挖掘农村基层干部队伍新的"源头活水"，不断提高群众参与基层志愿服务的积极性。再次充分发挥乡贤、能人等"关键少数"的带动作用，动员他们参与到基层治理中来，推动"乡贤参事"常态化。

三是创新志愿服务模式，不断提升治理服务效能。以"巧巧工作室"为依托，推动更多的资源、服务、平台向基层下移。首先用好外部力量。加大"巧巧工作室"的对外宣传力度，吸引和引进外部优秀志愿服务力量，不断提高志愿服务水平，更好地满足基层群众需求。其次进一步探索"村企共建"模式。成立村投公司，实行无偿服务与有偿服务相结合的志愿服务新模式，提供不以营利为直接目的的有偿差异化服务，弥补志愿服务内容模糊、范围狭窄、专业不够的短板，提升乡村基层治理效能。

四是加快推进数字赋能，为基层治理注入新动力。发挥数字化在推动基层治理中的支撑性作用，进一步丰富"智慧服务乡村"平台功能，运用微信联系群、公众号等，加大村务政务公开力度，加大与群众的联系力度，进一步挖掘数字化在服务农村"三留守"人员中的功能作用，让乡村治理更有活力。同时完善基层干部培训机制，提升基层干部数字化管理能力，助力乡村治理现代化。

四、建设功能完善的新型城镇

按照内涵式、集约型、绿色化的高质量发展要求，增强中心城市和城市群的经济和人口承载能力，优化城镇空间布局结构，引导大中小城市和小城镇协调发展，大力发展县域经济和块状产业集群。围绕人、地、产、城等空间要素布局，有序推进新型城镇化建设。

(一)优化省域城镇空间布局

1. 构建科学合理的城镇结构。

以"一主引领、两翼驱动、全域协同"区域发展布局为引领，以主体功能区为基础，优化形成省域中心城市、省域副中心城市、区域中心城市(综合型、特色型)、重点节点城市、一般县城和小城镇的五级城镇体系。优化城镇人口结构，推进形成1个超大城市、8个大城市、67个中小城市和小城镇的多中心、多层级、多节点城镇结构。主要包括：省域中心城市1个——武汉；省域副中心城市2个——襄阳、宜昌；区域中心城市(综合型)6个——荆州、孝感、黄冈、黄石、十堰、荆门；区域中心城市(特色型)7个——咸宁、随州、恩施、鄂州、仙桃、潜江、天门；重要节点城市17个——老河口、枣阳、宜都、当阳、枝江、监利、丹江口、大冶、麻城、武穴、汉川、应城、钟祥、京山、赤壁、广水、利川；一般县城和小城镇——其他县城和县级市城区。

2. 打造多中心、多层级、多节点的城镇网络。

发挥超大城市和大城市的人口集聚和辐射带动功能，提升中小城市人口承载能力和镇村服务功能，强化小城镇推动城乡一体化和农民就近就地城镇化的重要载体功能，引导形成定位清晰、层次分明、规模适度的城镇体系，促进大中小城市和小城镇合理分工、功能互补、协同发展。

充分发挥武汉作为国家中心城市、长江经济带核心城市的龙头引领作用。高标准规划建设武汉东湖高新区、武汉长江新区，对"两江四岸"进行提升改造，加快建设国家中心城市、国家科技创新中心、区域金融中心和国际化大都市，全面提升城市能级和核心竞争力，更好服务国家战略、带动区域发展、参与全球分工。加强武汉临近地区空间协同，以 1 小时交通通勤距离为基础（60—80 公里半径），以光谷科技创新大走廊、航空港经济综合实验区、武汉新港建设为抓手，推动形成城市功能互补、要素优化配置、产业分工协作、交通便捷顺畅、公共服务均衡、环境和谐宜居的现代化都市圈。

加强襄阳、宜昌省域副中心城市建设，增强综合实力，充分发挥对"两翼"的辐射带动作用。支持襄阳加快建设汉江流域中心城市，依托襄阳"铁水公空"优势区位，提升多式联运水平，打造全国性综合交通枢纽；提升区域综合服务水平，打造功能强劲的区域性市场枢纽和消费中心、国家智能制造基地、宜居宜游的国家历史文化名城，辐射带动十堰、随州及其他城市发展。以襄阳市区 60 公里为半径，划定襄阳都市圈。支持宜昌加快建设长江中上游区域性中心城市。依托三峡旅游名片，联动武当山、神农架、恩施等地的生态文化旅游资源，将宜昌打造成为国际著名的风景名胜旅游及休闲旅游目的地。加快推进产业转型绿色发展、建设立体交通枢纽、提升综合服务水平，将宜昌建设成为区域性先进制造业中心、交通物流中心、文化旅游中心、科教创新中心、现代服务中心，辐射带动周边城市发展。以宜昌市区 60 公里为半径，划定宜昌都市圈。

发挥荆州、孝感、黄冈、黄石、十堰、荆门综合型区域中心城市的综合服务功能。增强区域中心城市的支撑，与武汉、襄阳、宜昌都市圈实现功能互补和产业互促。推动综合型区域中心城市与周边区域的交通、信息网络等连接和产业分工协作，增强辐射带动和综合服务能力。

发挥咸宁、随州、恩施、鄂州、仙桃、潜江、天门特色型区域中心城市的特色服务功能。重点突出自身专业化或特色化职能，强化旅游、创新、健康等特色服务功能，适当放宽基础设施和旅游用地指标，促进区域发展。

积极培育老河口、枣阳、宜都、当阳、枝江、监利、丹江口、大冶、麻城、武穴、汉川、应城、钟祥、京山、赤壁、广水、利川重要节点城市。结合区位条件和自然地理格局，优化公共服务配置。作为就近城镇化的承载地，构建"一主两翼"城市群和"一核两极多组团"的城镇化格局。

按照不同城镇规模，划定主要职能分工。

武汉市：国家中心城市，长江经济带核心城市，国际化大都市，全国经济中心，国家科技创新中心，国家商贸物流中心，国际交往中心和区域金融中心，国际性综合交通枢纽，世界滨水生态名城。

襄阳市：省域副中心城市，汉江流域中心城市，全国性综合交通枢纽，国家历史文化名城，国家智能制造基地，区域创新中心，国家现代农业示范基地。

宜昌市：省域副中心城市，长江中上游区域性中心城市，全国性综合交通枢纽，区域性先进制造业中心，交通物流中心，文化旅游中心，科教创新中心，现代服务中心。

荆州市：江汉平原高质量发展示范区，国家历史文化名城，长江中游两湖平原中心城市，长江中游重要的交通枢纽，现代制造业基地，高新技术产业基地，生态宜居城市。

黄石市：国际化现代港口城市，全国产业转型升级示范区，先进制造业基地，省级历史文化名城，山水宜居城市。

十堰市：绿色低碳发展示范区，国际知名的文化旅游城市，国家重要的现代化汽车城市，鄂渝陕豫四毗邻地区的中心城市，区域性综合交通枢纽城市，美丽宜居公园城市。

孝感市：鄂豫省际综合服务中心，武汉都市圈重要节点城市，中华孝文化名城，军民融合发展模范城市，生态宜居休闲城市。

荆门市：产业转型升级示范区，省级历史文化名城，区域性文化旅游休闲基地，以荆山楚水为特色的精致城市。

鄂州市：武汉城市圈同城化核心区城市，综合国际物流枢纽新城，省级历史文化名城，生态旅游胜地。

黄冈市：大别山革命老区核心增长极，武汉城市圈新型产业基地，专业创新和成果转化基地，历史文化名城，鄂东现代化临空经济区，滨江拥湖生态园林城市。

咸宁市：武汉都市圈自然生态公园城市，华中地区康养服务中心，长江流域自然生态公园城市，国际温泉旅游名城。

随州市：城乡融合发展示范区，国家历史文化名城，世界华人谒祖文化旅游目的地，中国专用汽车之都，应急产业示范基地，中部地区绿色农产品生产加工出口基地。

恩施土家族苗族自治州："两山"实践创新示范区，世界硒都中国硒谷，世界知名旅游目的地，全国少数民族先进自治州。

仙桃市：四化同步发展示范区，生态宜居水乡田园城市，国家级富硒绿色食品供应基地，世界级非织布应急防护物资供应储备基地，中国鳝鱼之乡。

潜江市：四化同步发展示范区，武汉城市圈先进制造业协作配套基地，高端装备制造业与绿色化工产业基地，绿色健康产业基地，文化旅游目的地。

天门市：四化同步发展示范区，汉江生态经济带重要节点城市，水乡特色鲜明的国家生态园林城市。

神农架林区：生态文明建设示范区，国家公园，世界级旅游目的地，国家山地旅游特色城镇化试验区。

3. 推进县城和小城镇协调发展。

一是以强县工程为抓手，完善县城功能，增强县城实力。加强产业和公共服务资源布局引导，促进县域产业特色化、规模化、集群化发展，加强产业集群协作和协同创新，建设农业科技创新平台。重点培育基础条件好、发展潜力大、区位条件优、经济实力强的县级市和县城，推进"百强进位、百强冲刺、百强储备"战略实施。推进公共服务设施提标扩面，优化医疗卫生设施、教育设施、养老托育设施、文旅体育设施、社会福利设施和社区综合服务设施布局。推动环境卫生设施提级扩能，促进市政公用设施提档升级、产业培育设施提质增效，促进县域经济水平全面提升，加快农业转移人口市民化，推进城镇基本公共服务常住人口全覆盖，为实施扩大内需战略、经济内循环和新型城镇化战略提供重要支撑。

二是擦亮小城镇，培育特色小镇。发挥小城镇连接城乡的关键节点作用，把乡镇建成服务农民的区域中心，在有条件的地方建设农副产品加工基地、技术服务和现代物流一体化的产业群。重点培育一批示范性的小城镇和特色小镇。充分利用原有的小城镇建设和产业园区发展基础，重点聚焦新一代信息技术、互联网经济、文化创意、体育健康、养老养生等产业，兼顾香菇、茶叶、小龙虾、酒类、纺织鞋服等传统特色产业，打造多个具有较强竞争力的块状产业集群，创建一批特色产业小镇、绿色智慧小镇、景观旅游小镇、历史民俗小镇、低碳宜居小镇等。

4. 统筹城市圈（群）城镇空间布局和要素配置。

一是建设武汉城市圈。大力发展以"武鄂黄黄"为核心的武汉都市圈，支持武汉建设国家中心城市和国内国际双循环的枢纽，支持孝感打造武汉都市圈重要节点城市，支持咸宁打造武汉都市圈自然生态公园城市，支持仙桃、天门、潜江建设四化同步发展示范区，将武汉都市圈打造成为引领湖北、支撑中部、辐射全国、融入世界的重要增长极，到2035年将其建设成为人口规模超3000万、GDP超6万亿元的世界城市和都市圈。① 推进光谷科技创新大走廊、车谷产业创新大走廊、航空港经济综合实验区、长江新区等重点功能板块建设。推进干线铁路、城际铁路、市域（郊）铁路、城市轨道交通"四网"融合，打造轨道上的都市圈。共建武汉新港，加强水铁联运、江海联运、水水直达基础设施建设，打造内陆国际多式联运中心。统筹布局形成武汉1个超大城市，黄石、孝感和鄂州3个大城市，黄冈、咸宁、仙桃、天门、潜江、大冶和汉川7个中等城市和21个小城市的城镇结构。

二是大力发展襄阳都市圈。支持襄阳打造引领汉江流域发展、辐射南襄盆地的省域副中心城市，建设联结中西部新通道的核心枢纽节点，辐射带动"襄十随神"城市群发展，支持十堰建设绿色低碳发展示范区，支持随州打造城乡融合发展示范区，支持神农架林区建设生态文明建设示范区。以汉十、麻竹、襄荆城镇发展轴为依托，推动城镇密集区域组团式发展。增强沿汉江铁路、高速公路主通道能力，提升国省干线运输能力、汉江航运能力，改善区域客货运网络布局和交通微循环。深化十堰、襄阳、随州汽车产业协同发展，联合武汉共同打造具有国际竞争力的"汉孝随襄十"万亿级汽车产业走廊。统筹布局襄

---

① 引自湖北省第十二次党代会报告。

阳和十堰 2 个大城市，随州和枣阳 2 个中等城市，12 个小城市的城镇结构。

三是大力发展"宜荆荆"都市圈。支持宜昌打造联结长江中上游、辐射江汉平原的省域副中心城市，建设长江综合立体交通枢纽，辐射带动"宜荆荆恩"城市群发展，支持荆州建设江汉平原高质量发展示范区，支持荆门打造产业转型升级示范区，支持恩施建设"两山"实践创新示范区。依托长江、沪蓉、焦柳等轴线，强化沿线城镇连绵带建设。推动长江及重要支流航道提质升级，提升沿江高铁和高速公路通道能力，加快长江两岸快速通道建设，推动集疏运体系建设和多式联运发展。强化城市群内化工、生物医药、通用航空、船舶及海洋工程装备等产业联动发展。统筹布局宜昌、荆州和荆门 3 个大城市，恩施 1 个中等城市，24 个小城市的城镇结构。

(二) 促进城镇集约型绿色发展

1. 实施建设用地规模和城镇开发边界管控。

一是实施建设用地总量控制。根据资源环境承载能力，控制建设用地无序扩张，有序推进城乡建设用地增减挂钩，充分盘活批而未用、闲置和低效用地。

二是科学划定城镇开发边界。在资源环境承载能力和国土空间开发适宜性评价基础上，遵循自然地理格局，结合城镇定位和发展实际，统筹城镇开发边界与生态保护红线、永久基本农田的空间关系，强化对城镇开发建设活动的刚性约束，尽量不占或少占稳定耕地。

2. 优化城镇空间形态和建设用地结构。

一是优化城镇空间形态。按照底线管控、集约节约发展的原则，强化内部集聚、优化空间结构，顺应城市形态发展，树立"精明增长""紧凑城市"理念，推动城市发展由外延扩张式向内涵提升式转变。引导武汉、襄阳、宜昌等人口密度高的城市形成串联式、组团式的城市空间形态，引导中小城市紧凑集约发展，防止一城独大和无序蔓延。科学处理城镇建设与生态保护、永久基本农田保护的关系，推进城镇空间节点集聚的网络化布局。在城镇空间与生态、农业空间相邻或冲突区域，建设生态缓冲带和连通生态廊道，形成点线面结合的国土空间格局。

二是优化城镇建设用地结构。增加保障性住房供给，完善土地出让收入分配机制，探索支持利用集体建设用地按照规划建设租赁住房，完善长租房政策，扩大保障性租赁住房供给。各城市应根据现状用地结构、职能分工安排，合理配置各类建设用地，有效保障公共服务设施和基础设施用地、绿地和公共开敞空间等。

3. 推进土地节约集约利用和城市有机更新。

一是转变土地利用方式，合理提高国土开发强度。采取集中配置、调整结构、提升效率等措施推进集聚和互补发展，提高土地的经济密度和产出水平。以严控增量、盘活存量、做优流量为基本导向，坚持"增存挂钩"，推动城镇低效用地再开发和转型升级。统筹推动土地混合利用和地上地下空间复合开发利用。完善基础设施、公共服务设施及交通枢纽等公共空间的综合开发利用模式和供地方式。统筹谋划新城与老城建设，发展新业态，完善和提升城镇功能，鼓励功能混合和产城融合，促进人口集中、产业集聚、用地集约。以社区为单元有序推进老旧小区微改造和渐进式改造，补齐公共服务设施、基础设施和公园绿地短板，引导商业步行街、文化街、古城古街打造市民消费升级载体，因地制宜发展新型文旅商业消费聚集区。

二是建设绿色低碳城市，提升城市人居环境。重点优化城市功能布局和空间结构，促进碳减排。严控新建超高层建筑和高层高密度住宅，加强公共交通、步行和自行车等低碳交通系统和绿色基础设施建设。建立城市碳汇网络结构，引导城市绿地均衡分布、系统布局，完善绿色开放空间系统，构建网络化生态廊道和通风廊道，降低城市热岛效应。加强智慧城市建设，增加健身休闲、富有特色的公共活动空间供给。完善绿地生态系统，加强城镇开发边界内蓝绿空间建设，构建以"自然公园、城市公园、社区公园、口袋公园"为主体的公园体系。

(三)构建协调、普惠的城镇生活圈

1. 建设以重点城市为中心的都市生活圈。

在武汉、襄阳、宜昌都市圈内重点推进高等院校、三甲医院、会展中心、

大型剧院、体育中心等优质公共服务资源协同布局和共建共享工作，统一规划区域防灾救灾、卫生防疫、应急物资储备等公共应急设施。打造黄冈、黄石、荆门、荆州、十堰、孝感综合型服务中心，为区域发展提供生产、生活服务。打造随州、鄂州、咸宁、恩施、仙桃、潜江、天门、神农架等特色型区域服务中心，使其在康养、养老、旅游集散、商贸流通等特色领域发挥区域辐射带动作用。实现都市生活圈一小时范围内为全省 70% 的城镇居民和 50% 的乡村居民提供高品质的公共服务。

2. 建设以县城和小城镇为中心的城镇生活圈。

高标准配置县城的生活服务设施，强化农业生产服务能力，提高中心镇的基本公共服务覆盖度，形成县城一小时、中心镇半小时城镇生活圈，与都市生活圈共同为 90% 以上的城乡居民提供均等化基本公共服务。完善覆盖县乡的公共交通体系，提升城镇圈空间组织效能。加强公共服务设施建设的空间保障，引导用地规模指标向公共服务设施配置薄弱地区适度倾斜，逐步解决公共服务设施配置与人口规模、人口集聚趋势不协调的问题，确保基础教育、基本医疗、基本养老空间应保尽保，使城镇教育设施用地、医疗设施用地、文化设施用地、体育设施用地、社会福利设施用地的配置不低于国家相关标准要求。

3. 建设配套完善、均衡普惠的社区生活圈。

以 15 分钟社区生活圈作为公共资源配置和社会治理的基本单元，保障城市基本服务功能 15 分钟步行可达，配备完善的养老、医疗、教育、商业、交通、文体、邮政快递等基本公共服务设施。强化社会治理、防灾减灾基本单元的功能。优先完善城市新区、人口高密度聚集区的公共设施和公共空间，保障农业转移人口的基本公共服务，针对人口老龄化、少子化趋势和社区功能复合化需求，建设全年龄友好健康城市，加强托幼设施、养老设施、社区医疗等独立用地保障，注重设施和空间的适老化、适幼化、适残化设计。

湖北襄阳市谷城县是典型的内陆山区县，以县城为载体，将县域规划为 3 个圈层：生活圈以城关镇为主体，侧重于宜居，发展电商、商贸、物流、文体、娱乐等现代服务业；生产圈有 5 个乡镇(开发区)，侧重于发展现代工业和现代农业；生态圈有 6 个乡镇(开发区)，侧重于涵养生态环境，因地制宜发展特色农业、旅游、生态康养等。

五、坚定不移推进科技强省战略

(一)全域推进科技项目建设

以建设"两个中心"为重要抓手，以建设区域创新中心和创新型城市、创新型县(市、区)为基础支撑，提升全域创新发展能级。一是加快推进"两个中心"建设。加快提升以东湖科学城为核心区域的光谷科技创新大走廊科技资源集中度、辨识度，突出抓好光谷科技创新大走廊沿线城市功能组团、重大园区、重大平台、重大项目建设和科技创新一体化先行先试，耕好全省区域协同创新"试验田"，建好用好高能级创新平台，形成"创新策源在东湖科学城，孵化转化在光谷科技创新大走廊，产业发展在圈层"的联动格局。二是加快推进襄阳、宜昌区域科技创新中心建设。推动实施襄阳、宜昌区域科技创新中心建设三年行动方案，发挥区域科技中心作用，联动"襄十随神""宜荆荆恩"城市群创新发展。三是推动创新型城市、创新型县(市、区)建设提能。推进武汉、襄阳、宜昌、黄石、荆门国家创新型城市建设；布局建设一批省级创新型城市、创新型县(市、区)，培育国家级创新型城市、创新型县(市、区)后备队。

(二)激发科技人才创新创造活力

以超常规举措精准引才、系统育才、科学用才、用心留才，举全省之力打造全国重要人才中心和创新高地，强化湖北科技强省建设的人才支撑，构建完善的科技人才培养、使用、激励机制，真正把人才"第一资源"转化为高质量发展的"第一动力"。一是构建完善覆盖全面、资源共享、衔接有序、梯次递进的科技人才培育机制，推动武汉建设国家人才发展创新示范区、国家高端人才集聚区，聚焦经济社会发展需求，实施战略科技人才储备"双百计划"等。二是打造战略科学家成长梯队，完善战略科学家发现、培养、使用机制，打造一批科技领军人才和创新团队，加快培育一批国际顶尖战略科技人才；加大海外高层次人才引进培养力度。三是支持和鼓励高校、科研院所科技人员通过兼职创新、离岗创业、双向挂职等形式向企业一线流动；支持和鼓励科技人员与企业共建新型研发机构、设立联合实验室、合作开发项目，加强产学研合作。四是改革创新科技人才体制机制，探索开展人才评价改革试点，推进人才计划与科技计划体系深度融合，优化科技人才分配激励机制和评价机制，赋予科学家更大技术路线决定权、经费支配权、资源调度权。

(三) 增强市场主体的创新能力

充分发挥湖北科教资源优势，构建完善以企业为主体、市场为导向、产学研用深度融合的技术创新体系，促进产学研融通创新。一是构建完善关键核心技术攻关体系。鼓励支持企业联合高等院校、科研院所和行业上下游企业，共建研发机构，构建关键核心技术攻关高效协作创新网络。研究实施"湖北省基础研究十年行动"，实施"产业技术攻关十百千工程"，强化对高精尖产业技术源头的支撑。二是构建完善创新主体培育体系。建立科技企业梯次培育体系，深入实施"科技领军企业培育计划"、高新技术企业"十百千万"行动，科创"新物种"企业培育计划等，统筹科技重大专项、重大创新平台、重大科技成果、国际创新合作等创新资源，重点培育科技领军企业，加快培育高新技术企业，进一步优化高新技术企业认定服务，扶持、培育、壮大更多本土创新型龙头企业、头部企业，打造一批世界级创新型产业集群。三是发挥科技领军企业产业链整合和龙头带动作用，支持牵头打造综合型技术创新平台、产业技术创新联合体、专业型科技企业孵化器和众创空间等技术创新平台，构建产业链上中下游、产学研各方主体、大中小型企业融通创新生态体系。

(四) 加快科技成果转化

加快完善市场需求导向、产业服务导向、成果应用导向和融合集成导向的研发机制、转化机制、激励机制、服务机制等，以推进科技成果赋权改革为动力、以完善科技成果转化全链条服务为保障，推动院所校区、产业园区、科创社区"三区融合"，促进关键核心技术攻关和科技成果转化，打通从科技强到产业强、经济强的通道，进一步把湖北科教资源优势转化为创新优势、人才优势、发展优势。一是扩大科技成果赋权改革试点范围。在全省范围开展科技成果评价改革综合试点，在重点区域和单位开展科技成果评价改革专项试点，围绕科技成果评价积极探索各项突破性改革，力争形成"湖北经验"。二是提升科技成果转化服务能力。优化科技成果转化服务，加大科技成果转化中试基地建设，建好用好湖北技术交易大市场，畅通科技成果转化渠道；持续优化国家技术转移中部中心工作体系，加强科技中介机构和技术经纪人才队伍建设，组织成果转化对接，完善科技成果转化服务链条。三是深入推进"三区融合"。促进院所校区、产业园区、科创社区"三区融合"联动发展，推进省内高校建设大学科技园，加大科技企业孵化器、众创空间等科技创新创业载体建设，打造环大学科技创新生态圈、生态带，全面提升专业孵化服务能力。

（五）推进科技金融服务

一是持续加大对高技术研发资金的投入。纵观近几年湖北省在高技术产业的资金投入状况，无论是政府投入还是市场风险融资都还不够。2021年湖北R&D经费投入总量1005.3亿元；投资强度为2.31%，略低于国家2.44%的平均水平，位居全国第9。① 充分发挥政府在科技金融主体的主导作用，以建立基金或者母基金的方式，引进风投、创投市场优质资本和国际知名投资机构注资高新产业，与有潜力的科技企业深度合作，为企业融资提供源源不断的资金，力争培养一批科技领域的龙头企业。

二是充分发挥科技金融各个参与主体的资源优势，利用其灵活、创新的金融产品，为促进高科技企业金融孵化"搭桥牵线"，力促高科技企业的科技成果转化落地。

三是完善科技金融中介服务，鼓励大型会计、审计、担保、保险资产评估及法律等中介服务组织或机构参与科技金融与高科技企业的深度融合，加强这些科技金融中介机构与政府引导的基金、银行、风险投资机构及创业投资机构

---

① 湖北省人民政府. 2021年湖北省全社会研发投入总量过千亿元. 2022-01-12.

的联系，规范并活跃多元化投资市场，完善高科技龙头企业与科技金融深度融合的金融环境。

依据行业数据，IDG资本在我国连续投出互联网创新龙头企业百度、腾讯及高科技企业华大智造，红杉资本力投北京字节跳动科技有限公司，五源资本投资新能源汽车小鹏汽车。创投资本的发展，既促进了我国高科技企业的高质量成长，培养了一批互联网领域、高科技领域的龙头企业，也收获了丰厚的资本回报。因此，科技金融的投资主体，应各司其职，各用所长，立足全球视野，秉持国际化、专业化、产业化三大标准，引导全球资本、民间优质投融资机构与高科技产业进行深度合作，为我省科技龙头企业的培育与发展打造规范、开放、活跃的资本市场。

六、大力发展文化事业，绘就荆风楚韵的文化画卷

坚持文化引领，高度重视历史文化保护，发掘荆楚文化内涵，增强文化自信，促进文化强省建设。全面挖掘湖北自然景观资源、特色文化资源和长江流域城镇空间特色，构建魅力荆楚空间体系，彰显荆风楚韵独特魅力。

(一)建设自然和文化遗产保护网络

1. 建设国家自然和文化遗产网络。

以自然保护地体系(包括风景名胜区)和历史文化保护传承体系为核心，通过长江国际级自然与文化廊道串接，辐射9片魅力景观区，形成自然和文化遗产网络，打造面向世界展示、彰显文化底蕴、满足人民需要的精神家园。

2. 加强地域景观整体保护。

注重区域大尺度景观的整体保护和塑造，以显山露水、营造特色、保护乡愁、凸显地域文化、建设美好人居环境为目标，对生态、农业空间景观进行多要素、全域性、分层级的有效引导，塑造丰富多样的大地景观。

3. 推动历史文化保护传承。

树立正确的保护理念，坚持"保护为主、抢救第一、合理利用、加强管

理"的方针，加强历史文化保护传承，做到在保护中发展、在发展中保护，让历史文化保护成果惠及更多民众。

(二)凸显山水一体的地域自然景观

1. 构建地域自然景观。

基于山地、丘陵、平原、江河、湖泊等丰富地形地貌和山川秀美、森林覆盖率高的生态优势，构建荆楚地域自然景观，提升自然资源价值。

2. 建立魅力景观区。

依托长江、汉江、武当山、武陵山等自然景观廊道，打造兼具自然与人文、城镇与乡村、资源与环境特色的魅力景观区。

(三)保护源远流长的荆楚历史文化

1. 加强名城名镇名村保护。

湖北省是文物资源大省，有武当山古建筑群、钟祥明显陵、唐崖土司城址3处世界文化遗产，万里茶道、荆州和襄阳城墙、黄石矿冶工业遗产、容美土司遗址4处被列入世界文化遗产预备名单。有熊家冢、盘龙城、屈家岭、龙湾4处国家考古遗址公园，楚纪南城、铜绿山、石家河、苏家垄、明楚王墓、学堂梁子、擂鼓墩7处国家考古遗址公园获批立项。另有国家历史文化名城5座，中国历史文化名镇13个、名村15个，传统村落270个。有不可移动文物36473处(全国重点文物保护单位168处)，馆藏文物150余万件(套)，文物数量位居全国前列。① 对历史文化资源进行名录化管理，落实保护范围和空间管控要求，延续历史文脉，彰显荆楚文化特色。

建立历史文化名城名镇名村保护控制线体系，在县市级国土空间规划中划定城市紫线、文物保护范围和建设控制地带、自然(文化)景观保护控制线、公共文化服务设施保护控制线等，明确历史文化保护空间，加强文化遗产全要素保护，建立正负面清单，分类提出管制要求，并提出控制线内历史风貌指引要求。

---

① 引自《人民日报海外版》(2023 年 12 月 06 日第 07 版)。

2. 推进文化遗产遗址保护。

以更开阔的视角不断挖掘历史文化内涵，拓展和丰富历史文化保护内容，构建全覆盖、更完善的保护体系。以优化环境、展示文化为重点，保护"十大文化"遗产空间载体。

推进历史文化遗产分级、分类管理，保护自然文化遗产的完整性、功能性，增强历史文化遗产的生命力和可持续发展能力。

(四)绘就长江生态文化画卷

1. 塑造江城融合的滨江景观风貌。

统筹滨江岸线、城镇、乡村等景观要素，依托长江、汉江、清江"三江六岸"资源，合理布局生活岸线、生态岸线、景观岸线，打造江城融合的自然文化景观风貌。

2. 共建长江国家文化公园。

湖北是长江干流流经里程最长的省份，长江兴则湖北兴。把长江文化保护好、弘扬好，整合具有突出意义、重要影响、重大主题的文物和文化资源，实施公园化管理运营，集中打造中华文化重要标志。

深入研究长江文化，保护好长江文物和文化遗产，充分涵养长江的历史文化根脉。沿江城市协同联动，将长江的历史文化、山水文化与城乡发展相融合，共建万里长江国家文化公园。

以武汉的两江四岸为抓手，打造"百里长江生态文化廊道"。以南岸嘴为原点，依托龟山、蛇山绿轴，辐射武昌古城、汉阳古城、汉口历史风貌区，形成世界级历史人文集聚展示区。以武汉—襄阳—"仙潜天"为抓手，打造"毓秀汉江生态画廊"。依托汉江两岸丰富的自然人文资源，凸显汉江荆楚文化、农耕文明、城市人文，构建出"水、岸、城"的生态绿色走廊。

(五)打造文、旅、娱、商业融合的全域空间

1. 构建"一极两廊六境一画卷"魅力空间。

基于山水交织、林田纵横的地域自然本底，源远流长的荆楚文化特色资

源，构建"一极两廊六境一画卷"的魅力空间，勾勒自然生境和美好人居诗意共融的美丽图景。

2. 完善自然文化景观旅游路径。

建设一批世界级旅游风景区。以国家级旅游度假区和国家 5A 级景区为基础，筛选一批主题鲜明，特色突出，具有极高观赏价值、科考价值或历史文化价值的风景区，建设能够代表湖北特色、树立文化自信的世界级旅游风景区，使其成为国际、国内游客年度度假的主要目的地。完善旅游服务设施，保障旅游接待能力，通过发展夜色经济、延伸产业链条、覆盖全龄人群等策略延长平均停留时间，提升综合价值。

3. 构建荆楚风景道网络。

以省域中心城市和区域中心城市为依托，以高等级旅游景区、旅游度假区、特色小镇等为重要节点，构建集航空、城际铁路、轨道交通、公路、内河水运等交通方式为一体的立体化综合旅游交通网络。完善旅游交通网络，加强旅游铁路或轨道、风景公路、慢行系统之间的衔接，形成美丽湖北的主要感知空间。推动"鄂西旅游大通道"建设，重点依托"武神宜"生态旅游公路打造"一江两山"生态旅游风景道，打通旅游交通"最后一公里"，实现省际、县际的有效连通，实现线与线、线与景、景与景、景与城之间的互联互通。

(六)促进湖北文旅融合的具体路径

文化和旅游融合发展是以习近平同志为核心的党中央立足党和国家事业全局、把握文化和旅游发展规律作出的战略决策，是贯彻习近平总书记关于文化和旅游工作重要论述的重大实践，是更好满足人民美好生活新期待的重要途径。如何深入促进我省文化与旅游的融合，打造好"灵秀湖北"这张名片，笔者认为可以从"以文促旅""以旅彰文"两个方面深挖落实。

1. "文化产业+旅游"，切实落地以文促旅。

(1)以文化资源为原材料创新旅游产品。

湖北历史悠久，文化底蕴深厚，既有"晴川历历汉阳树"的古风悠扬，亦有伯牙子期"高山流水遇知音"的历史典故；既有三国争雄的风云战场，亦有赤卫队的革命精神；既有神农尝百草的神话传说，亦有陆羽茶圣的名扬四海。我们要对这些耳熟能详的传说故事、特色民俗、非物质文化遗产、地方名人及重要历史事件进行旅游产品研发，让文化产品更有旅游市场。已经有名气的文化旅游胜地要保护好生态环境，以便推动可持续发展；名气还没打响的文化资源要变成新的旅游产品，得进行深挖和创新。这要求我们从面向旅游市场、服务旅游者的角度，按照旅游产品的开发思维进行创作和开发。产品表现形式包括文化旅游景区、文化主题乐园、文化旅游演艺、文化旅游节庆、文化体验活动等。比如我省有名的武当山道教文化风景胜地、大别山红色生态旅游区、咸宁赤壁古战场、恩施"女儿会"少数民族文化旅游等旅游项目，十分有借鉴意义。

（2）在旅游市场上深度开发文化产品。

过去只面向文化消费市场和本地市场的文化产品，如文化剧目、文化节庆等，可与当地旅游消费市场深度融合，并以地方文化特色吸引外地文化旅游消费群体，从而实现文化消费市场与旅游消费市场的兼容、外地市场与本地市场的兼顾。如杭州宋城演艺集团、北京德云社、天津名流茶馆、苏州评弹剧场以及武汉知音号游轮等，都与当地的旅游市场相得益彰，值得我们借鉴学习。

（3）增加文化产品的旅游衍生消费。

文化衍生品创意开发、文化衍生品展示销售对于旅游消费市场的贡献不容小觑。珠海长隆的亲子海洋王国里，几乎每一个游玩项目片区都有自己的特色商品小店，孩子们游玩后对这些商品爱不释手，家长们掏钱包掏得不亦乐乎。上海迪士尼小镇内的迪士尼剧院，常态化演出迪士尼经典剧目《狮子王》。剧院的大厅有专门的主题商品区，展示和售卖与《狮子王》相关的各类文化衍生品，包括《狮子王》碟片、T恤、笔记本、水杯等，价格从几十元到几百元不等。绝大多数观众在观看演出前后，都会在主题商品区选购《狮子王》的主题商品。

2."旅游产业+文化"，落实以旅彰文。

（1）用好文化提升旅游资源形象。

传统的自然山水型景区，如果只见山水没有人文，绝大多数游客难以产生共鸣。我们要挖掘当地的历史文化元素，如神话传说、民间故事、地方民俗等，对故事进行演绎和文化包装，赋予山水以文化内涵，让自然山水"除了好看之外，还好听、好品"。武汉市有浩浩汤汤的大东湖，自然风景不比杭州西湖差，但是旅游效益却远远不及。我们并不是输在旅游资源上，而是输在文化与故事包装上。杭州西湖之所以在中国众多西湖中独领风骚，是因为有许仙和白娘子的故事和与之相关的景观（断桥残雪）、苏东坡（《饮湖上初晴后雨》）和王超云的诗词。

（2）旅游产品的文化营销与文化再开发。

很多旅游景区之前是纯做旅游和游乐项目的，缺乏文化底蕴和持久生命力。对旅游产品的文化体验进行开发和提升，打造出文旅品牌效应，对改善当地旅游环境、提升旅游质量、彰显当地文化特色，有十分重要的意义。例如宋城演艺集团，十分擅长挖掘、包装各地民俗风貌等文化资源，通过高超的表演技巧和先进的光、影、展技术，将丽江、杭州、西安等城市灿烂的历史文化打造成一幕幕千古情演出，让人过目难忘，故而经常场场爆满。同时，充分考虑旅行社组团的时间要求和游客的欣赏习惯，将每场演出控制在 60—70 分钟，保证旅游旺季一天演出多场，从而提高场馆的使用效率，提升演出的经济效益。目前，《宋城千古情》的出品方宋城集团已发展成为中国旅游演艺的领军企业。

文化和旅游融合，让文化多一点"烟火气"，让旅游多一点"文化味"。宜融则融，能融尽融，吸引游客，开辟商机，最终实现文化保护和旅游产业开发的双赢。

典型案例：打造全域旅游的条件与路径——以武当山为例[①]

全域旅游是将一定区域作为完整旅游目的地，以旅游业为优势产业，统一规划布局、优化公共服务、推进产业融合、加强综合管理、实施系统营销，不断提升旅游业现代化、集约化、品质化、国际化水平，以便更好满足旅游消费需求，实现区域资源有机整合、产业融合发展、社会共建共

---

①　本案例来自笔者"推进武当山全域旅游"案例教学课题组调研报告，作者郝华勇、王皖君。

享，以旅游业带动和促进经济社会协调发展的一种新的区域协调发展理念和模式。传统的旅游发展模式向全域旅游发展，需要实现几个方面的转变，包括从门票经济向产业经济转变，从粗放低效方式向精细高效方式转变，从封闭的旅游自循环向开放的"旅游+"转变，从企业单打独享向社会共建共享转变，从景区内部管理向全面依法治理转变，从部门行为向政府统筹推进转变，从单一景点景区建设向综合目的地服务转变等方面。全域旅游通过全域统筹规划、全域整合资源、全域系统营销、全域共建共享，从体制机制、政策保障、公共服务、供给体系、创新示范等方面提升旅游业的发展质量，成为引领乡村振兴、带动县域经济高质量发展的重要抓手。

武当山位居四大道教名山之首，是我国著名的道教圣地，道教文化源远流长。武当道教文化融多边文化为一体，较为全面而直观地体现着中国古人信仰追求、思维模式、行为方式、价值观念及文明的历史发展轨迹。不仅是中国传统文化的重要组成部分，也是全世界宝贵的思想文化遗产。武当山古建筑群是中国现存最完整、规模最大的明代皇家庙观，全山现存古建筑及建筑遗址66处、建筑面积27000平方米，1994年联合国教科文组织将武当山古建筑群列入《世界文化遗产名录》。武当山旅游经济特区道家礼仪、宗教活动、武当武术、武当医道、朝拜武当的民俗活动，以及流传当地的民间艺术和非物质文化资源具有广泛影响。

一、武当山全域旅游的核心竞争力与形象定位

（一）仙山：道教圣地、仙山胜境、灵秀武当

"仙山"——道教圣地。武当山整个建筑群是中国现存规模最大的宗教建筑群之一，具有玄妙超然、浑然天成的艺术效果，充分体现了道教"天人合一"的思想，堪称我国古代建筑史上的奇观，被誉为"中国古代建筑成就的博物馆"和挂在悬崖峭壁上的故宫。"仙山"——仙山胜境。武当山拥有世界文化遗产、国家5A级旅游景区、国家重点风景名胜区、道教圣地、太极拳发源地、中国七大奇观、国家森林公园、国家地质公园、海

峡两岸交流基地、全国十大避暑胜地、中国最值得向世界推荐的十佳风景区等数十项桂冠，有现存中国最完整、规模最大、等级最高的明代道教建筑群。武当山是中国重要的风景名胜，对全人类也具有重要意义，是世界遗产大家庭的璀璨明珠。武当山在漫长的历史发展过程中积累、沉淀了丰厚的文化遗产，是中华民族文化宝库中的一颗明珠。在其有限的空间范围内，蕴含着以道教文化为主体特质而派生出的建筑、文物、中医药、武术、道乐、山水文学、雕绘艺术、习俗等文化内涵。绚丽多姿的生态景观、规模宏大的道教古建筑群、源远流长的道教文化及博大精深的武当武术，使得武当山有着"亘古无双胜境，天下第一仙山"的美称，享誉海内外。"仙山"——灵秀武当。武当山中金钱豹、猕猴、豺、水獭、大鲵等多种动物被列为国家一二级保护动物，国家一级重点保护的珍稀植物有 2 种，即水杉和珙桐；国家二三级重点保护植物有银杏、香果树、杜仲、胡桃、天竺桂、华榛等多种。

(二)秀水：南水北调灵秀地，诗情画意丹江口

武当太极湖旅游度假区是一个以武当山风景区为核心，以丹江口水库(南水北调中线水源地)为基底，拥有"大山大水大人文"资源优势，具备国际性、多元化旅游度假品牌开发潜力的旅游度假区。自然资源包括湖面、山体、谷地、水湾、森林、气候六大类型，其中湖面资源来自人类史上最伟大的水利工程之一——南水北调中线工程，其蓄水后的水域面积达到 1050 平方千米。波澜壮阔，观赏价值极高。人文资源主要有历史遗迹和传统文化两大类，包括具有国际影响力的武当道教、武术、养生等非物质文化遗产资源。种类多样的自然资源，构成度假区极佳的生态环境和优良的山水旅游资源组合，而总量丰富、品质极高的人文资源及其越来越强劲的国际影响力，又为度假区项目建设提供了强大的文化和品牌支撑。

(三)园林城：健康养生地，怡人生态城

"山水城相融合、一轴一带贯城区、两核多片绿环城。"人居风貌独具特色，道教文化与自然景观融为一体，拥有以下人居环境：城镇——精

致；乡村——秀美；滨水——灵动；山区——质朴。

二、武当山全域旅游空间结构

立足"四大旅游主体功能区"优化全域旅游空间结构。一是建设武当山核心景区。推进武当山核心景区的旅游基础设施建设，打造"智慧景区"和"诚信景区"，丰富景区旅游产品，提升武当山核心景区的竞争力和品牌影响力。二是建设武当山传统文化园区。申请武当山传统文化园区，加快推进文化园区配套设施建设，全方位、高效率服务好文化园区建设工作。三是建设太极湖旅游度假区。推进太极湖旅游度假区基础设施建设，择机运营老子公园，开发旅游度假新产品，全面升级太极湖旅游度假区。四是建设乡村休闲旅游体验区。大力发展特区乡村休闲旅游，推进农旅文融合发展，鼓励相应产业园区建设，开发"乡愁"体验项目，促进民俗文化向文旅产品转化。

(一)山区——问道武当山功能定位

以武当文化、道教文化为主要特征，以武当道教文化观光体验、历史文化遗产游览为核心功能的旅游片区。山区——问道武当山，一个令人向往的精神家园。发展方向为整合武当山旅游资源，围绕武当山重点完善山地休闲旅游功能配套。深入开发快乐谷的景点，建设瓦房河森林康养综合体。高品质打造茶文化度假区，凸显茶田休闲特色。建设品牌茶产业，打造田园康养综合体，设立茶文化博物馆，让旅客更深入地了解武当茶业的历史。挖掘道教文化，感受遗产文化，塑造体验传统文化的精品景点。

(二)城区——休闲园林城功能定位

特色突出、景观优美、功能完善的旅游城镇，武当旅游集散与综合服务中心。城区——休闲园林城，一个静雅脱俗的道韵小城。发展方向为整合新城老城的文化旅游资源，形成旅游吸引物体系。教育设施多集中在老城区，武术学院均集中在老城区，老城区结合武当文化，形成武当特色文化产业格局。城区的医疗服务资源丰富，旅客遇到突发意外时有一个很好的急救场所。建设城镇特色景观风貌，打造旅游城镇的特色形象。在城区建设中注重对景观风貌的控制与引导，充分体现武当文化的特征，塑造武当圣地的品牌形象；对城区周边进行景观建设与风貌提升，使城区的旅游景观节点更加吸引游客。完善旅游配套设施与服务功能。

(三)湖区——养生太极湖功能定位

景观优美、以娱乐休闲为主要功能的水上乐园。湖区——养生太极湖，一个养心养气的世外桃源。发展方向为整合太极湖丰富的旅游资源，形成水上项目旅游体系。打造多种水上项目，形成水上游乐区，建设观光台，以便全方位地欣赏太极湖的美景。周边产业联动，便于打造休闲娱乐的度假区。周边度假区较多，便于联动周边项目，打造休闲娱乐中心。

(四)岭区——田园乡村功能定位

以山水休闲、文化体验、农业体验、美丽乡村等特色为主体功能的片区。岭区——田园乡村，一个修身养性的生态度假区。发展方向为构建田园风光环线，重点发展山水休闲、农业休闲、健康运动等产品，建设生态度假区。以武当文化为核心，结合周边特色景点的开发形成展示武当文化的特色乡村旅游景区，开发精品乡村度假、传统文化体验等旅游产品。打造农业观光板块，涵盖榔梅种植、体验及休闲观光，樱桃桑葚种植及休闲观光，中药材种植，柑橘(爱媛38号)种植等。

三、武当山全域旅游产业布局

"大旅游""大健康""大文化"是武当山旅游特区的三大重点产业。深化文旅农融合全域发展"大旅游"产业，建立特色健康产业体系开拓发展"大健康"产业，围绕武当品牌提升协调发展"大文化"产业，形成融合支撑的现代产业体系，使三大产业之间统筹谋划、相互联动、相互促进、相互支撑、稳步发展。

围绕全域旅游的空间结构，重点打造四大产业板块：城镇综合服务产业板块、武当武术康养产业板块、特色农业观光产业板块、康养文化旅游核心产业板块。城镇综合服务产业板块包括城镇居民综合服务、特色加工及商贸物流等产业。武当武术康养产业板块包括武当武术、太极康养、道文化体验、乡村旅居等产业。特色农业观光产业板块包括柑橘种植、梅种植、山水休闲等产业。康养文化旅游核心产业板块包括民宿、旅游服务、武当道茶等康养产业。

（一）深化文旅农融合发展

1. 以资源整合加强文旅农融合发展示范引领，加快重点文旅农融合项目建设。

规划建设元和观片区 3 平方千米文旅休闲度假区项目，重点推进梅溪谷乡村旅游示范区建设及乡村民宿招商等工作，促进乡村旅游、民宿旅游成为武当山旅游品牌和核心吸引物的重要组成部分。有效利用，激活现有文物资源。逐步开放回心庵、回龙观、八仙观、遇真宫等文物景点，赋予景点新的文化内容和文化符号。深度挖掘和整理景区的人文资源，把文化元素植入景区景点，讲好文化故事。做好乌鸦岭老电影院、太极会馆餐厅改造项目，更好地展示武当文化产品。在景区开设健康养生课堂，开设中医馆、周易文化馆，将武当山景区打造成为全国文旅融合示范景区。挖掘包装，打造特色文化旅游产品。扶持集设计、生产、加工、销售为一体的旅游开发企业，研发以传统手工艺品、地方绿色食品、道教医药保健品等为主的特色旅游产品，使之成为旅游市场的热销产品。发展一批旅游商品研发基地，培育一批旅游购物专营店、购物街区。开发武术养生、健身、赛事旅游产品。精心谋划，打造特色文化旅游线路。深度挖掘武当茶文化资源，把茶叶采摘、制作、品尝及茶艺表演融为一体，走茶、文、旅结合之路，提升游客体验质量；挖掘武当丰富的红色文化资源，开发武当山红色旅游线路产品，并将其与周边地区红色文化进行整合；利用武当励志文化，结合磨针井景点及真武修仙历经磨难的神话故事，大力推进武当山研学旅行体系建设；以磨针井道廉文化基地为依托，拓展文化内容和宣传规模，增强道家廉政文化的吸引力、渗透力和影响力；加大徐霞客游武当、七十二峰探秘等旅游线路、产品的开发；打造"康养度假、研学旅游、太极寻根、武当问道、红色教育、廉政课堂、生态采摘、美食购物"等不同主题的旅游线路，将旅游景区、文化故事、美丽乡村等串点成线。

2. 深化武当文化与旅游的融合发展。

启动建设武当山历史名人博物馆、道家文化图书馆、非遗展示中心、逍遥谷"武当侠世界"等项目，将武当文化与旅游业深度融合。探索依托小景点建设一批武当道观遗址公园，赋予其文化内涵。鼓励武当主题艺术精品创作，重点打造完善《梦幻武当》舞台剧并进行市场化运作，加大对《北游记》的研究力度，精心打造一台集玄帝得道飞升、张三丰创立太极拳等为一体的大型室外舞台剧；鼓励小型武术类演艺节目市场化，发展武当特色非遗演艺产品，推出一批有影响力的文艺作品，繁荣文旅市场。加强武当主题原创动漫、游戏精品的联合创作与传播，提升文旅融合影响力。

3. 加快相关产业与旅游的融合发展。

加快旅游与体育业融合，新建武当山户外活动营地、自驾车旅居车营地等项目，促进体育赛事、健身休闲、文化演艺、旅游度假一体化发展。加快旅游与电商业、新媒体融合，培育和挖掘地方"网红"，开展特色旅游商品直播带货，提升综合效益。依托榔梅溪谷，加快旅游与榔梅文化融合，大力发展现代休闲农业。依托武当山国家森林公园、武当中医药，加快旅游与道医文化融合，大力发展康养产业。加快旅游与红色文化融合，挖掘抗战救国史和红三军革命史，成立红色教育服务中心，建设历史文化展馆，积极发展红色旅游。依托武当国际武术学院、玉虚宫、快乐谷等景区，打造特色研学旅行产品，大力发展研学旅游。

(二)构建融合支撑的三大产业体系

1. 稳步提升"大旅游"产业。

围绕游客观光、休闲、度假、养生等复合型需求，培育美食、美宿、美行、美景、美娱、美购"六美"旅游产品矩阵，全面构建山、水、城、村等种类多样、供需多元的旅游业态，构建涵盖电子商务、旅游装备、旅游咨询、旅游地产、自驾游基地等的产业体系。牢固树立运营为先理念，把运营贯穿于旅游产业规划设计、建设发展全过程，坚持招商引资与运营团队同步、产业培育与运营业态同步、项目建设与运营模式同步。引进各类运营管理人才，全面提升旅游产业效益。

2. 加快发展"大健康"产业。

打响"要健康到武当"的品牌，围绕水源养生、中医药养生、森林康养、运动康养、乡村休养等重点领域，重点培育生态养生、武术养生、美食养生、道茶养生、道医养生、道乐养生、民宿养生以及旅游时尚与健康养生相结合的特色康养旅游系列产品，稳妥有序地推进健康产业发展，重点推进八仙观养生谷、永乐古镇、瓦房河康养小区、骆驼岭康养小镇、五龙森林康养示范区等项目建设。依托太和医院、武当山医院，建设一批养生院所和基地，发展医疗康养产业。推进医养结合，构建集生活照料和康复关怀为一体的新型养老模式，塑造武当养生品牌。大力发展生态健康养生产业，发展以修身养性、调适机能、休闲度假为目的的康养经济，逐步形成康养产业集群，引领武当山"大健康"产业发展。

3. 突破发展"大文化"产业。

产业文化资源是武当山最雄厚的资源。做好文化产业发展规划，强化服务保障，推动非物质文化遗产、道教音乐、建筑艺术、武术文化等文化精髓融入景区景点，打造一批游客能直接参与体验的"网红产品"及"打卡地"。鼓励文艺演出团体、艺术表演人才参与景区经营，鼓励各类市场主体在武当山开发主题性、特色类、定制类文化演艺项目；支持各类文化企业在武当山建设影视、文学、戏剧、书画、音乐等创作基地，支持国内外文化大师在武当山建设文艺创作、采风、展示工作室。把武术产业作为旅游产业发展的重中之重，举全区之力，确保武当山传统文化园、遇真宫道家传统武术馆建成运营，资义武馆开工建设，让武当武术产业更自信地走出国门、面向世界。

七、坚持党建引领，建设数字高效政府，为湖北加快建成支点提供坚实保障

2022 年 4 月 19 日，中央全面深化改革委员会第二十五次会议审议通过

《关于加强数字政府建设的指导意见》①（以下简称《指导意见》）。习近平总书记主持会议时强调，要全面贯彻网络强国战略，把数字技术广泛应用于政府管理服务，推动政府数字化、智能化运行，为推进国家治理体系和治理能力现代化提供有力支撑。《指导意见》由国务院正式印发，引起广泛关注。习近平总书记的讲话和《指导意见》的出台对未来一段时期我国数字政府建设提供了根本遵循。湖北省要发挥科技研发优势，积极响应号召，构建数字政府。这样既可以服务于传统经济实体，也可以为物流、电商等新型产业提供更好的保障。

（一）深刻认识加强数字政府建设的重大意义

加强数字政府建设是党中央、国务院深刻把握时代发展趋势，立足新发展阶段，从全局和战略高度作出的重大部署，是习近平总书记关于网络强国的重要思想在政府数字化改革领域的具体实践。党的十八大以来，以习近平同志为核心的党中央高度重视信息化、数字化。习近平总书记指出，从社会发展史看，人类先后经历了农业革命和工业革命，现在正在经历信息革命，并提出要以信息化推进国家治理体系和治理能力现代化。党的十九大提出建设网络强国、数字中国、智慧社会，党的十九届四中、五中全会分别提出推进和加强数字政府建设，国民经济和社会发展"十四五"规划和2035年远景目标纲要将数字政府建设单列为一章，擘画了数字政府蓝图。

"十四五"时期是我国全面开启社会主义现代化国家新征程、向第二个百年奋斗目标进军的第一个五年，也是抢抓信息革命历史机遇，加快全面数字化发展和政府治理数字化、智能化转型的攻坚期和关键期。面对新的形势要求，我国数字政府建设要在过去重点突破的基础上，进一步实现"全国一盘棋"高质量发展。《指导意见》以习近平新时代中国特色社会主义思想为指导，贯彻落实党中央、国务院决策部署，吸纳全国各地系列探索实践成果，对数字政府建设作出全面安排，为全国各地加强数字政府建设指明路径，必将开启我国数

---

① 中华人民共和国中央人民政府. 国务院关于加强数字政府建设的指导意见，国发〔2022〕14号.

字政府建设新篇章。

(二) 系统谋划构建数字政府建设新格局

坚持系统观念，是推动各领域工作和社会主义现代化建设的基础性思想和工作方法。数字政府建设既是全面深化改革的重要内容，同时其自身也是一项系统性、整体性改革。《指导意见》坚持系统观念，提出了数字政府建设的目标和基本原则，明确了未来一段时期的主要任务，对全国数字政府建设进行详细部署。

1. 加强领导、健全规则，理顺数字政府建设体制机制。

有力的统筹协调、科学的制度规则是数字政府建设整体协同推进的重要条件。《指导意见》从党的领导、具体工作的组织领导和配套的制度规则体系建设方面提出具体要求。

一是将坚持党的全面领导作为数字政府建设的基本原则。《指导意见》以习近平总书记关于网络强国的重要思想为引领，提出发挥党总揽全局、协调各方的领导核心作用，将坚持和加强党的全面领导贯穿数字政府建设各领域各环节，把党的政治优势、组织优势转化为数字政府建设的强大动力和坚强保障，确保数字政府建设重大决策部署贯彻落实。《指导意见》要求各级党委切实履行领导责任，各级政府要在党委统一领导下，履行数字政府建设主体责任。二是建立强有力的工作推进机制确保数字政府建设有序推进。数字化建设是重要的基础性、先导性工程，必须高位推动、全面统筹。《指导意见》提出成立由国务院领导同志任组长的数字政府建设工作领导小组，统筹指导协调数字政府建设，办公室设在国务院办公厅，具体负责组织推进落实，并要求各地各部门建立健全领导协调机制。三是以构建数字政府建设制度规则体系作为机制创新的保障。数字政府建设实质是数字化与政府改革的深度融合，数字技术应用与政府改革在数字政府建设进程中相辅相成、缺一不可。《指导意见》部署了四项任务落实制度规则体系建设。在以数字化助力政府职能转变方面，要求将体制机制改革与数字技术应用深度融合，健全完善与数字化发展相适应的政府职责体系。在创新管理机制方面，要求明确运用新技术进行行政管理的制度规则，推进建设管理模式创新，推动技术部门参与业务运行过程，鼓励和规范产学研用等多方力量参与数字政府建设。在法律法规方面，要求全面建设数字法治政府，加快完善与数字政府建设相适应的法律法规框架体系。在标准规范方面，提出构建多维标准规范体系，加大标准推广执行力度，研究设立全国数字政府标准化组织。

2. 改革引领、注重效能，提升政府履职服务能力。

加强数字政府建设是举措，切实提升政府履职服务能力，以数字化转型打造适应数字时代的政府治理体系才是目的。《指导意见》提出坚持改革引领、整体协同的原则，将满足人民对美好生活的向往作为出发点和落脚点，创新行政管理和服务方式，全面提升政府履职效能。

一是提升经济调节能力。当今世界正在经历百年未有之大变局，经济全球化遭遇逆流，世界经济低迷，新冠疫情流行让我们面临的局势更加严峻，保持经济高质量发展面临前所未有的挑战。《指导意见》要求强化经济运行大数据监测分析，全面提升政府经济调节数字化水平，并提出加强经济数据整合、汇聚、治理，运用大数据强化经济监测预警，提升经济政策精准性和协调性三项举措，为防范化解系统性风险、保持经济健康稳定运行赋能。二是提升市场监管能力。深化"放管服"改革是推进政府职能转变、优化营商环境、激发市场活力的重要举措，其关键在于既要放得下，又要管得住。《指导意见》提出运用数字技术支持构建新型监管机制，以数字化手段提升监管精准化水平，以一体化在线监管提升监管协同化水平，以新型监管技术提升监管智能化水平，实现事前事中事后全链条全领域监管，以有效监管维护公平竞争的市场秩序。三是提升社会管理能力。习近平总书记指出，要"着力推进社会治理系统化、科学化、智能化、法治化，不断完善中国特色社会主义社会治理体系"，"加快用网络信息技术推进社会治理"。《指导意见》贯彻落实习近平总书记重要指示精神，加强和创新社会治理，提出积极推动数字化治理模式创新，提升矛盾纠纷化解、社会治安防控、公共安全保障、基层社会治理等领域的数字化治理能力，推动治理模式从单向管理转向双向互动、从线下转向线上线下融合。四是提升公共服务能力。习近平总书记强调，网信事业要发展必须贯彻以人民为中心的发展思想。近年来，国务院办公厅启动全国一体化政务服务平台建设，打造政务服务总枢纽、总入口；以人民群众服务需求为导向，持续提升政务服务标准化、规范化、便利化水平。根据 2020 年联合国电子政务调查报告，我国电子政务在线服务指数在全球排名第 9，进入世界先进行列。《指导意见》将坚持以人民为中心作为加强数字政府建设的基本原则，要求持续优化全国一体化政务服务平台功能，打造泛在可及的服务体系，提升智慧便捷的服务能力，提供优质便利的涉企服务，拓展公平普惠的民生服务，不断满足企业和群众多层次、多样化服务需求。五是提升生态环境保护能力。生态文明建设是"五位一体"总体布局的有机组成，习近平总书记指出，要像保护眼睛一样保护生态环境，像对待生命一样对待生态环境。现代数字技术的快速发展，尤其是物联网、智能感知等技术的广泛应用，为打造数字化、智能化生态环境防控体系创造了有利条件。《指导意见》以习近平总书记关于生态文明建设重要论述为指引，提出建立一体化生态环境智能感知体系，打造生态环境综合管理信息化平台，强化动态感知和立体防控，全面推动生态环境保护数字化转型。

3. 保障安全、筑牢底线，确保数字政府安全发展。

网络信息安全是国家安全的重要组成。习近平总书记指出，没有网络安全就没有国家安全。而且由于政府治理覆盖了经济社会各领域，数字政府的安全显得尤为重要。《指导意见》提出构建数字政府全方位安全保障体系。一是强化安全管理责任，按照职责分工，构建全方位、多层级、一体化安全防护体系，并且提出加强对参与政府信息化建设、运营企业的规范管理。二是落实安全制度要求，加强数据全生命周期安全管理和技术防护、关键信息基础设施安全保护和网络安全等级保护，建立健全相关评估机制，定期开展网络安全、保密和密码应用检查，提升数字政府领域关键信息基础设施保护水平。三是提升安全保障能力，建立数字政府安全技术保障体系，充分运用安全技术强化监测感知。四是提高自主可控水平，加快核心技术攻关，强化安全可靠技术和产品应用。

4. 打通数据、强化支撑，夯实数字政府建设基础。

数据资源体系和应用支撑体系是数字政府建设的底座，对数字政府建设发挥着基础支撑作用。过去，我国政府信息化建设长期受到数据共享难、业务协同难的困扰，制约政府数字化转型效能的充分发挥。习近平总书记高度重视数据资源体系建设，多次对推进数据开放共享、构建全国信息资源共享体系作出重要指示。

《指导意见》将构建开放共享的数据资源体系作为重要任务，提出创新数据管理机制，强化政府部门数据管理职责，优化完善各类数据库，加快构建全国一体化政务大数据体系。充分发挥全国一体化政务服务平台的数据共享枢纽作用，提升国家数据共享交换平台支撑保障能力，实现政府信息系统与党委、人大、政协、法院、检察院等信息系统互联互通和数据按需共享。有序推进国务院部门垂直管理业务系统与地方数据平台、业务系统数据双向共享。编制公共数据开放目录及责任清单，构建国家公共数据开放平台，分类分级有序推动公共数据资源开放和开发利用，促进社会数据与公共数据融合应用，充分释放数据要素价值。

在共性应用支撑方面，《指导意见》一是明确统筹整合现有政务云资源，构建全国一体化政务云平台体系，各地区按照省级统筹原则开展政务云建设，集约提供政务云服务。二是强化电子政务网络统筹建设管理，降低建设运维成本，提升网络支撑能力，在安全可控的前提下拓展覆盖范围，有序向企事业单位延伸。三是身份认证、电子证照、电子印章、电子文件等共性应用将按照集约化建设思路，推进全国互通。

5. 政府牵引，引领驱动全面数字化发展。

加快数字化发展是"十四五"规划和 2035 年远景目标纲要作出的重要部署，数字政府、数字经济、数字社会和数字生态相互融合促进，共同构成全面数字化发展蓝图。由于政府履职服务范围覆盖经济社会各领域，因此数字政府建设也对全面数字化发展具有引领驱动作用。《指导意见》要求，以数字政府建设为牵引，拓展经济发展新空间，完善数字经济治理体系，壮大数据服务产业，进一步释放数据红利。通过普及数字设施、优化数据资源供给，推进智慧城市和数字乡村建设，提升城市治理科学化、精准化、智能化水平，支撑现代乡村治理体系，提高农业农村综合信息服务水平，促进数字社会发展。推进数据要素市场化配置改革，完善数据交易制度规则，夯实网络安全基础，为数字化发展营造安全可靠的环境，构建良好生态，打造数字政府驱动全面数字化发展的格局。

6. 提升素养、试点先行，有序提升数字政府建设水平。

数字政府建设是复杂的系统工程，落实数字政府建设要求，需要高素质人才队伍和科学的推进路径。在人才队伍方面，《指导意见》提出提升数字素养，建立懂业务、懂技术、懂管理的复合型干部队伍，引导高校和科研机构设置数字政府相关专业，成立数字政府建设专家委员会。在推进路径方面，《指导意见》提出坚持加强党的领导和尊重人民首创精神相结合，坚持全面部署与试点带动相结合，鼓励先行先试，形成创新经验，各地复用，同时要求在各级党委领导下，建立常态化考核机制，建立完善评估体系，不断跟踪建设成效，形成工作闭环，促进持续健康发展。

（三）提升我省数字政府建设的对策与建议

1. 继续抓好数字政府建设顶层设计。

深刻学习领会习近平总书记重要讲话精神和省委、省政府工作要求，立足湖北实际，对标《指导意见》，对标先进省（市）的经验做法，抓紧出台全省数字政府建设实施意见，明确目标、细化任务、强化措施，推动数字政府建设实施意见落地见效。做实数字政府建设协调机制，加强对各地各部门推进数字政府建设工作的业务指导，及时协调解决突出难题。

2. 持续深化"高效办成一件事"。

持续推进垂管政务信息系统与省一体化政务服务平台全面打通和数据双向共享，强化部门上与部委、下同市州的纵向及部门间横向的政务数据共享，实现跨层级、跨地域、跨系统、跨部门、跨业务的协同管理和服务。坚持用户思维，深化"四办""四减"，全面推行电子证照"一码通"，实现高频事项"免证办"、高频证照"免提交"，提高企业和群众办事获得感和满意度。

3. 加强场景应用创新拓展。

统筹推进各行业各领域政务应用系统集约建设、互联互通、协同联动，督促、引导部门立足主责主业，深化数字化手段与传统业务的有机融合，深度挖掘业务需求，谋划推出"码上医疗""码上交通""码上旅游"等便民服务应用场景。出台《湖北省省域治理"一网统管"三年行动计划》，建设省域治理"一网统管"一体化大平台，实现"一屏揽荆楚、一网治全域"。梳理拟定一批"一网统管"应用专题，发挥数字化在政府履行经济调节、市场监管、社会管理、公共服务、生态环境保护等方面职能中的重要支撑作用。

4. 提升数据开放共享水平。

推动各地各部门加强政务数据汇聚共享、归集治理和开发利用，做好数据服务运维和供需对接，统筹推进技术融合、业务融合、数据融合，提升跨层级、跨地域、跨系统、跨部门、跨业务的协同管理和服务水平。做好公共数据开放工作，优先推动无条件开放的政务数据资源向社会开放，更好地培育数据要素市场，并做好数据要素市场化配置工作，运用市场手段挖掘数据生产要素价值。

5. 兜牢数据安全底线。

牢固树立和践行总体国家安全观，充分运用湖北数据安全、网络安全产学研优势，加快构建数字政府全方位安全保障体系，坚持统筹协调、分类分级、权责统一、预防为主、防治结合的原则，加强公共数据全生命周期安全和合法利用管理，建立并不断完善"谁收集谁负责、谁使用谁负责、谁运行谁负责"的数据安全责任制。加强平台(系统)压力测试和风险监测，制定数据安全事件应急预案，并定期组织攻防演练，切实提高数据安全保障能力，坚决兜牢不发生大规模数据安全事件的底线。

参考文献

1. 习近平. 习近平谈治国理政(一、二、三、四卷)[M]. 北京：外文出版社，2022.

2. 2022年国务院政府工作报告[R]. 北京：2022.

3. 湖北省第十二次党代会报告[R]. 武汉：2022.

4. 湖北省第十四个五年规划和二〇三五年远景目标纲要[R]. 武汉：2021.

5. 应勇. 全面贯彻落实总体国家安全观，加快"建成支点、走在前列、谱写新篇"[N]. 人民日报，2021-04-19.

6. 夏伟东. 准确把握习近平新时代中国特色社会主义经济思想[N]. 新华日报，2018-08-28.

7. 中国宏观经济研究院，湖北省统计局联合课题组. 建成支点、走在前列、谱写新篇——"十四五"时期湖北推动经济高质量发展研究[M]. 北京：人民出版社，2021.

8. 赵斌. 从五重逻辑理解和把握建设"先行区"重大意义[N]. 湖北日报，2022-07-05.

9. 王磊，彭泽宇. 湖北构建全国新发展格局先行区的战略重点[J]. 长江论坛，2022(5)：30-35.

10. 权衡. 以新发展格局引领高质量发展[N]. 经济日报，2020-11-11.

11. 贺广华，强郁文. 努力建设全国构建新发展格局先行区[N]. 人民日报，2022-07-27.